Sigrid Grabner

IM AUGE DES STURMS

GREGOR DER GROSSE

Eine Biographie

Sigrid Grabner

IM AUGE DES STURMS

GREGOR DER GROSSE

Eine Biographie

Sankt Ulrich Verlag

Für Johann und Paul

Bibliographische Information der Deutschen Bibliothek

Die Deutsche Bibliothek verzeichnet diese Publikation in der Deutschen Nationalbibliographie; detaillierte bibliographische Daten sind im Internet über http://dnb.ddb.de abrufbar.

Titelbild: Michael Pacher, Altar der vier lateinischen Kirchenväter (1483), Alte Pinakothek München / Foto: akg-images
Umschlaggestaltung: uv media werbeagentur
Mediengruppe Sankt Ulrich Verlag, Augsburg
Druck und Bindung: Ludwig Auer GmbH, Donauwörth
Printed in Germany
ISBN: 978-3-86744-110-0
www.sankt-ulrich-verlag.de

INHALT

Begegnung

Jeder Tag ist ein Aufbruch ins Unbekannte. Auch wenn wir zu wissen meinen, was uns erwartet. An jenem Maientag vor mehr als zwanzig Jahren hatte ich mir vorgenommen, endlich den Monte Celio zu erkunden, einen der sieben Hügel des antiken Rom. Zwar kannte ich schon einzelne seiner frühchristlichen Bauten wie die Kirchen San Clemente, Santi Quattro Coronati bis hin zu San Giovanni e Paolo mit den unterirdischen altrömischen Mietshäusern, aber nun wollte ich sie in ihrer Gesamtheit begreifen. Zwischen Bauwerken entsteht wie zwischen Menschen, die einige Zeit miteinander verbringen, ein Klima von wechselseitigen Zuneigungen oder Aversionen. Die burgähnliche Kirche Santi Quattro Coronati schien mir überheblich auf San Clemente herunterzublicken, während San Clemente, bescheiden und sich doch seiner Schätze bewußt, nicht viel von der ewig in restauro befindlichen Kirche Santo Stefano mit den blutrünstigen Märtyrerbildern des Pomerancio hielt. San Giovanni e Paolo, in die Ruinen des Claudius-Tempels und über altrömischen Häusern gebaut, fühlte sich San Clemente verwandt. Santa Maria in Domnica scherte sich weder um die benachbarte Kirche Santo Stefano noch um die Eifersüchteleien ihrer Schwestern, sondern genoß einfach den Ausblick von der Kuppe des Hügels auf die Stadt. Alle aber wollten mit den nahegelegenen, seit der Antike bestehenden Kasernen nichts zu tun haben, und alle beugten sich dem Anspruch von San Giovanni in Laterano als der Mutterkirche der Christenheit.

Als ich gegen Abend die bogenüberspannte, mittelalterlich anmutende Gasse, die seit der Antike Clivus Scauri heißt, den Monte Celio hinabging, fiel mein Blick auf die Kirche San Gregorio Magno. Über steiler Treppe ragt eine barocke Fassade hoch in den Himmel. Eigentlich hatte ich keine Lust auf eine Kirche aus dem siebzehnten Jahrhundert, im Vergleich zu dem, was ich bisher gesehen hatte, erst gestern erbaut. Außerdem stand Gregorio Magno nicht auf meinem Programm.

Aber dann reizte mich doch die Aussicht von oben auf die von der Abendsonne angestrahlten Ruinen der Kaiserpaläste des benachbarten Palatin. Mit schweren Beinen erstieg ich die Treppe. Die Aussicht hielt, was ich mir von ihr versprochen hatte. Mein Blick wanderte vom Circus Maximus zu dem von Pinien gesäumten Palatin, streifte im Tal zwischen Palatin und Monte Celio die verkehrsreiche Straße, auf der einst die siegreichen Heere von der Via Appia her zum Forum Romanum gezogen waren, erfaßte die steinernen Reste des Aquädukts Claudia und ahnte neben der Kirche San Paolo e Giovanni die mächtigen Quadern des einstigen Claudius-Tempels – ein Panorama, das sich seit der Antike kaum verändert hat. Für die einstige marmorne Pracht entschädigte reichlich das belebende Grün der Bäume und Sträucher.

Da die Mühe des Treppensteigens belohnt worden war, entschloß ich mich zu weiterer Erkundung. Die verblichenen Fresken im Atrium der Kirche erzählten von Werken und Wundern Papst Gregors des Großen, dem Patron des Gotteshauses: Dämonenaustreibung, Visionen, Heilungen. Gregor zu Pferde, vor dem Altar, an der Spitze einer Prozession. Das Übliche eben, was wir uns schon lange angewöhnt haben, als fromme Legenden zu belächeln. Auf dem Areal der heutigen Kirche, lese ich im Reiseführer, habe vor fast anderthalbtausend Jahren sein Elternhaus gestanden, das der von Geburt römische Adlige in ein Kloster umgewandelt hatte. Ein Jahrtausend später baute man auf die Ruinen des Klosters eine Kirche ihm zu Ehren.

Während des Rundgangs durch den barocken Innenraum, wie es deren viele in Rom gibt, und später beim Ausruhen auf der Treppe gestand ich mir ein, daß mich an diesem Ort etwas unerwartet tief berührte, aber ich konnte es nicht benennen. Lag es an dem Ausblick, dem kleinen benediktinischen Friedhof mit den drei unzugänglichen Kapellen nebenan oder an den indischen Missionarinnen der Nächstenliebe vom Orden der Mutter Teresa und den weißgekleideten Kamaldulenser-Mönchen, die auf dem Weg zu ihren der Kirche benachbarten Klöstern lautlos vorbeieilten? Lag es an der unwirklichen Stille, so nahe dem tosenden Stadtzentrum? An der leuchtenden Abendstimmung über der Stadt?

Noch einmal betrachtete ich die Fresken im Atrium, mit denen mehr als tausend Jahre nach Gregors Tod ein unbekannter Maler Szenen aus dessen Leben erzählte. Als Nakken und Augen vom Hinaufschauen schmerzten, gab ich den Versuch auf, sie zu verstehen. Was ging mich dieser Heilige aus der Zeit der Völkerwanderung an, einer Zeit, von der ich keinerlei Vorstellung besaß? Ich war müde von einem langen Tag mit mehr Eindrücken als ich verkraften konnte. Eine eindrucksvolle Person muß dieser Gregor aber schon gewesen sein, dachte ich, als ich die Treppe hinunterstieg. Wie sonst hätte sich die Erinnerung an ihn so lange halten können?

Bei folgenden Rom-Aufenthalten zog es mich immer wieder zum Clivus Scauri, und wenn ich auf den Stufen vor der Kirche ausruhte, überfiel mich jedesmal eine seltsame Unruhe. Neugier und Trägheit stritten in mir bei dem Gedanken, ob es nicht an der Zeit sei, nähere Bekanntschaft mit diesem Gregor zu schließen. Doch jedesmal siegte die Trägheit, indem ich vorgab, anderes zu tun zu haben.

Bei einem dieser Besuche mit einer Freundin entdeckten wir neben der rechten Seitenkapelle in der Kirche eine Art Rumpelkammer. Unter den dort abgestellten Baumaterialien fiel uns ein antiker marmorner Sessel auf. Wir wunderten uns, wie man ein so kostbares Möbel so pietätlos behandeln konnte. Verstohlen probierten wir den Sessel aus; der blanke Stein, so empfanden wir, schmeichelte sich geradezu dem Körper an.

Wieder ein paar Jahre später hatte man das mattgelb schimmernde Sitzmöbel mit den beiden tierköpfigen Armlehnen in der rechten Seitenkapelle plaziert. Die „Rumpelkammer“, inzwischen aufgeräumt und renoviert, erwies sich nach einer alten lateinischen Inschrift an der Wand als die Zelle, in der Gregor als Mönch in seinem Kloster gelebt hatte: „Nocte dieque vigil longo hic defessa labore Gregorius modica membra quiete levat.“ (Wachend bei Tag und bei Nacht erholt nach mühsamer Arbeit Gregor in kurzer Ruh hier den ermüdeten Leib.)

Mich erstaunte, daß die Verfasser der Inschrift die grammatikalische Form des Präsens gewählt hatten. Da Gregor im Atrium der alten Peterskirche begraben worden war und seine sterblichen Überreste heute im Petersdom beigesetzt sind, konnte sich die Aussage nicht auf die ewige Ruhe beziehen. Sie bezeugt vielmehr eine immerwährende Gegenwart. Ein kranker Mann, erschöpft von seiner Arbeit, ruht sich hier aus. Jetzt!

Ein wenig irritiert kehrte ich durch den niedrigen Türbogen zur Seitenkapelle zurück. Mein Blick fiel auf den Marmorsessel. Er mag zum Mobiliar des väterlichen Hauses gehört und Gregor später vielleicht als Bischofsstuhl gedient haben. Die Löwen- oder Greifenköpfe am Ende der Armlehnen waren als solche kaum noch zu erkennen. Wie viele Hände mochten auf ihnen geruht, über sie gestrichen, sich um sie gekrampft haben, seit ein Handwerker sie vor zweitausend Jahren aus dem Marmor gemeißelt hatte. Prachtvolle Kissen zum Schutz der Benutzer vor der Kühle und Härte des Steins, schon lange zu Staub zerfallen, mochten den Sessel geziert haben. Glatt waren die Sitzfläche und die Armlehnen, so glatt wie ein Kiesel, den die ständig bewegten Fluten des Meeres über Jahrtausende bearbeitet haben.

Ich weiß nicht, wie lange ich mich in die Betrachtung des Stuhls vertiefte, aber ich könnte beschwören, daß ich dort plötzlich eine schmale Gestalt, bekleidet mit einer Mönchskutte, sitzen sah. Aus dem Halbdunkel, in das ein früher Herbstabend die Kirche getaucht hatte, schaute sie mich an – prüfend und ein bißchen erstaunt. Mir verschlug es den Atem, ich erstarrte wie das Kaninchen vor der Schlange. Irgendwann griff ich doch beherzt in Richtung Stuhl, aber da war nichts. Dieses Erlebnis erschreckte mich mehr, als daß es meine Neugier angestachelt hätte. Aber mir wurde bewußt: Es war der Geist des Ortes, der mich immer wieder hierherzog, der Geist Gregors. Er warb um mein Verständnis, mein Vertrauen, wie wir um einen Menschen werben, mit dem wir gern befreundet sein möchten. Doch zu schwierig, zu fremd und fern schien mir die Person Gregors, ich wollte mich nicht auf sie einlassen.

Während der nächsten Rom-Besuche machte ich um die Kirche San Gregorio Magno einen großen Bogen. Aber als die drei barocken Kapellen, benannt nach den heiligen Silvia, Andreas und Barbara, auf dem einstigen kleinen Friedhof neben der Kirche restauriert und endlich wieder der Öffentlichkeit zugänglich waren, konnte ich nicht länger widerstehen. Jeder Reiseführer empfahl sie als sehenswert.

Ich schaute mir die gepriesenen Fresken von Viviani, Guido Reni und Domenichino in den Oratorien an. Meine größte Aufmerksamkeit erregte jedoch ein imposanter Steintisch aus dem dritten nachchristlichen Jahrhundert – eine mächtige Platte, getragen von steinernen Löwen und in der Mitte gestützt durch einen Säulenstumpf. Er stand im Oratorium der heiligen Barbara, der ältesten der drei Kapellen, deren antikes Außengemäuer noch deutlich erkennbar ist. Hier, im einstigen Triclinium, dem Speiseraum, so verkündet eine Inschrift auf der Tischplatte, sollen Gregor und seine Mutter Silvia täglich zwölf Arme verköstigt und bedient haben. Ich versuchte mir das vorzustellen. Doch so sehr dieser Tisch mich auch faszinierte, ich konnte mir keine tafelnden Menschen an ihm vorstellen. Eine Weile beschäftigte mich die Frage, ob man zu Zeiten Gregors eine Decke über den Stein gebreitet hatte und wie sie ausgesehen haben mochte. Die Fresken von Antonio Viviani vom Anfang des siebzehnten Jahrhunderts mit Heiligenfiguren und Ereignissen aus der Geschichte des Klosters und die Skulptur des segnenden Papstes Gregor aus derselben Zeit sprachen nicht zu mir. Devotionen ferner Zeiten. Dennoch machte mich irgend etwas unruhig. Die schemenhafte Gestalt des Mönches, die mir vor Jahren in der Kirche nebenan begegnet war, stand mir wieder lebhaft vor Augen.

Bei jedem Blick vom Gianicolo auf Rom suchte ich unwillkürlich die hoch aufragende Kirche San Gregorio Magno. Ihre Fassade leuchtete weithin in der Abendsonne. Dort also war dieser Gregor aufgewachsen, im Schatten der Kaiserpaläste und nahe dem Forum Romanum, dort hatte er als Präfekt von Rom gewohnt und eben dort sein Adelsgewand abgelegt, um Mönch zu werden. Dorthin war das römische Volk in seiner Not gezogen, hatte ihn als Papst akklamiert und sich auch nicht abschrecken lassen durch verbarrikadierte Tore und das entschiedene Nein des Erwählten.

Eigenartig, wie sich dieser Ort neben dem dunklen Rot der Ruinen auf dem Palatin so hell abhob, als sei er in ein überirdisches Licht getaucht. Es gab ehrwürdigere Orte in dieser Stadt, ältere Kirchen, beeindruckendere Kunstwerke als in Gregorio Magno. Hatten nicht bedeutendere Menschen als Gregor diese Stadt durch die Zeiten hindurch geprägt? Warum ließ er mich nicht los?

Einige Zeit später schlenderte ich über die Piazza Navona. Neben den Staffeleien der Maler hatten Umweltgruppen ihre Stände aufgebaut. Ein junger Mann steuerte auf mich zu und drückte mir ein Pamphlet in die Hand. Zuerst wollte ich es in den nächsten Papierkorb entsorgen, aber es fand sich keiner in der Nähe. So begann ich zu lesen, bis ich auf folgende Worte stieß:

„Denn alles, was wir zum Lebensunterhalt empfingen, haben wir in schuldhafter Weise mißbraucht; doch alles, womit wir Mißbrauch getrieben haben, wendet sich zur Strafe gegen uns. Die Friedensruhe unter den Menschen haben wir in nichtige Sicherheit verkehrt; die Pilgerschaft auf Erden haben wir anstelle des Wohnens in der Heimat geliebt; die Gesundheit des Körpers haben wir den Lastern dienstbar gemacht; überströmenden Reichtum haben wir nicht für die Notwendigkeit des Leibes, sondern für die Verirrung sinnlicher Lust verfügbar gemacht; selbst die heitere Milde der Luft zwangen wir, unserer Liebe zu irdischen Vergnügen zu dienen. Mit Recht trifft uns schließlich also alles zugleich, was alles zugleich unseren Lastern in schlimmer Weise ergeben diente; so viele Freuden wir zunächst ungestört in der Welt hatten, so viele Qualen müssen wir später von dieser Welt erleiden."

Als ich unter dem Text den Namen des Verfassers las, glaubte ich meinen Augen nicht zu trauen: „Gregor der Große (540–604)".

Von Stund an begegnete Gregor mir nicht nur in Rom, sondern auch andernorts und zu Hause – auf Kalenderblättern des Tages und in uralten Gebeten der Kirche, in Büchern und auf Ansichtskarten. Ich konnte ihm nicht länger ausweichen. Nach und nach beschaffte ich mir seine Schriften, sammelte Informationen über ihn und seine Zeit. Das sechste Jahrhundert öffnete sich meiner Vorstellungskraft. Ich sah die durch Plünderungen und Seuchen verelendete Stadt, vernahm den Waffenlärm der Langobarden, die gegen die Mauern Roms andrängten. Gregors Klagen über den Zustand der Welt und das ihm auferlegte Geschick, als Hirte über die Christenheit wachen zu müssen, statt sich in Einsamkeit und Gebet zurückziehen zu dürfen, rührten mich. Ich bewunderte die Tatkraft, mit der sich der kranke Mann einer scheinbar wahnsinnig gewordenen Welt stellte und ihr widerstand. Allmählich wurde er mir vertraut, wenn auch immer eine gewisse Distanz blieb; eine Distanz, die nicht so sehr dem Abstand der Jahrhunderte geschuldet war, sondern unterschiedlichen Temperamenten und Aufgaben im Leben. Eine alte Weisheit besagt, daß Gegensätze sich anziehen. Das Verständnis für andere Sichtweisen auf die Welt und ihre Zumutungen erweitert den eigenen Horizont. Nur wenn wir uns immer wieder in Frage stellen lassen, bleiben wir lebendig. Ich spürte, daß Gregor zu mir sprach, und ich wollte ihn verstehen.

Von Mahatma Gandhi stammt das Wort: „Meine Schriften sollen mit meinem Körper verbrannt werden. Mein Leben ist meine Botschaft." Wie anders aber als durch Schriften und Bilder können wir uns einem vergangenen Leben annähern und es in uns wirken lassen? Unsere Zeit liebt Bilder. Das unbestechliche Auge der Kamera scheint uns die Wahrheit über Menschen und Ereignisse zu vermitteln. Nur das Sichtbare zählt. Vergegenwärtigung verlangt nach Fotos oder wenigstens Gemälden.

Es existieren keine zeitgenössischen Darstellungen Gregors mehr, des berühmten „Konsul Gottes", als den ihn seine Grabinschrift bezeichnete. Erhalten hat sich aber die Beschreibung eines Freskos, das noch im neunten Jahrhundert das Kloster am Clivus Scauri schmückte und das Johannes der Diakon damals so beschrieb: „Seine Figur war von einer normalen Größe und gut gebaut. Sein Gesicht war nicht so schmal wie das seines Vaters und auch nicht so rund wie das seiner Mutter, so daß es bei einer gewissen Fülle von einer angenehmen Länge zu sein schien. Sein Bart, ähnlich wie der seines Vaters, war nur mäßig lang und hatte eine gelbbraune Farbe. Er war ziemlich kahl und hatte mitten auf der Stirn zwei kleine, nach rechts gedrehte Löckchen. Der Schädel war rund und groß, sein dunkles Haar war lockig und hing bis zur Mitte des Ohrs herunter; seine Stirn war hoch, seine Augenbrauen lang und gewölbt. Seine Augen hatten dunkle Pupillen und, obwohl nicht groß, hatten sie unter vollen Augenlidern einen offenen Blick. Seine Nase, vom Ansatz seiner gebogenen Augenbrauen dünn und gerade, war um die Mitte breiter, ein klein wenig Adlernase, und an den Nasenlöchern geweitet. Sein Mund war rot, die Lippen voll und unterteilt; seine Wangen waren gut geformt, und sein Kinn trat angenehm aus den Kiefern hervor. Seine Hautfarbe war dunkel und frisch, anders als sie später wurde, da sie ungesund aussah. Sein Gesichtsausdruck war gütig; er hatte schöne Hände, mit langen spitz zulaufenden Fingern, zum Schreiben gut geeignet."

Trotz dieser detaillierten Beschreibung gewann ich keine rechte Vorstellung von Gregor, die an die Stelle jenes Schemen hätte treten können, das mir für den Bruchteil einer Sekunde beim Anblick des Marmorsessels aufgeschienen war. Auch die zahllosen Darstellungen des Papstes, meist aus dem sechzehnten und siebzehnten Jahrhundert, angetan mit Mitra, ein Buch in der Hand und umflattert von der Taube des Heiligen Geistes, vernebelten eher mein inneres Bild als daß sie es schärften. Erst bei einem wiederholten Besuch im Triclinium mit dem beeindruckenden Tisch freundete ich mich mit dem Fresko des Malers Antonio Viviani an, das Gregor in der Haltung eines Schreibenden zeigt. Er sitzt seitlich an einem mit Schreibutensilien und Büchern bedeckten Tisch, gekleidet wie ein Papst im 16. Jahrhundert und so ähnlich wie die Päpste noch heute. Über einem weißen Gewand trägt er die Mozetta, den roten Umhang, wieder darüber eine lange grüne Stola; auf dem Kopf den aus der Mode gekommenen Camauro, eine rote Samtmütze mit weißem Pelzrand. Hinter ihm in einer Lichtwolke die angedeuteten Umrisse einer Taube, den Heiligen Geist symbolisierend, der dem Schreibenden seine Weisheit diktiert.

In der Ikonographie des ausgehenden sechzehnten Jahrhunderts gemalt, verzichtet das Bild auf jegliche heroische Pose. Da sitzt ziemlich unbequem, den Kopf über das Manuskript geneigt, ein asketisch wirkender Mann, tief in seine Gedanken und das Schreiben versunken, fern der Welt und ganz bei sich. Eine Momentaufnahme, die Gregors Wesen, wie es sich mir aus seinen Schriften erschloß, nahezukommen schien.

Ich erlebte ihn auch anders, wenn ich seine Texte las: als entscheidungsfreudigen Mann und als kranken Greis; streng bis zur Fremdheit und Tränen vergießend aus Mitleid mit der geplagten Menschheit. Entschlossen, sarkastisch, gütig; aufrecht zu Pferde, schmerzverkrümmt im Stuhl, den Himmel mit seinen Gebeten bestürmend, verloren wie ein Kind im dunklen Wald. Welche Bilder sich im Laufe der Jahre bei den Begegnungen mit Gregor auch einstellten, so kehrte ich doch immer wieder gern zur Darstellung des Malers Viviani zurück. Gregors Körperhaltung vermittelt hier den Eindruck von Konzentration, Inspiration, Meditation, Liebe zur Zurückgezogenheit, zugleich aber auch von Tatkraft und Entschlossenheit. Das könnte, beschloß ich, die Gestalt gewesen sein, die ich einst schemenhaft erblickt hatte.

Mein Bild von Gregor wird unvollkommen bleiben wie das jedes Menschen, mit dem ich je befreundet war. Niemals können wir das Geheimnis eines anderen in seiner Tiefe ergründen. Wenn die Stimme des Römers Gregor aus dem sechsten Jahrhundert auf das Ohr eines Menschen im einundzwanzigsten Jahrhundert trifft, dann hängt es vom jeweiligen Gehör ab, wie deutlich oder wie verzerrt diese Stimme verstanden wird. Mißverständnisse und Fehldeutungen sind unvermeidbar, nicht anders als im Umgang mit lebenden Zeitgenossen.

Gregor ist mir unvermutet begegnet, er hat sich in mein Leben eingemischt, und ich habe versucht, mich ihm anzunähern. Auf den ersten Blick mag er sich in der heutigen Zeit fremd ausnehmen, doch bei näherem Kennenlernen erleben wir einen erstaunlichen Menschen, der uns Wesentliches zu sagen hat. Gregor hat geliebt und gelitten, versagt und ist über sich selbst hinausgewachsen. Er lebte in keiner anderen Welt als wir. Die Geschichte ist ein Spiegel, in dem wir uns selbst wiederfinden, immer neu und immer anders, je nach Alter und Erfahrungen.

Seit der ersten Begegnung an jenem Maientag vor mehr als zwanzig Jahren ist Gregor mir zum Freund geworden, auch wenn ich sein Tun und seine Gedanken nicht bis in Einzelheiten nachvollziehen kann und Phantasie sein Bild belebt. Eine Freundschaft lebt von Zuneigung ebenso wie von gebotener Distanz, und in diesem Sinne will ich von Gregor erzählen.

Aufbruch in die Welt

Der Bischof der Kirche von Canusium pflegte zu dem Diener Gottes (Benedikt) zu kommen, und der Mann Gottes liebte ihn sehr, wie er es auch wegen seines heiligen Lebens verdiente. Da dieser mit ihm ein Gespräch führte über den Einzug des Königs Totila und die Zerstörung der Stadt Rom, sagte er: „Durch diesen König wird jene Stadt zerstört werden, so daß man sie nicht mehr bewohnt." Da erwiderte ihm der Mann Gottes: „Rom wird nicht von Kriegsvölkern zerstört werden, sondern, von Ungewittern, Blitzen, Stürmen und Erdbeben erschüttert, in sich selbst zusammensinken."

Gregor, „Dialoge"

Östlich vom Palatin, durch eine Senke von ihm getrennt, erhebt sich der Caelius, einer der sieben Hügel des alten Rom. Einst hatte ihn dichter Eichenwald bedeckt. Zur Kaiserzeit ließen reiche Familien sich Wohnungen und Paläste mit weiträumigen Gärten auf der Anhöhe errichten. Geradezu zärtlich sprach der Philosophenkaiser Marc Aurel von „meinem Caelius", denn auf diesem Hügel hatte er seine Kindheit und Jugend verbracht. Am Ausläufer des Caelius gegenüber dem Palatin, dem Clivus Scauri, wuchs vierhundert Jahre später Gregor aus dem altrömischen Geschlecht der Anicier auf.

Die Bewohner dieses Viertels hatten den Glanz und den Niedergang Roms aus nächster Nähe miterlebt. Sie sahen die Kaiserpaläste auf dem Palatin in den Himmel wachsen und auf der Straße die siegreichen Heere zum Forum Romanum ziehen. Vom benachbarten Circus Maximus lärmten die Anfeuerungsrufe Hunderttausender für die Wagenlenker, und im nahen Flavischen Amphitheater ergötzten sich alle Stände vom Senator bis zum Bettler an blutigen Gladiatorenkämpfen und Tierhetzen. Über den Caelius verliefen die eleganten, hoch aufstrebenden Bögen der Acqua Claudia, einer von zwölf Wasserleitungen, und versorgten die unersättlichen Kaiserresidenzen und Thermen mit frischem Wasser aus den Bergen. Nicht weit war es bis zum Stadthafen am Tiber, wo täglich Waren aus aller Welt eintrafen: Marmor aus Griechenland, Kleinasien und Ägypten, Wolle aus Spanien, Tonwaren aus Sagunt, Glaswaren aus Ägypten, Tuche aus Indien, Schmuck aus China, Feigen aus Syrien, Weine aus allen Teilen Italiens, Griechenlands, Kleinasiens, aus Spanien, Gallien und Arabien. Nur eine kurze Wegstrecke trennte die Bewohner des Caelius von den Tempeln und Basiliken des Forum Romanum und der Kaiserforen mit den unzähligen Skulpturen. Ein nicht abreißender Strom von Fußgängern, Reitern und Sänftenträgern wogte durch das politische Zentrum der Stadt: Soldaten, Abenteurer, Gelehrte, Handwerker, Händler, Künstler, Anwälte, die ihren Geschäften nachgingen oder zu den Märkten, in die Stadien, Theater, Thermen, Wirtshäuser, Bordelle drängten – Menschen aller Rassen und Völkerschaften der damals bekannten Welt von Britannien bis Nordafrika, von Kleinasien bis an die Ufer des Atlantik. Sie alle galten, so sie freie Bürger waren, seit dem Erlaß des Kaisers Caracalla als Römer und standen unter römischem Gesetz. Aber auch ein freigelassener Sklave konnte es zum Senator oder gar Kaiser bringen wie Diokletian, der Sohn eines Freigelassenen. In die Hauptstadt des Imperiums floß der Reichtum aus Nord und Süd, Ost und West und mit ihm der Strom derer, die an dem Reichtum teilhaben wollten.

In die Paläste auf dem Caelius drang kaum etwas von dem aufgeregten Treiben. Hohe Mauern schirmten das Innere gegen Wind, Sommerhitze und Lärm ab. Wenn der Hausherr das an den Seiten überdachte Atrium, in dessen Mitte ein Becken den Regen auffing, durchschritten hatte und in das Peristyl mit seinem Garten gelangte, wenn er im Triclinium zu Tische lag, von Sklaven bedient und in angeregtem Gespräch mit seinen Gästen, in der Bibliothek Studien trieb oder seinen Geschäften nachging, dann konnte er sich dem Moloch Rom so fern fühlen wie in seiner Villa am Meer oder in den Bergen Latiums. Die Zeit rann zu einem Nichts zusammen, heute war wie gestern, und morgen würde wie heute sein, auch über Alter und Tod hinaus.

Doch als Kaiser Konstantin seine Residenz in das ferne Byzanz verlegte und seine Nachfolger es ebenfalls vermieden, von Rom aus zu regieren, zeigten sich Risse in dem einstmals ehern scheinenden Gefüge. Noch immer versetzten die Schönheit und der Prunk der öffentlichen Gebäude und Anlagen Besucher von weither in fassungslose Bewunderung, noch immer trugen Adlige und wohlhabende Freigelassene ihren Reichtum zur Schau und sorgten für Brot und Spiele, um nicht Opfer eines der Arbeit entwöhnten Pöbels zu werden. Noch konnte die Zeit den prächtigen Tempeln und luxuriösen Thermen wenig anhaben. Aber zunehmend fehlten die Mittel, sie zu pflegen und instandzuhalten. Die Kaiser residierten im fernen Konstantinopel, zu Zeiten auch in Mailand oder Ravenna, und setzten sich dort Denkmäler für die Ewigkeit. Rom sank Jahrzehnt um Jahrzehnt mehr auf das Niveau einer Provinzstadt am westlichen Rand des bröckelnden Imperiums. Langsam versiegten die Ströme von Gold und Waren, die der Stadt ein Leben im Überfluß ermöglicht hatten. Aber die Römer, verwöhnt und längst nicht mehr fähig, sich selbst zu ernähren und zu verteidigen, hielten an ihrem Lebensstil fest. Unbeeindruckt von den sich verändernden Zeitläuften sahen sie ihre Stadt weiterhin als das Haupt der Welt, dem alle Völker untertan sein mußten. Stimmen, die vor den Barbaren warnten und die Tugenden der Ahnen anmahnten, die Rom einst groß gemacht hatten – Gerechtigkeit, Fleiß, Sittenreinheit, Sparsamkeit –, fanden in der allgemeinen Sorglosigkeit kein Gehör. Mochten die Barbaren an fernen Grenzen auch

Siege erringen, sie, die Römer waren ihnen an ausgefeilter Lebensart, an Baukunst und Wissenschaft hoch überlegen. Was sollten sie mit anstrengenden Tugenden, wenn es sich mit Lastern viel leichter leben ließ! Mehr denn je traf das Wort des Geschichtsschreibers Tacitus zu, der Rom als Herrin und als Gosse des Reiches bezeichnet hatte, „in der von überallher alles, was scheußlich und schändlich ist, zusammenströmte und sich einnistete". Doch wen die Götter verderben wollen, den machen sie zuvor taub und blind. Rom tanzte und hurte seinem Untergang entgegen.

Zu jener Zeit, über die hier berichtet werden soll, war dem Haupt der Welt längst der Leib abhanden gekommen. Angezogen von dem sagenhaften Reichtum Roms und vertrauend auf seine verweichlichte Wehrlosigkeit waren Scharen von Völkern aus dem Osten wie Heuschreckenschwärme über Italien hergefallen. Sie wußten nicht, wie Nachtigallenzungen schmecken und wie man Fußbodenheizungen baut. Sie verehrten noch Steine und Bäume als Götter, der Glaube an den Christengott begann unter ihnen erst langsam Wurzeln zu schlagen. Auf ihren Gastmählern tanzten keine spärlich bekleideten Frauen, und sie verachteten die Knabenliebe; Puder, Schminke, ausgefallene Frisuren und Kleider, obszönes Theater, klingende Verse, geziertes Getue, gelehrtes Gehabe, Bibliotheken, Thermen, Bordelle waren ihnen fremd. Sie mochten es einfach und derb. Auf der Suche nach einer neuen Heimat diskutierten sie nicht, sondern hieben nieder, was sich ihnen in den Weg stellte, und nahmen was sie brauchten, ohne nach dem römischen Gesetzbuch zu fragen. Was ihnen an Bildung und der von den Römern so gepriesenen Zivilisation fehlte, ersetzten sie durch unverbrauchte Kraft und unbändigen Willen.

Zuerst kamen die Westgoten unter Alarich nach Rom. Im August 410 belagerten sie die Stadt, hungerten sie aus und plünderten sie dann drei Tage lang. Zusätzlich erpreßten sie von den Römern ein Lösegeld von fünftausend Pfund Gold, dreißigtausend Pfund Silber, außerdem noch dreitausend Stück in Purpur getränkte Felle, viertausend seidene Wämser und dreitausend Pfund Pfeffer. Um die horrenden Summen aufbringen zu können, griff die Stadtregierung auf verschlossene Tempelschätze zurück und schmolz Bildsäulen aus Gold und Silber ein. Schlimmer noch als der Verlust an materiellen Werten traf die Stadt die Demütigung. Zum erstenmal seit siebenhundert Jahren war die Stadt von Feinden eingenommen worden.

Nur dreißig Jahre später zog Papst Leo, der Bischof von Rom, mit seinem Gefolge unbewaffnet dem Hunnenkönig Attila entgegen, um ihm den Angriff auf die wehrlose Stadt auszureden. Sein kühnes Gottvertrauen zahlte sich aus. Attila verschonte die Stadt, wenn auch das Lösegeld nicht gering gewesen sein mag. Doch gegen den Vandalenkönig Geiserich verfingen Leos Überredungskünste nicht mehr. Im Juni 455 fielen die Vandalen vom Meer her in die Stadt ein, und was die Westgoten im Jahre 410 verschont oder die Römer wieder ersetzt hatten, trugen nun die Vandalen fort. Vierzehn Tage lang plünderten sie die Paläste auf dem Palatin, den Jupitertempel auf dem Kapitol, die Häuser vornehmer Römer auf dem Aventin, dem Esquilin und dem Caelius. Ganze Wagenladungen mit Skulpturen und vergoldeten Bronzeziegeln verließen Rom in Richtung Portus, von wo aus sie nach der afrikanischen Residenz Geiserichs verschifft wurden. Auch der Schatz des Tempels von Jerusalem, den einst Kaiser Titus nach Rom verschleppt hatte, nahm Geiserich mit sich. Zurück ließ er verödete Paläste, leere Tempel, Trümmer und Leichen. Kaum hatte sich die Stadt ein wenig erholt, fiel im Juni 472 der germanische Söldnerführer Rikimer mit seinen Mannen mordend und raubend über sie her.

Innerhalb eines Jahrhunderts war die einstige Herrscherin der Welt dreimal geplündert worden und hatte eine große

Zahl ihrer Einwohner durch Mord, Verschleppung, Flucht, Hunger und Krankheiten verloren.

Aber Fortuna schien sich der Stadt noch einmal zuzuneigen. Als der Ostgotenkönig Theoderich mit Zustimmung des Kaisers in Konstantinopel von Ravenna aus seine Herrschaft über Italien errichtete, brachen für Rom bessere Zeiten an. Im Jahr 500 zog Theoderich unter großem Gepränge in Rom ein, und die seit einem Jahrhundert gedemütigten Römer jubelten dem Barbarenkönig zu. Er belohnte sie mit Spielen im Circus Maximus und im Flavischen Amphitheater, erwies dem Senat die Ehre und versicherte sich der Unterstützung reicher und kluger Römer.

Theoderich war als Geisel in Konstantinopel aufgewachsen, er verstand sich auf römische Lebensart und bewunderte die Aquädukte, Paläste und Thermen. So kam zum erstenmal seit langem ein Herrscher nach Rom, der die Stadt nicht ausplündern und zerstören, sondern erhalten wollte. Doch was sich so glücklich anließ, sollte in eine neue Völkerwanderung münden, die an Schrecken alles Vorherige weit übertraf. Nur wenig mehr als ein Vierteljahrhundert währte der Frieden für die Stadt. Nach Theoderichs Tod entschied der oströmische Kaiser Justinian, den Vandalen ihre Eroberungen in Nordafrika zu entreißen und Italien wieder seiner unmittelbaren Herrschaft zu unterstellen. Er schickte die Feldherren Belisar und später Narses mit Truppen gen Westen, zusammengewürfelt aus allen Völkerschaften des Reiches. In Marsch setzten sich illyrische, awarische, bulgarische, sarmatische, gepidische Scharen, maurische und numidische Reiter, libysche Schleuderer, Bajuwaren von der Donau, Alemannen vom Rhein, Franken von der Maas, Burgunden von der Rhone, Anten vom Dnjestr, Abasgen, Sabiren, Lebanthen und Lykaonen aus Asien und Afrika und Langobarden aus Pannonien. Der geschickte Feldherr Belisar besiegte zuerst die Vandalen in Nordafrika und wandte sich dann nach Italien. Dort entbrannte ein mehr als zwanzigjähriger Krieg zwischen den Ostgoten unter der Führung von Theoderichs Nachfolgern und den Byzantinern. Rom wurde zum heißumkämpften Siegespreis. Mehrmals wechselte die belagerte Stadt ihren Besitzer, und jeder Eroberer hielt sich an ihr schadlos. Als letzte plünderten die Mannen des Gotenkönigs Totila die verödete Stadt. Hatten hier Anfang des sechsten Jahrhunderts noch etwa fünfhunderttausend Menschen gelebt, vegetierten am Ende des Krieges innerhalb der Aurelianischen Mauer, die wie ein zu weit gewordenes Gewand Rom umgab, kaum dreißigtausend Bewohner.

Zu den Überlebenden gehörten der vornehme Römer Gordian und seine aus Sizilien stammende Frau Silvia, die ein Anwesen am Clivus Scauri bewohnten. Wir wissen nicht, auf welche Weise sie die Jahre des Gotischen Krieg überstanden, ob ihr Haus geplündert, Mitglieder der nahen Familie ermordet wurden.

Gordian stammte aus dem seit dem dritten Jahrhundert vor Christus bezeugten Geschlecht der Anicier. Ihre große Zeit erlebten sie in der Spätantike. Als eine der ersten Adelsfamilien bekannten sie sich zum Christentum. Im vierten Jahrhundert war Petronius Probus das Haupt der Familie, ein Mann von unermeßlichem Reichtum und mit öffentlichen Ehren überhäuft: Konsul, viermaliger Präfekt und letzter großer Mäzen Roms. Mit Bischof Ambrosius von Mailand befreundet und von ihm getauft, fand er seine letzte Ruhestätte in einem eigens für ihn erbauten Tempel an der Peterskirche.

In der Abfolge der Generationen hatten sich die Anicier in viele Familien verzweigt. Gelehrte wie Boethius, der im Gefängnis Theoderichs vor der Hinrichtung sein unsterblich gewordenes Werk „Vom Trost der Philosophie“ schrieb, gehörten ebenso zu diesem Adelsgeschlecht wie Konsuln, Senatoren, Präfekten, Bischöfe und sogar zwei Kaiser.

Gordians Großvater war zu jener Zeit, als Theoderich Italien eroberte, unter dem Namen Felix III. neun Jahre Bischof von Rom gewesen und lag als einziger Papst in Sankt Paul vor den Mauern begraben. Dessen Neffe Agapetus, der ebenfalls auf dem Caelius gewohnt hatte, leitete zu Beginn des Gotenkrieges für ein knappes Jahr die römische Kirche. Dankbar und stolz gedachte die Familie dieser Vorfahren, die das Schifflein Petri und die Geschicke Roms in bewegter Zeit geführt hatten.

Es wäre Gordian nie in den Sinn gekommen, wie so viele seiner Standesgenossen zu den kaiserlichen Fleischtöpfen nach Konstantinopel zu ziehen, wo das Leben angenehmer war und marodierende Soldatenhorden sich an weit entfernten Grenzen austobten. Er fühlte sich tief mit seiner Heimatstadt verbunden. Dafür nahm er Härten und Entbehrungen in Kauf. Ein echter Römer hielt dem Kaiser die Treue und widerstand den Feinden, er floh nicht vor der Verantwortung. Trotz aller Plünderungen, die die Familie in den letzten hundert Jahren betroffen hatten, konnten Gordian und Silvia immer noch als reich gelten. Neben dem Familiensitz auf dem Caelius besaßen sie Latifundien auf Sizilien, in Kalabrien und Bauernhöfe vor den Toren Roms. Zwar hatte der langjährige Gotenkrieg die Verbindungen zu den Ländereien unterbrochen, die Besitzungen in Latium sogar zerstört und das Anwesen auf dem Caelius beschädigt, aber das verbliebene Vermögen überstieg noch immer weit ihre Bedürfnisse, und kein Hilfesuchender klopfte vergeblich an die Tür des Patriziers. Gordian und Silvia fühlten sich ohnehin mehr als Verwalter, denn als Eigentümer ihres Besitzes. Eines Tages würden sie vor dem himmlischen Richter Rechenschaft über ihr Tun und Lassen ablegen müssen, jenem Richter, der gesagt hatte: „Was ihr dem Geringsten meiner Brüder getan habt, habt ihr mir getan." So lebten sie als fromme Christen, die die Heimsuchungen der Zeit mit dem stoischen Gleichmut ihrer römischen Ahnen ertrugen.

Um 540 wurde Gordian und Silvia ein Sohn geboren. Sie gaben ihm den griechischen Namen Gregor, was soviel wie „der Wachsame" bedeutet. Ein damals in Rom unüblicher Name. Der Gotenkönig Vitiges hatte erst vor kurzem die Belagerung der Stadt aufgegeben, und sein Gegner, der kaiserliche Feldherr Belisar, den gotischen Regierungssitz in Ravenna erobert. Der Krieg mit den Goten schien zu Ende. Vielleicht wollten Gordian und Silvia mit der Namensgebung bessere Zeiten beschwören: Wachsamkeit sollte Rom und den christlichen Glauben vor weiteren Angriffen der Barbaren schützen. Keine Frage, daß Gregors Eltern auf seiten des Kaisers Justinian und seines Feldherrn Belisar standen. Schließlich hatte der Ostgotenkönig Theoderich den Anicier Boethius unter falschen Anschuldigungen hinrichten lassen und die Familie grausam verfolgt. Gordian und Silvia konnten nicht ahnen, daß die Ostgoten bald den kühnen Totila als König auf den Schild heben und Rom erneut erobern und plündern würden.

Man nimmt allgemein an, daß Anicius Gregorius in Rom geboren ist. Die Quellen geben über seine Kindheit und Jugend nur spärlich Auskunft. Tag, Stunde und sogar das genaue Jahr seiner Geburt sind unbekannt. Gregor blieb zeitlebens zurückhaltend mit Auskünften über sich. So spricht auch nichts gegen die hin und wieder geäußerte Vermutung, Gordian habe sich während der Gotenkriege zeitweise auf seinen Besitzungen in Sizilien aufgehalten, dort die Sizilianerin Silvia geheiratet, und ihr Sohn Gregor sei auf der Insel geboren worden. Von einem jüngeren Bruder ist da und dort die Rede, aber man kennt seinen Namen so wenig wie den Zeitpunkt seiner Geburt. Aus einem Brief Gregors wissen wir nur, daß fünfzig Jahre später auf Sizilien noch eine Schwester seiner Mutter namens Pateria in bedrängten Verhältnissen lebte. Verbürgt ist jedoch, daß der heranwachsende Knabe in Rom seine Ausbildung erhielt.

Wenn Gregor, wie die Historiker zu wissen meinen, in Rom geboren ist, dann kannte er bis zum Alter von sieben Jahren nur die Welt des Krieges. Krieg, das hieß, bei der Amme Zuflucht zu suchen, wenn Horden von Soldaten am Tor Einlaß begehrten, still in Verstecken auszuharren, den unverhofften Anblick verstümmelter Leichen zu ertragen. Ob byzantinische oder gotische Soldaten durch die Straßen marschierten, immer redeten sie in unverständlichen Sprachen und immer war Vorsicht geboten, denn die Horden der Plünderer unterschieden nicht zwischen Freund und Feind. Wer in ihre Hände geriet, mußte fürchten, das Leben zu verlieren oder als Sklave weggeführt und verkauft zu werden. Jenseits des nahen Tiber brannten die Häuser, von fern klang das Aufschlagen der Sturmböcke, mit deren Hilfe die abziehenden Goten einen Teil der mächtigen Aurelianischen Mauer niederlegten, an der so viele ihrer Krieger das Leben gelassen hatten.

Der Neunjährige erlebte, wie König Totila und sein Heer erneut Rom besetzten. Diesmal öffnete ihnen Verrat die Tore, denn die Habsucht der byzantinischen Beamten und Befehlshaber bedrückte die Einwohner noch mehr als die vorherige Herrschaft der Goten. Totila suchte der dringendsten Not abzuhelfen, und außerdem belohnte er die Römer mit einem Wagenrennen im schon verfallenden Circus Maximus. Die Zuschauer verloren sich in dem weiten Areal, in dem einst die Leidenschaft Hunderttausender aufgelodert war.

Wahrscheinlich versagte der geladene Patricius Gordian sich und seiner Familie dieses gespenstische Spektakel, so armselig, daß die Rufe der Zuschauer nicht einmal bis zum nahen Anwesen der Anicier drangen. So versäumte er das letzte Wagenrennen der römischen Antike, veranstaltet von einem Barbarenkönig, dessen Volk bereits dem Untergang geweiht war. Denn bald darauf nahm der betagte byzantinische Feldherr Narses, ein Eunuch, mit seinen Truppen die Stadt im Sturm. Damit erfüllte sich die Prophezeiung des wenige

Jahre zuvor gestorbenen Mönchsvaters Benedikt, Rom werde nicht durch König Totila untergehen. Auch die Voraussage eines etrurischen Bauern traf ein, die der Geschichtsschreiber Procopius überliefert hat: Zu Zeiten von Theoderichs Enkel und Nachfolger Athalarich sei eines Tages eine Herde Ochsen über das Friedensforum in Rom getrieben worden; einer dieser verschnittenen Stiere habe plötzlich die Bronzefigur eines Rindes bestiegen, welche dort an einer Fontäne aufgestellt war. Der gerade vorübergehende Bauer meinte, dies bedeute, daß in nicht ferner Zeit ein Eunuch den gotischen Gebieter Roms überwältigen werde.

Auf ihrer Flucht vor den Truppen des Narses töteten die Goten alle Römer, auf die sie trafen. Sie ermordeten auch jene römischen Senatoren, die sie als Geiseln genommen und in Kampanien festgehalten hatten. Am Ende des Krieges waren die alten senatorischen Familien Roms ausgelöscht bis auf ganz wenige, die sich nach Konstantinopel oder Sizilien gerettet hatten oder in Rom hatten überleben können wie der Anicier Gordian.

Innerhalb von zwei Jahrzehnten war die Stadt fünfmal erobert worden. Die meisten Einwohner hatte sie durch Flucht und Tod verloren, aber auch neue waren hinzugekommen, Strandgut der jeweiligen Eroberer: Beamte, kranke oder kriegsmüde Soldaten, die nicht hatten fliehen können oder wollen, Goten vor allem, Griechen, aber auch Heruler, Gepiden, Hunnen, Sachsen ... Sie fielen nicht weiter auf, denn schon seit Jahrhunderten lebte in Rom ein buntes Völkergemisch. Die Gestrandeten teilten das Los der verelendeten Bevölkerung, hausten wie sie inmitten von Ruinen, weideten Ziegen am Circus Maximus und bauten in ehemals kaiserlichen und patrizischen Gärten Gemüse an, von dem sie sich kärglich nährten. Es fehlte an allem, am schmerzhaftesten war der Mangel an gesundem Wasser. Die Aquädukte, die es noch vor einem halben Menschenalter von den Bergen in die

Stadt gebracht hatten, waren zerstört. Die wenigen Quellen im Stadtgebiet reichten nicht aus, und das Wasser aus dem Tiber führte immer wieder zum Ausbruch von Krankheiten.

Als der über siebzigjährige Feldherr Narses die Goten in einer letzten Schlacht am Vesuv vernichtet, die eingedrungenen Franken aus Italien vertrieben hatte und sich als Befreier Roms und Italiens feiern ließ, war Gregor aus dem Hause der Anicier zu einem frühreifen und ernsten Knaben herangewachsen. Hauslehrer unterwiesen ihn in den Anfängen der Wissenschaften, der Vater lebte ihm die altrömischen Tugenden vor. Die fromme Mutter las mit ihm in der Bibel und lehrte ihn beten. Unerschöpflich war ihr Schatz an christlichen Legenden. Tiefen Eindruck machte auf den Knaben die Erzählung von der versuchten Flucht des Apostels Petrus aus Rom: Während der Christenverfolgungen unter Kaiser Nero verließ Petrus seine Freunde, um der drohenden Hinrichtung zu entgehen. Schon außerhalb der Mauern, begegnete ihm ein Mann, den er als Jesus Christus erkannte. Petrus fiel vor ihm nieder und fragte: „Domine, quo vadis, wohin gehst du, Herr?“ Jesus erwiderte: „Nach Rom, um mich erneut kreuzigen zu lassen.“ Beschämt über seine Schwäche in der Nachfolge des Herrn, kehrte Petrus um und erlitt wenig später den Märtyrertod.

Mit der Mutter pilgerte Gregor zu den Gräbern der christlichen Märtyrer und zu den Stätten ihres Martyriums. Noch erhob sich das Flavische Amphitheater in seinen ursprünglichen gewaltigen Ausmaßen, aber schon längst fanden dort keine Gladiatorenkämpfe und Tierhetzen mehr statt. In seinem Oval war, wie unzählige andere Christen, der heilige Bischof Ignatius von Antiochia von Löwen zerrissen worden.

Silvia erzählte dem begierig lauschenden Knaben, wie man den weithin angesehenen syrischen Bischof wegen seines Glaubens verhaftet und nach Rom vor Kaiser Trajan gebracht habe. Auf dessen Frage, warum er das Volk von Antiochia zum Christentum bekehre und damit zum Ungehorsam gegen den Kaiser aufhetze, erwiderte Ignatius nur: „Wie gern hätte ich auch dich bekehrt, damit du das ewige Königreich erlangtest."

Trajan, vom Mut des greisen Mannes beeindruckt, schlug ihm vor: „Opfere unseren Göttern, und ich will dich zum Obersten Priester machen."

Ignatius lehnte ab: „Tu mit mir, was du willst, aber meinen Sinn wirst du niemals ändern." Bevor die Löwen im Amphitheater sich auf ihn stürzten, rief er: „Weizen Gottes bin ich, die Zähne der wilden Tiere müssen mich zermahlen, damit ich zum Brot Christi werde."

Als man dem Kaiser davon berichtete, meinte der: „Groß ist der Mut der Christen, wo wäre der Grieche, der solches litte für seinen Gott!"

Vom Amphitheater führte der Weg von Mutter und Sohn zum Grab des Ignatius in der nahen Kirche des heiligen Clemens, des vierten Bischofs von Rom, ebenfalls ein Märtyrer unter der Herrschaft des Kaisers Trajan. Mit einem Anker um den Hals hatte man ihn im Meer versenkt.

Bei nächster Gelegenheit beschwerte sich der kleine Gregor bei seinem Vater über den bösen Kaiser, der so viel unschuldiges Blut vergossen habe. Gordian mag das Wort des christlichen Schriftstellers Tertullian zitiert haben: „Das Blut der Märtyrer ist der Samen der Kirche." Und gewiß hat er den Imperator verteidigt. Ungleich anderen Kaisern habe sich Trajan durch Einfachheit der Sitten, Tapferkeit und Gerechtigkeit ausgezeichnet, für Bedürftige gesorgt, Verleumdern nicht getraut, an fremdem Gut sich nicht vergriffen und Unschuldige nicht hingerichtet.

„Aber er hat doch Unschuldige hinrichten lassen", widersprach der Knabe.

„Nach damaligem Recht und Gesetz galten sie als schuldig", erklärte Gordian. „Wer nachweislich den Kaiserkult verweigerte, mußte wegen Widerstands gegen die Staatsgewalt hingerichtet werden. Die Christen konnten ihr Leben nur retten, wenn sie den vergöttlichten Kaisern opferten. Jeder römische Bürger konnte Christen anzeigen, aber er mußte es nicht. Es durfte nicht gezielt nach ihnen gesucht werden, und anonyme Anzeigen waren nicht zugelassen. Das verbot Kaiser Trajan. Leider hielten sich seine Nachfolger und die Behörden nicht immer an dieses im Grunde weise Gesetz. Außerdem lieben es viele Menschen, andere anzuschwärzen, zu verraten, anzuzeigen. So mußten noch viele Christen sterben, weil sie Gott über den Kaiser stellten und dennoch dem Kaiser gaben, was des Kaisers ist."

Auf des Knaben Bemerkung, er sei froh, nicht unter diesen schändlichen Menschen gelebt zu haben, sagte der Vater: „Vorsicht! Du sprichst über deine Ahnen. Noch weißt du nicht, welche Schuld du einmal auf dich laden wirst. Dann brauchst auch du das Verständnis und die Vergebung deiner Nachkommen."

Es ist schwer für ein Kind, sich seine Nachfahren vorzustellen. Noch schwerer ist es zu begreifen, daß der Verfolger gemäß dem Recht handelt und der Verfolgte dennoch im Recht sein kann und beide als gerecht gelten können.

Gregor fragte, hörte zu und versuchte, die Welt der Erwachsenen zu verstehen.

Die Lebensführung seiner Eltern prägte ihn: die Frömmigkeit und Freigebigkeit seiner Mutter gegenüber den Armen, die Männlichkeit und Sittlichkeit des Vater, die Verachtung jeglicher Form von Luxus. Ein Widerhall der elterlichen Zuneigung, die Gregor erfuhr, klingt noch in einem Brief nach, den er als Papst Jahrzehnte später an Theoktista schrieb, die Schwester des Kaisers in Konstantinopel, der die Erziehung der kaiserlichen Prinzen anvertraut war: „Ich bitte Euch, bei der Erziehung ... vorzüglich die Bildung des Herzens ins Auge zu fassen ... Das Wort der Erzieher ist ja entweder

Milch, wenn es gut, oder Gift, wenn es schlimm ist." Und in einer seiner Schriften bemerkt er: „Manchen Kindern verschließen die Eltern die Himmelstür, indem sie dieselben schlecht erziehen."

Von den drei Schwestern seines Vaters, Tarsilla, Aemiliana und Gordiana, ist bekannt, daß sie sich in ihrem Haus einem Leben für Christus weihten nach dem Vorbild jener vornehmen frommen Römerinnen, die schon vor mehr als zweihundert Jahren auf dem nahen Aventin ein Leben in Zurückgezogenheit geführt und so die Tradition eines klösterlichen Lebens in Rom begründet hatten. Allerdings fiel es der jüngsten der Schwestern, Gordiana, schwer, sich an das gemeinsam abgelegte Gelübde zu halten. Nach dem Tod der beiden älteren heiratete sie einen Pächter ihrer Güter und ging mit ihm auf und davon. Damit brach sie nicht nur ihr Gelübde, sondern verletzte auch die Standesehre der Familie, was eine nicht geringe Aufregung verursacht haben mag. Der spätere Papst Gregor kommentierte das Ereignis traurig und auch ein wenig bitter mit dem Bibelwort, daß viele berufen, aber nur wenige auserwählt seien.

Gern hörte der Knabe den Alten zu, wenn sie die Gastfreundschaft im Haus am Clivus Scauri genossen. Einige hatten noch den Gotenkönig Theoderich in Rom einziehen sehen. Daß der König dem Ketzerglauben des Arianismus angehangen hatte, verurteilten sie, meinten aber, Theoderich sei doch lange Zeit ein gerechter und wohlwollender Herrscher gewesen. Erst als er mehr auf Intriganten hörte als auf seine klugen Ratgeber, die römischen Senatoren Boethius und Symmachus, sie ins Gefängnis warf und hinrichten ließ, beschwor er den Untergang seines Volkes herauf.

Viel war auch von dem kürzlich verstorbenen Mönch Benedikt die Rede. Als junger Mann hatte er dem lockeren Treiben in Rom, das unter Theoderichs Herrschaft wieder aufzublühen begann, den Rücken gekehrt und in den Bergen das Leben eines Einsiedlers geführt. Er suchte die dauernden Schätze des Himmels, nicht die vergänglichen der Welt. Der Ruf von seinem gottgefälligen Leben und den Wundern, die er tat, erreichte bald auch Rom. Väter schickten ihre Söhne zu Benedikt, damit er sie lehre, nach dem Willen Gottes zu leben und nicht ihre Jugend in sinnlosem Tun zu vergeuden. Der eine und andere Gast im Haus am Clivus Scauri hatte Benedikt noch in seinem Kloster auf dem Monte Cassino besucht und lobte den Ernst und die Freundlichkeit der Mönche. Benedikts Nachfolger, die sich vor den marodierenden Soldaten in das nahe Kloster am Lateran gerettet hatten, suchten und schätzten den Rat Gordians und seiner Frau.

Immer wieder wollte der kleine Gregor die Geschichten von der Begegnung Benedikts mit dem Gotenkönig Totila hören, von dem vergifteten Brot und den Raben, die Benedikt das Leben gerettet hatten, von dem Wasser, das Benedikt aus dem Felsen hatte fließen lassen. Wie gern wäre auch er einer der Schüler des Mönchs gewesen, um von ihm zu lernen, Wunder zu wirken. Vater Gordian meinte dazu nur, auch böse Menschen könnten Wunder tun. Benedikt selbst sei das Wunder gewesen – mit seinem guten Herzen und seiner geisterfüllten Seele. Um zu werden wie er, müsse man nicht in den Bergen leben.

Die Alten erzählten auch Sagen und Legenden aus weit zurückliegenden Zeiten. Sie priesen Marcus Curtius, der sich in einen Spalt des Forums gestürzt hatte, um die Stadt vor dem Untergang zu bewahren; Römerinnen, die lieber gestorben waren als sich entehren zu lassen; gerechte Kaiser wie Trajan und Marc Aurel; tugendhafte Männer, die rechtschaffenes Handeln höher stellten als eigenen Vorteil.

In seiner Phantasie durchlebte der heranwachsende Gregor noch einmal jene Zeiten, da Senatoren Kaiser in ihre Schranken wiesen; da Römer zu sein nicht Reichtum und Luxus, sondern Selbstverleugnung und Selbstbeherrschung bedeutet hatte. Die Mannhaftigkeit seiner Vorfahren begeisterte ihn. Warum sollte er nicht ebenfalls große Taten vollbringen können! Zwar stand es um Rom nicht zum besten, und die apokalyptischen Prophezeiungen der Apostel Petrus und Paulus, deren Blut den Boden der Hauptstadt der Welt getränkt hatte, schienen sich zu erfüllen. Aber brauchte es nicht gerade deshalb jetzt, bevor Feuer die Erde verschlang und Gott einen neuen Himmel und eine neue Erde schuf, tapfere und tüchtige Männer, die nicht zweifelten und verzweifelten, sondern Gott und dem Nächsten tatkräftig dienten? Der Knabe wollte ein guter Christ und ein guter Römer werden.

Viel Wasser war aus dem Tiber ins Meer geflossen, seit in Rom Wissenschaften und Künste geblüht hatten. Der Senator und Gelehrte Cassiodor hatte noch als Konsul unter der Herrschaft des Gotenkönigs Theoderich die Wissenschaften in Rom nach Kräften gefördert. Der Krieg hatte Schulen und Bibliotheken zerstört, Lehrer und Schüler in alle Winde zerstreut. Von den ehemals achtundzwanzig öffentlichen Bibliotheken existierten nur noch wenige, und ihr Bestand war dramatisch zusammengeschmolzen. Doch wie dunkel und ärmlich die Zeiten auch daherkommen, immer wieder finden sich Lehrer, die ihr aus den Trümmern der Vergangenheit gerettetes Wissen einer lernbegierigen Jugend mitteilen.

Als Gregor im Alter von vierzehn Jahren die Männertoga angelegt hatte, machte er sich wie einst seine Vorfahren täglich auf den Weg zu den Säulenhallen im Forum Romanum und im Trajansforum, wo Lehrer ihre Schüler in den sieben freien Künsten unterwiesen: Grammatik, Dialektik, Rhetorik, Arithmetik, Geometrie, Astronomie und Musik. Der Grammatiker Donatus stand auf dem Lehrplan, ebenso das Studium der Autoren Vergil, Seneca, Cicero, Sallust und Juvenal. Auch die Griechen Homer, Euripides, Demosthenes lasen die Schüler, allerdings nur in der lateinischen Übersetzung. Das Griechische, einst die Sprache der gebildeten Römer, stand nicht mehr hoch im Kurs. Die Zeitumstände verlangten von jenen, die einmal als hohe Beamte die Geschicke der Stadt leiten sollten, vor allem praktische Fähigkeiten. Dazu gehörten die Kenntnis des römischen Rechts und seine Anwendung, Fertigkeiten in der Arithmetik, aber auch in der Heilkunst und im Kriegswesen. Gregors Wißbegier und schnelle Auffassungsgabe zeichneten ihn in allen Unterrichtsgegenständen aus, nur das Fach Rhetorik behagte ihm nicht. Schon Kaiser Marc Aurel hatte vierhundert Jahre zuvor bemerkt, die Rhetorik müsse um der Wirkung willen oft gegen die Wahrheit verstoßen, und sie benutze unlautere, auf schlechte Affekte zielende Mittel.

Welchen Wert sollte es haben, ein Nichts so aufzubauschen, daß es bedeutungsvoll daherkam, eine Lüge so lange im Mund herumzudrehen, bis sie sich als Wahrheit ausgab? Wichtiger als der kunstvolle und auf Überredung zielende Ausdruck war Gregor der Inhalt des Gesagten. Die Regeln des Donatus lernte er zu handhaben, doch fragte er sich, was das klassische Latein, das kaum noch gesprochen und verstanden wurde, für das tägliche Leben taugte. Wie Cicero sprechen zu können, mochte der eigenen Eitelkeit schmeicheln, aber seit Cicero seine Reden auf dem Forum Romanum gehalten hatte, waren mehr als fünfhundert Jahre vergangen. Die heutigen Römer setzten sich aus einer Vielzahl von Völkerschaften zusammen, die zwar Latein sprachen, aber nicht mehr das eines Cicero. Gregor wollte kein Gelehrter werden, der alte Schriften analysierte und verglich, ihm lag daran, die Welt um sich herum verstehen und in ihr handeln zu können. Der Gelehrte Cassiodor, den die Lehrer als Leuchte der Wissenschaft priesen, war dem jungen Gregor sicher kein Vorbild. Der einstige Konsul hatte den Goten gedient und war mit ihnen gescheitert. Nun träumte er auf seinem väterlichen Gut in Kalabrien, das er in ein Kloster umgewandelt hatte, von entschwundenen glanzvollen Zeiten. Seine Mönche beschäftigte er mit dem

Abschreiben von alten griechischen Manuskripten, die er selbst gesammelt hatte. Das mochte lobenswert sein, aber gab es nichts Wichtigeres zu tun für einen Mann seines Schlages?

Schnell ist die Jugend mit ihrem Urteil. Später mag Gregor in Cassiodor, der 580 im Alter von fünfundneunzig Jahren starb, einen Bruder im Geiste erkannt haben. Denn auch er sollte an jenen Punkt kommen, den der einstige Kanzler unter Theoderich, gescheitert in seinen Bemühungen um Aussöhnung zwischen Römern und Goten, so beschrieb: „Nachdem ich in Ravenna die Beanspruchungen durch die politische Laufbahn zurückgewiesen hatte, die vom widerlichen Geschmack der weltlichen Sorgen gezeichnet war, nachdem ich in den Genuß des Psalters gekommen war, eines vom Himmel als wahrer Honig für die Seele gekommenen Buches, stürzte ich mich begierig wie ein Dürstender ohne Unterlaß in die Arbeit, es auszuforschen, um mich gänzlich von jener heilsamen Süße durchdringen zu lassen, da ich der zahllosen Bitterkeiten des aktiven Lebens überdrüssig war."

Vorerst sorgten die Eltern dafür, daß Gregor die beste Ausbildung erhielt, die damals nur möglich war. Seine Erfahrungen in der Schule faßte er als Papst so zusammen: „Die Klugheit dieser Welt deckt das Herz mit Ausflüchten zu, verbirgt, was man denkt, bezeichnet das Falsche als wahr und das Wahre als falsch. Und diese weltliche Schlauköpfigkeit bringt man den jungen Leuten für Bezahlung in der Schule bei, und das macht sie hochmütig und läßt sie andere verachten. Jene, die nicht so schlau sind, bewundern die anderen und ordnen sich ihrem Einfluß unter, weil auch sie diese unglückselige Doppelzüngigkeit bewundern und sie Kultur nennen, während es eine mentale Perversion ist." All das sei auf nur ein Ziel gerichtet: „Sie lernen, Karriere zu machen und sich damit zufriedenzugeben, zeitlichen Ruhm zu erreichen, mit dem Schlechten zu wuchern und nicht damit aufzuhören, bis sie stark sind, und, wenn sie schwach sind, als gute und friedfertige Menschen zu scheinen, die zu keiner Bosheit fähig sind."

Verachtet würde hingegen von den Schlaumeiern die Klugheit der einfachen Menschen. Deren Klugheit „prahlt nicht, äußert ihre Gedanken mit eigenen Worten, liebt die Wahrheit, die in den Dingen liegt, vollbringt das Gute uneigennützig und ist eher bereit, das Böse zu erdulden als es zu tun, rächt sich niemals für empfangenes Unrecht und betrachtet es als einen Gewinn, wenn es für die Liebe zur Wahrheit verachtet wird."

Wir wissen nicht, ob Gregor in seinen frühen Jahren von dieser intellektuellen Überheblichkeit, die er so treffend zu beschreiben weiß, angekränkelt war. Sicher aber ist, daß er wie ehrgeizige Jünglinge aller Zeiten gemeint hat, Rom warte nur auf ihn, damit er in Ordnung brächte, was in Unordnung geraten war. Und wenn die Welt wirklich vergreiste und sich dem Tode zuneigte, wofür vieles sprach, dann wollte er, Gregor, um so mehr tun, damit er im Jüngsten Gericht vor Gottes Angesicht bestehen konnte. So wie sein Vater Gordian, der, vom römischen Bischof zum Regionarius eingesetzt, aufopferungsvoll seinen Dienst an den Armen in der ihm unterstellten Stadtregion versah. Ein beträchtlicher Teil der Erträge aus den Landgütern der Familie floß in die Vorratshäuser der Kirche am Tiberhafen. Gordian erwartete von seinem Sohn, daß er einmal den Familienbesitz verwaltete, vor allem aber, daß er wie alle seine Vorfahren im Senatorenstand dem Gemeinwesen als Beamter diente.

Die Stadt brauchte dringend fähige und integre Beamte. Seit anderthalb Jahrhunderten tobten die Stürme der Völkerwanderung über Italien hinweg und hatten die einst so gut funktionierende Verwaltung des Römischen Reichs zerstört. Niemand wußte mehr, an wen er sich halten sollte, wo er sein Recht finden und wer es durchsetzen konnte. Was nützte das großartige Gesetzbuch des Kaisers Justinian, wenn sich keiner daran hielt! Der Kaiser residierte in Konstantinopel, seine Bevollmächtigten trieben die Steuern ein und machten sich mit ihrer Beute aus Rom davon, sobald die Lage gefährlich wurde. In der sich selbst überlassenen Stadt herrschte immer wieder das Recht des Stärkeren.

Die vor den Vandalen und Goten fliehenden begüterten Römer hatten Häuser und Latifundien, die sie selbst nicht mehr nutzen konnten, an die Kirche verschenkt. So hofften sie, wenn auch nicht ihren Besitz, doch wenigstens ihr Seelenheil zu retten. Auf diese Weise gelangte der römische Bischof unversehens und ungewollt zu wachsendem Grundbesitz, fortan Patrimonium Petri genannt, dem Apostel Petrus geweihtes Land, das er zum Wohle der Bedürftigen zu verteidigen und zu verwalten hatte. Dafür standen ihm aber weder militärische Mittel noch ein Verwaltungsapparat zur Verfügung.

Als der oströmische Kaiser Justinian Italien 562 wieder unter seine Herrschaft gebracht hatte, erwarteten die Römer, daß fortan das Recht regieren und die Stadt wieder aufgebaut würde. Doch als seien sie in Feindesland gekommen, führten sich die byzantinischen Beamten und Soldaten als Sieger auf. Mit leeren Taschen nisteten sie sich in der Stadt ein und zogen reich beladen davon. Immer neue Steuern erlegten sie den Römern und jenen auf, die nach dem Krieg Sicherheit und Frieden in der Stadt suchten. Die Menschen holten sich aus Tempeln und leerstehenden Häusern, was sie zum Überleben brauchten, und die Byzantiner nahmen es ihnen wieder ab.

Schutz und Hilfe konnten die Einwohner nur bei ihrem Bischof finden. Ihm allein war es nach dem Gesetz möglich, Klagen vor den Kaiser zu bringen. Er schlug dem byzantinischen Statthalter geeignete Männer aus der Stadt vor, die fähig und willens waren, den Aufbau des Gemeinwesens in die Hand zu nehmen. Die Diakone des Bischofs und die Beauftragten für die Stadtregionen kümmerten sich um kostenloses Brot für die Armen, um die Versorgung der Kranken, um Hilfe für Bedrängte ohne Ansehen der Person. Aus dem Vertrauen der Bevölkerung und mit dem Einverständnis des Kaisers wuchs dem Amt des Bischofs allmählich jene Autorität zu, die einst der römische Staat verkörpert hatte.

Dem Patricius Gordian mag es ganz und gar nicht zugesagt haben, daß die Kirche zunehmend weltliche Aufgaben übernehmen mußte. Gerade weil er ein frommer Christ war, sträubte sich alles in ihm gegen eine Vermischung von staatlichen Aufgaben und kirchlicher Sendung. Bischöfe, Mönche, Priester gerieten mehr und mehr in die Rolle von Richtern, Geschäftsleuten, Verwaltern, statt sich wie in den ersten Jahrhunderten des Christentums allein der Seelsorge, dem geistlichen Leben und der Verbreitung des Glaubens widmen zu können. Diese Situation überforderte viele Geistliche, und sie zog Menschen an, die im kirchlichen Dienst eine Möglichkeit witterten, sich persönlich zu bereichern und Machtgelüste zu befriedigen.

Aus großer zeitlicher Entfernung mutet die Mitte des sechsten Jahrhunderts dunkel und verzweiflungsvoll an: Kriege, Hunger, Seuchen, Naturkatastrophen, Mord und Totschlag. Es sollte in den folgenden Jahrzehnten noch schlimmer kommen. Man meint, die Menschen könnten damals keine frohen oder gar glücklichen Stunden erlebt haben. Doch das ist ein Trugschluß. Je dunkler die Nacht, desto heller leuchten die Sterne. In schweren Zeiten wissen die Menschen die sonst wenig beachteten Dinge des Alltags um so mehr zu schätzen. Der Hunger nach Freude läßt sich ebensowenig unterdrücken wie der Hunger des Leibes. Die Schönheiten des ablaufenden Jahres werden intensiv erlebt: der Duft der Blumen im Frühling, die reifenden Früchte, die tanzenden Vogelschwärme am Himmel, der Schein der Öllampen in den winterlich dunklen Kirchen, die erste wärmende Sonne des Jahres. Vor dem Hintergrund unablässiger Sorgen beglücken die kleinen Freuden um so mehr: eine einfache Mahlzeit im Kreis der Familie und der Freunde, die unverhoffte Hilfe eines Nachbarn, ein ermutigendes Wort.

Kindheit und Jugend verlieren nie ihren Zauber, in welch dunkle und gefährliche Zeiten Menschen auch hineingeboren werden. Das selbstvergessene Spiel, und sei es zwischen Ruinen, die jugendliche Neugier, die alles erfaßt und deutet, spotten noch der Schwerkraft, die den Gang der Erwachsenen mühsamer werden läßt und ihren Blick begrenzt. Eine Schar von Spielgefährten, eine Gruppe Jugendlicher finden immer Wege, sich den Ängsten und der Niedergeschlagenheit ihrer Umgebung zu entziehen. Zu elementar ist die Sehnsucht des Lebens nach sich selbst. Die Unkenntnis von Gefahren steigert Mut und Zuversicht.

Freundschaft mit Gleichgesinnten wurde für den jungen Gregor zum Lebenselement. Nicht Schutz und Geborgenheit suchte er in der Gruppe, sondern vor allem Ausweitung seiner Fähigkeiten und Möglichkeiten. Gregor konnte gut allein sein. Er mochte die stillen Stunden im Garten und das Gebet vor dem Bild der Muttergottes im Haus nicht missen. Doch die uralten und immer neuen Fragen „Wer bin ich? Wohin gehe ich? Was ist meine Aufgabe in diesem Leben?“ beantworten sich nicht allein durch Lektüre, Nachdenken und Vorbilder. Dazu braucht es den Austausch mit Freunden, die zwar nicht immer gleicher Meinung, aber in tiefer Sympathie miteinander verbunden sind. Dieselben Worte können verletzen und heilen, ihre Wirkung beziehen sie aus dem Charakter dessen, der sie ausspricht. Gregor suchte und fand Freunde, und er blieb ihnen zeitlebens verbunden. Zu ihnen gehörte Peter, den Gregor ein Menschenalter später „meinen vertrauten Freund aus schöner Jugend frühesten Tagen“ nennen sollte, aber auch Aemilianus, Paterius, Exhilaratus, Pantaleon, Maximianus, Probus. Sie respektierten Gregors Überlegenheit, ohne so recht benennen zu können, worin sie bestand. Zwar glänzte er in allen Lehrfächern, machte auf dem

Pferd eine gute Figur und wußte auch eine Waffe geschickt zu handhaben. Aber die anderen standen ihm darin kaum nach. Im Freundeskreis gab es ärmere, aber auch reichere Familien als die Gregors, und Besitz spielte bei den Freunden ohnehin keine Rolle. Gregors Äußeres war angenehm, wenn auch nicht geradezu schön zu nennen: von gut gebauter Gestalt, mit dunklen lockigen Haaren, die Gesichtsfarbe frisch, lange gewölbte Augenbrauen, eine kühn geformte Nase, ein offener Blick, schlanke wohlgeformte Hände. Er lachte und trieb Schabernack mit den anderen, doch aus seiner Fröhlichkeit schwand nie ganz der Ernst. In Gesprächen konnte er sich in Spekulationen und Träume verlieren, aber plötzlich in einer unerwarteten Volte wieder auf dem Boden der Gegenwart landen. Mit den Händlern auf dem Forum redete er in ihrer Sprache und wechselte im nächsten Augenblick mühelos in das klassische Latein seiner Lehrer, ohne daß das eine oder andere gekünstelt klang. Lieber unterhielt er sich mit einem des Lesens und Schreibens Unkundigen als mit einem Wichtigtuer, denn er meinte, Nichtwissen und Unbildung seien grundsätzlich besser als Halbwissen und Halbbildung. Schnell im Denken, traf er doch nie eine Entscheidung, ohne ihre Folgen bedacht zu haben. Wenn einer der Freunde seinen Mut durch Draufgängertum unter Beweis stellen wollte, lächelte Gregor nur spöttisch. Tapferkeit sei etwas anderes, als Leben und Gesundheit in Raufhändeln aufs Spiel zu setzen. Aus seinem Mund klang das so überzeugend, daß sich der sanft Zurechtgewiesene seiner Angeberei schämte.

Es war wohl der Reichtum an Fähigkeiten, der den Freunden an Gregor imponierte und der mit den Jahren immer offensichtlicher wurde. Viel Zeit und Fleiß verwandte er auf das Studium des Rechts. Aber auch die Phänomene der Natur faszinierten ihn: die Geheimnisse der Sterne, Wettererscheinungen, die Eigenschaften der Steine, Pflanzen und Tiere. In den Werkstätten ließ er sich von Handwerkern die

Techniken des Töpferns, Webens und Schmiedens erklären. Wenn die Freunde beieinandersaßen und disputierten oder nach der Verehrung der Märtyrer in den Katakomben den Weisheiten der Evangelien nachspürten und Gregor das Wort ergriff, schien sich auf wunderbare Weise der Raum zu öffnen. In nüchterner und prägnanter Rede führte er seine Erfahrungen und Kenntnisse zu jenem Punkt, wo alles sich mit allem verbindet und der Gegensatz zwischen dem Außen und dem Innen aufgehoben ist. Weit davon entfernt, ein Schwärmer und Phantast zu sein, ging eine seltsame Verwandlung mit ihm vor, wenn er über eine Angelegenheit redete, die ihn sehr beschäftigte. Dann erhellten die leuchtenden Augen das ganze Gesicht. In solchen Momenten konnte sich niemand der Wirkung seiner Worte entziehen. Gregor sprach aus, was die Freunde fühlten, dachten, erträumten und doch nicht in Worte fassen konnten. Er ermutigte sie zu sich selber. Dafür liebten sie ihn.

An jene Stunden der frühen Jugend mag Gregor sich erinnert haben, als er die „Bekenntnisse" des von ihm hochgeschätzten Aurelius Augustinus las und an die Stelle gelangte: „Wir durchschritten stufenweise die ganze Welt, Himmel, Erde, Sonne, Mond, Sterne, Weiden der Wahrheit, Vergangenes und Künftiges, Gewässer, Pole der Welt, Seele, Träume, Verkündigungen der Einbildungskraft, Sprache, Zunge des Fleisches, Stimme der Engel, Donner der Wolken, Rätsel des Geheimnisses – und wir berührten Gott leise mit dem vollen Aufschwung des Herzens."

Der Präfekt

Als Kaiser Trajan einst in großer Eile zu einer Schlacht aufbrach, trat ihm unter Tränen eine Witwe entgegen und sprach: „Ich beschwöre dich, räche das Leben meines Sohnes, der unschuldig getötet worden ist." Trajan versicherte, er werde ihn rächen, falls er heil aus dem Kriege zurückkehre. Die Witwe erwiderte: „Wer aber wird das tun können, wenn du in der Schlacht stirbst?" Trajan antwortete: „Jener, der nach mir Kaiser sein wird." „Und welchen Nutzen wirst du davon haben, wenn ein anderer mir Gerechtigkeit verschafft?" fragte die Witwe. „Keinen", erwiderte Trajan. Darauf die Witwe: „Ist es dann nicht besser, mir jetzt Recht zu schaffen und dafür Lohn zu empfangen, als diesen einem anderen zu überlassen?" Da stieg Trajan, von Mitleid bewegt, vom Pferd und schaffte der Frau Gerechtigkeit.

Gregor ging nun einmal lange nach dem Tod Trajans über das Trajans-Forum und erinnerte sich dabei seiner Milde beim Rechtsprechen. In die Basilika des heiligen Petrus gekommen, weinte Gregor bitterlich wegen des Kaisers Irrglauben. Da erhielt er von Gott die Antwort: „Siehe, ich habe deine Bitte erfüllt und Trajan die ewige Strafe erlassen, aber hüte dich in Zukunft davor, für einen Verdammten zu beten."

Jacobus de Voragine „Legenda Aurea"

Als für die Römer die Welt noch in Ordnung war, reisten die Söhne des Adels nach dem Ende ihrer Ausbildung nach Griechenland, um dort ihre Kenntnisse zu vervollständigen. Sie übten sich im Griechischen, suchten berühmte Lehrer der Schönen Künste auf und erweiterten ihre Kenntnisse der Philosophie. Auch Syrien und Ägypten mit ihren berühmten Schulen und Bibliotheken besuchten sie auf ihrer Bildungsreise. Nicht selten nahmen sie für einige Zeit an einem Feldzug gegen Aufständische an den südöstlichen Grenzen des Reiches teil und übten sich dabei im Waffenhandwerk und im strategischen Denken. Wenn sie dann nach Rom zurückkehrten und ein hohes Amt in der Verwaltung des Imperiums anstrebten, brachten sie einen Schatz an Erfahrungen und Weltläufigkeit mit, der ihnen, neben dem Geld der Familie, für ihre Karriere von hohem Nutzen war.

Nach den Gotenkriegen, aber auch schon vorher, wußte man davon nur noch vom Hörensagen. Wer nach der Ausbildung Athen, das syrische Antiochia und Alexandria in Ägypten aufsuchte, fand nur noch Reste einst blühender Gemeinwesen vor: verwaiste Tempel, zerstörte Paläste, Lehrer, die mehr gegeneinander stritten, als sich um ihre Schüler zu kümmern. Also lenkten karrierebewußte Sprößlinge des dezimierten römischen Adels ihre Schritte gleich nach Konstantinopel, der jungen Hauptstadt, wo sie dann auch meist blieben. Die mangelhafte Kenntnis der griechischen Sprache hinderte nicht am Fortkommen, denn in der Verwaltung wurde nach wie vor Lateinisch gesprochen.

Gregor verschwendete keinen Gedanken daran, am Kaiserhof von Konstantinopel sein Glück zu suchen. Dort lebten zwar Verwandte aus dem Geschlecht der Anicier, unter ihnen Nachkommen des weströmischen Kaiser Olybrius, der 472 nach nur kurzer Regierungszeit in Rom an der Pest gestorben war. Sie hätten Gregors Karriere befördern können. Doch für ihn und seine Familie war und blieb Rom das Zentrum ihres Denkens und Handelns. Der junge Patrizier trauerte den vergangenen Zeiten nicht nach. Die imperiale Stadt, die schon ein heidnischer Autor die größte Kloake der Welt genannt hatte, war an Ruhmsucht, Raffgier und Verschwendung zugrunde gegangen. Ein Gemeinwesen, das die Lüge zur Wahrheit erklärt, den Vorteil einzelner als Gemeinsinn ausgibt und einer Schönheit huldigt, die nur noch als Fassade des Nichts dient, verurteilt sich selbst zum Untergang.

Gregors Herz hing an jenem Rom, das die Apostel Petrus und Paulus gleichsam neu begründet hatten. Über ihren Gräbern am Mons Vaticanus und an der Straße nach Ostia war die Saat des Christentums aufgegangen. Wie ein großer, starker Leib besaß Rom seither zwei Augen: das Vermächtnis dieser beiden Apostel. Der berühmte byzantinische Kirchenlehrer Johannes Chrysostomus hatte einst gesagt: „So herrlich leuchtet der Himmel nicht, wenn die Sonne scheint, wie Rom mit diesen beiden Leuchten, die überallhin ausstrahlen." Das Blut unzähliger Märtyrer hatte die Stadt geheiligt. Daran würde sich nichts ändern, so lange die Welt bestand, mochte auch in den zweihundert Jahren, seit das Christentum sich ungehindert hatte entfalten können, der Glaube an Kraft und Glut verloren haben. In der verfallenden Siebenhügelstadt am Tiber und nirgendwo anders, dessen war sich Gregor sicher, warteten auf ihn jene Aufgaben, die Gott ihm zugedacht hatte.

Doch vorerst hieß es für den nunmehr Zwanzigjährigen, sein Schulwissen mit praktischen Erfahrungen anzureichern. Vermutlich reiste er für einige Zeit nach Sizilien und machte sich mit der Verwaltung der dortigen Familiengüter vertraut, denn seine späteren Briefe als Papst verraten eine bis ins Detail gehende Kenntnis der wirtschaftlichen Verhältnisse auf der Insel. Vielleicht begleitete ihn seine Mutter Silvia, um nach langer Zeit ihre Familie wiederzusehen. Gut möglich, daß auch der Freund Peter sich der Reisegesellschaft anschloß und dabei jene Einblicke in die sizilianischen Verhältnisse erwarb, die seinen raschen Erfolg als späterer Päpstlicher Rektor auf Sizilien erklären.

Die einst vorzüglich ausgebaute und sichere Via Appia war verfallen, Räuberbanden bedrohten die Reisenden. Auch die Überfahrt mit dem Schiff verhieß von Stürmen bis zu Piratenüberfällen vielerlei Gefahren. Aber so schlecht können die Verhältnisse gar nicht sein, daß sie Menschen vom Reisen abhalten. Als das Schiff endlich an der Nordküste Siziliens landete, mögen die Reisenden erleichtert gewesen sein, voller Neugier die jungen Männer Gregor und Peter, freudig bewegt die Mutter Silvia.

Schon immer war die fruchtbare Insel im Schatten des Ätna ein begehrter Besitz für die jeweiligen um die Herrschaft über das Mittelmeer konkurrierenden Mächte gewesen. Den Phöniziern folgten die Griechen, diese bekriegten die eindringenden Karthager, welche in den Römern ihren Meister fanden. Vandalen und Ostgoten beerbten die Römer, bis im Jahre 535 der oströmische Feldherr Belisar die Insel den Ostgoten wieder abgejagt und sie unter byzantinische Verwaltung gestellt hatte.

Die Römer hatten Sizilien zur Kornkammer Italiens ausgebaut. Riesige Staatsgüter sicherten die Getreideversorgung der Hauptstadt. Auch viele Familien aus dem senatorischen Adel erwarben im Laufe der Jahrhunderte auf mehr oder weniger rechtmäßige Weise ausgedehnten Grundbesitz und ließen ihn von Pächtern und Sklaven bearbeiten. Das imperiale Rom besaß einen immensen Bedarf an Getreide aus Ägypten und Sizilien. Große Schiffe transportierten es zum Hafen Puteoli in Kampanien, wo es auf kleinere Schiffe umgeschlagen wurde, die den Hafen Ostia, später Portus, an der Tibermündung ansteuerten. Römische Statthalter, Quästoren, Prätoren und ihnen unterstellte Beamte bereicherten sich durch Erpressung, Raub, Gewalt und Mord an der Bevölkerung, und nur selten wurden solche Verbrechen durch die römische Gerichtsbarkeit geahndet. Immer wieder flammten Unruhen auf, wehrten sich die Sklaven, flohen die Pächter. Als die Kraft des römischen Imperiums nachließ, blutige Vergeltung an den Einheimischen zu üben, hatten die Sizilianer gelernt, niemandem mehr zu trauen als sich selbst und sich fatalistisch in ihr Schicksal zu fügen. Ob Griechen oder Karthager, Römer oder Ostgoten, Heiden oder Christen, Ketzer oder Rechtgläubige – was machte das für einen Unterschied, wenn sie herrschten!

Auch dem jungen Gregor begegneten sie mit Mißtrauen. Wie viele Patriziersöhne waren schon gekommen, um sich hier, fern der strengen väterlichen Aufsicht, ihren Geldbeutel für Vergnügungen zu füllen. Gewiß hatte sich Gordian um fähige Verwalter für seine Güter bemüht, doch die Entfernung zwischen Rom und Sizilien ließ genug Spielraum für ungestörtes Wirtschaften, auch in die eigene Tasche. Gregor hörte sich schweigend wortreiche Erklärungen und Begründungen an. Er sprach nicht nur mit Verwaltern, sondern auch mit Pächtern, einfachen Bauern und Sklaven. Während langer Ausritte inspizierte er Viehherden, Korn- und Olivenpflanzungen. Er schaute sich auf anderen Gütern um, verglich Pachtzinse und Kornpreise, fragte nach der Beschaffenheit des Bodens, begutachtete den Zustand der Kühe und Schafe, ließ sich das Zuchtvieh zeigen. Noch in Rom hatte er Bücher über Ackerbau und Viehzucht gelesen und sich Notizen gemacht. Seine Fragen und Bemerkungen verrieten Sachkenntnis, nichts entging seinem prüfenden Auge. Allmählich begriffen die Leute, daß der junge Herr nicht gekommen war, noch mehr aus ihnen herauszupressen. Er interessierte sich wirklich für sie und das, was sie taten. Es ging ihm darum, durch kluges Wirtschaften jedem ein auskömmliches Leben zu sichern, dem Sklaven ebenso wie dem Pächter und dem kleinen Bauern. So faßten sie allmählich Zutrauen. Beschwerden ging er ohne Ansehen der Person nach. Wenn die Menschen auch unterschiedliche Plätze in der Welt einnahmen, vor Gott besaß der Sklave die gleiche Würde wie der Kaiser. Gregor konnte die Verhältnisse nicht ändern, aber er konnte Gottes Wort Gehör verschaffen. Hatte Jesus nicht gemahnt: Hütet euch, einen von diesen Kleinen zu verachten!

Es sprach sich herum, daß der junge Patrizier aus Rom sich nicht hinters Licht führen ließ und daß er jedem, der sich hilfesuchend an ihn wandte, zu seinem Recht verhalf.

Der schneebedeckte Kegel des Ätna mag Gregor fasziniert haben. Furchtbar und fruchtbar war er, drohte mit Tod und Verderben, und doch verdankte die Insel ihm ihre überquellende Fruchtbarkeit. Wenn Gregor das leise Beben der Erde spürte, an das die Einheimischen von Kindesbeinen an gewöhnt waren, wurde ihm bewußt, auf welch schwankendem Boden er stand. Und wenn er sich des Nachts in den leuchtenden Sternenhimmel vertiefte, nach Sternbildern suchte, das Schauspiel verglühenden Sternenstaubs betrachtete, begriff er, daß auch dort die Vergänglichkeit herrschte. Alles Geschaffene, wie lange es auch währte, wandelte sich ständig, um schließlich zu vergehen. Als diese Erkenntnis sein Herz erreichte, erschütterte sie ihn. Seine Jugend verlangte nach Taten und – nach Dauer. Pries man denn nicht noch heute die Helden Griechenlands und Roms? Die Taten eines Alexander, eines Cäsar? In kurzer Lebenszeit hatten sie unsterbliche Taten vollbracht. Dennoch – ihre Reiche waren zerfallen, ihre Asche hatte der Wind verweht. Eine innere Stimme mahnte Gregor, jenem Ruhm, den die Welt zu vergeben hatte, nicht allzu große Wichtigkeit beizumessen. Denn schließlich haben die Christen nach den Worten des Völkerapostels Paulus nicht den Geist der Welt empfangen, sondern den Geist, der aus Gott stammt, damit sie das erkennen, was ihnen von Gott geschenkt ist: den Sinn für das Schöne, Wahre und Gute und die Sehnsucht nach der himmlischen Heimat. Nur der Schöpfer aller Dinge, der sichtbaren und der unsichtbaren, blieb ewig gleich und unverändert. Nur er verhieß Dauer und Unvergänglichkeit.

Sollte er, Gregor, sich nicht lieber in die Einsamkeit zurückziehen wie der Mönch Benedikt, den Trugbildern der eitlen Welt entsagen, in Askese und Gebet Gott dienen? Selbst ein langes Leben war kurz gegen die Ewigkeit der Verdammnis oder der Gottesschau. Aber konnte, durfte er sich nur um sein eigenes Seelenheil kümmern angesichts der Hoffnungen, die sein Vater in ihn, den Erben, setzte? Verlangte die Zeit nicht von ihm, seine Fähigkeiten in den Dienst der Welt zu stellen? Auch die Apostel hatten mit ihrer Hände Arbeit für ihren Lebensunterhalt gesorgt und zugleich in der Einsamkeit Zwiesprache mit Gott gehalten und sogar die Völker gelehrt. Einst waren Christen für ihren Glauben gestorben, aber jetzt kam es darauf an, den Glauben in der Welt zu leben.

Gregor gestand sich ein, daß es ihn gleich stark zum Handeln wie zur Kontemplation zog. Dieser Konflikt sollte ihn fortan begleiten und – quälen. Sein Naturell verlangte nach klaren Entscheidungen und Hingabe an das, was er für richtig erkannte. Aber das Leben mit seinen Forderungen und Widersprüchen bot keine einfachen Lösungen. Es widersetzte sich der Unbedingtheit des nachdenklichen jungen Mannes.

Als er in Messina am Grab des Placidus stand, erwachte in ihm wieder mächtig der Wunsch nach dem Kloster. Noch vor dem Ausbruch des Gotenkrieges hatte der römische Senator Tertullus seinen Sohn Placidus, damals noch ein Kind, zu dem Mönch Benedikt in die Abgeschiedenheit von Subiaco gebracht, um ihn dem verderblichen Einfluß der Großstadt Rom zu entziehen. Man erzählte sich erstaunliche Geschichten über den Einsiedler in den Bergen östlich von Rom, der in Menschenherzen lesen konnte wie in einem Buch und der seine Schüler lehrte, ein gottgefälliges Leben zu führen. Der Ruf des Mönches lockte Adlige ebenso wie Bürger und Hirten aus den Abruzzen, Römer ebenso wie Germanen. Benedikt machte keinen Unterschied nach Stand und Volkszugehörigkeit, für ihn waren sie alle Kinder Gottes. Väter vertrauten ihm ihre Söhne an, damit er sie in der christlichen Lehre unterweise und sie durch gemeinschaftliche Arbeit erziehe. Der Knabe Placidus und der etwas ältere Maurus, auch er der

Sohn eines römischen Patriziers, standen Benedikt besonders nah. Maurus schickte er später nach Gallien, wo er ein Kloster an der Loire gründete, Placidus nach Sizilien, wo dessen Vater seinen großen Landbesitz dem Ordensgründer Benedikt übereignet hatte. Vielleicht wollte er mit der Schenkung seinem christlichen Glauben Nachdruck verleihen und seine Dankbarkeit ausdrücken, vielleicht aber auch nur seine sizilianischen Güter dem Zugriff der Ostgoten entziehen. Wahrscheinlich schloß das eine das andere nicht aus.

In Messina gründete Placidus auf dem Besitz seines Vaters das erste Benediktinerkloster außerhalb Italiens. Als der byzantinische Feldherr Belisar sich anschickte, Sizilien den Ostgoten für immer zu entreißen, suchten die Menschen im Kloster des Placidus Zuflucht und Schutz. Wie ihn sein Meister gelehrt hatte, nahm der junge Abt sie ohne Ansehen der Person auf. Getreu den Weisungen Benedikts forderte er sie auf: Betet, arbeitet und seid heiter. Zwei seiner leiblichen Brüder und seine Schwester Flavia unterstützten ihn in seinem Werk der Gottes- und Nächstenliebe, und der Ruf des Klosters reichte bald weit über Messina hinaus. Ihn vernahmen nicht nur Hilfsbedürftige und Gottsucher, sondern auch Banditen, die reiche Beute witterten. In einer dunklen Herbstnacht des Jahres 546 landeten heidnische Seeräuber an der Küste von Messina, überfielen das Kloster und begnügten sich nicht damit, Feuer zu legen und fortzuschleppen, was ihnen in die Hände fiel. Dem christlichen Glauben sollte Placidus abschwören. Als er sich beharrlich weigerte, verhöhnten und folterten sie ihn, rissen ihm die Zunge heraus, damit er nicht mehr predigen könne, und erschlugen ihn schließlich. Auch seine beiden Brüder und die noch sehr junge Schwester Flavia fielen den Banditen zum Opfer.

Es schien, als habe sich das Schicksal des Placidus schon in seiner Knabenzeit angekündigt: Gefahr drohte ihm vom Wasser her. Gregor erzählt später in seinen „Dialogen", wie

Placidus von Benedikt zum Wasserschöpfen geschickt worden und dabei in den See gefallen war. Benedikt in seiner Zelle ahnte die Not des Jungen und gebot Maurus, dem Freund zu Hilfe zu eilen. Der Nichtschwimmer sprang in den See, doch er erreichte Placidus trockenen Fußes und brachte ihn und sich in Sicherheit. Benedikt schrieb die Rettung dem unerschrockenen Gehorsam von Maurus zu, dieser aber widersprach, allein der Abt habe den Knaben gerettet. Der kleine Placidus beendete den Streit, indem er meinte, er habe das Gewand des Abtes über sich gesehen, als er aus dem Wasser gezogen wurde.

In Messina war Placidus keine wundersame Rettung beschieden, sondern das Martyrium. An ihm erfüllte sich, wie an so vielen Christen vor und nach ihm, das prophetische Wort des Jesus von Nazareth: Ihr werdet um meines Namens willen von allen gehaßt werden.

Keine zwanzig Jahre waren seit dem Tod des Placidus und der Zerstörung des Klosters vergangen. Gregor ließ seinen Blick über die Trümmer des ehemaligen Gutshauses und späteren Klosters gleiten, über die armseligen Hütten, in denen die Mönche nun hausten. Alles sprach von Vergeblichkeit. Doch als er dann beim Stundengebet in der kleinen Kirche die gesammelten, von innerer Freude leuchtenden Gesichter der Mönche sah, sehnte er sich heftig nach dem Frieden, den sie ausstrahlten.

Der fromme reiche Jüngling hatte Jesus gefragt, was er noch tun müsse, um das Himmelreich zu erlangen. Auf dessen Antwort: Verkauf deinen Besitz und gib das Geld den Armen, dann folge mir nach, war der Jüngling traurig davongegangen.

Gregor erging es ebenso. Zwar konnte er nicht über den Besitz seines Vaters Gordian verfügen. Aber würde er ihn verschenken, wenn er ihm gehörte? Was hieß es denn, den Besitz zu verkaufen und das Geld den Armen zu geben? Die Bedürftigen würden das Geld binnen kurzem ausgeben und arm sein wie zuvor, während der Käufer des Besitzes sie vielleicht mehr denn je ausbeutete. Besitz bedeutete Verantwortung. Ihn wegzugeben, ohne die Folgen zu bedenken, hatte Jesus mit seiner Aufforderung gewiß nicht gemeint.

Gregor kümmerte sich nicht nur um den Zustand der väterlichen Ländereien, sondern schaute sich auch auf den der Kirche übereigneten Gütern um. Er suchte die Begegnung mit Bischöfen und Priestern. Ihnen gefiel der wißbegierige Jüngling, doch sie unterschätzten seine Jugend. Gregors wachsamem Blick entgingen nicht frommer Selbstbetrug, Hilflosigkeit, Ehrgeiz, Machtliebe, Neigung zu Luxus, auch wenn seine Gesprächspartner sie häufig unter eleganten Formulierungen zu verbergen suchten. Schwache Menschen waren die Sachwalter eines Besitzes, dessen Erlös den Armen, Witwen und Waisen zugute kommen sollte. Oft waren die Geistlichen von dieser Aufgabe schlicht überfordert. Berufen, das Wort Gottes zu verkünden und sich um die Seelen der Gläubigen zu sorgen, fehlte es ihnen an Zeit und Kenntnissen für die Verwaltung von Latifundien. Also setzten sie Pächter ein, die häufig Geld veruntreuten, Sklaven und Bauern schlecht behandelten und so das Pfund verschleuderten, das sie zum Wohle der Bedürftigen mehren sollten. An Ende liefen die Priester und Bischöfe Gefahr, weder Gott noch den Menschen zu dienen.

War es da nicht vernünftiger und dem Sinn der Heiligen Schrift gemäßer, den Besitz nicht an die Kirche zu verschenken, sondern ihn so zu verwalten, daß auch die Armen davon leben konnten?

Viele Fragen und Überlegungen beschäftigten Gregor während seines Aufenthaltes auf Sizilien. Nach der Art junger Leute mag er sie nächtelang mit seinem Freund Peter besprochen haben.

Was wäre, wenn sie morgen sterben müßten und nichts vorweisen könnten, was ihnen zur Ehre gereichte? Machte es überhaupt einen Unterschied, jung oder im gesegneten Alter die Welt zu verlassen? Ob man auf hundert Jahre gelebten Lebens oder nur auf zwanzig zurückblickte, sie schmolzen im Gefühl auf ein einfaches Gestern zusammen. Und die Zukunft, von der niemand wußte, was sie bringen und wie lange sie dauern würde, konnte immer nur ein Gedanke an ein Morgen sein. Allein das Heute, das ständig verrinnende Jetzt, der Augenblick bedeutete Leben. Und dieser Augenblick entschied darüber, ob ein Leben gelang oder mißlang – ob ein Herz vor Liebe brannte oder ob es lau war, ob es sich in Sehnsucht nach seinem Schöpfer ausspannte oder sich stumpfer Trägheit ergab. Niemand wurde aus Zufall geboren, jeder war von Gott zu einer ihm gemäßen Aufgabe gerufen, über deren Erfüllung er einst würde Rechenschaft ablegen müssen wie die Diener im Gleichnis vom anvertrauten Geld. Wer die ihm verliehenen Gaben nicht einsetzte und im Dienst an anderen mehrte, hatte sein Leben verfehlt.

Immer wieder schien in Gregors Worten die Frage auf: „Was willst du, das ich tun soll, Herr?"

Peter versuchte, den Freund abzulenken. Was er denn davon hielte, sich wie sein Vater eine Sizilianerin zur Frau zu nehmen? Einen Hausstand zu gründen, Kinder zu zeugen? Die Mädchen auf der Insel waren bildschön, manche auch klug und fromm wie Gregors Mutter Silvia. Jeder der hiesigen Honoratioren, mit denen sie Umgang pflegten, würde es als große Ehre ansehen, sich über seine Tochter mit der angesehenen Familie der Anicier zu verbinden. Gregor sah gut aus, der Ernst seiner Gesichtszüge machte sein Lächeln besonders gewinnend. In dieser rauhen Zeit fielen seine guten Manieren besonders auf, die Mädchen suchten seine Nähe. Er unterhielt sich gern mit ihnen, und sie spürten, daß er sie mochte, obwohl seine Schüchternheit immer auf eine gewisse Distanz hielt.

Mit einer vagen Geste entzog sich Gregor Peters Frage. Später, später vielleicht. Aber vielleicht werde er auch Mönch. Ob sich Peter an das Gleichnis des Töpfers bei dem Propheten

Jeremias erinnere? Mißriet das Gefäß, das er in Arbeit hatte, wie es beim Ton in der Hand des Töpfers vorkommen kann, so machte der Töpfer daraus wieder ein anderes Gefäß, ganz wie es ihm gefiel. Was sei er, Gregor, anderes als Ton in der Hand des göttlichen Töpfers! Er bete inständig darum, ein gutes Gefäß aus seinen Händen zu werden.

Peter behielt seine Zweifel für sich. Der tatkräftige, weltzugewandte Gregor ein Mönch? „Laß uns erst einmal in Rom Ordnung schaffen", scherzte er. „Narses mit seinen Byzantinern bleibt nicht ewig in Italien. Wenn er abtritt, kommt unsere Stunde. Die Schlachten sind geschlagen, der Frieden braucht unsere Dienste."

Es sollte nicht viel Zeit vergehen, bis Gregor dem bewunderten und gefürchteten Greis gegenüberstand. Denn ganz wie Gordian es wünschte, erklomm sein Sohn Stufe um Stufe in der römischen Stadtverwaltung. Wofür man ihn auch verantwortlich machte – für die Wasserversorgung, den Hafen, Bauvorhaben, Rechtsfälle –, überall zeichnete er sich durch Sachverstand und unermüdlichen Fleiß aus. Seit zehn Jahren herrschte Frieden in Italien, und Narses bürgte für ihn. Die Ostgoten waren vernichtet, die räuberischen Franken und Alemannen geschlagen und aus Italien hinausgedrängt, nun konnte man die Wunden des Krieges auch in Rom heilen. Wenn er nicht Akten studierte und Schriftstücke verfaßte, war Gregor unermüdlich unterwegs. Nichts entging seinem prüfenden Blick. Rom, das einstige Juwel des Imperiums, verfiel schneller als es instandgesetzt werden konnte. Die geborstenen Wasserleitungen verwandelten die Umgebung der Stadt in Sümpfe, aus denen das Fieber aufstieg. In den verlassenen Tempeln hausten die Ratten. Gebäude stürzten ein und begruben die Bewohner unter sich. Nur mit Mühe erreichten Getreideschiffe aus Sizilien den Flußhafen, weil der Seehafen Portus zunehmend verlandete. Nach jahrzehntelangem Krieg galt ein Menschenleben nicht mehr viel, Raub und Mord gehörten zum Alltag.

Gregor und seine Freunde, die ebenfalls in der Stadtverwaltung arbeiteten, glaubten so fest daran, das Schicksal der Stadt zum Besseren wenden zu können, daß sich ihre Zuversicht auch auf andere übertrug. Doch das letzte Wort hatten immer die byzantinischen Beamten, die ihre Befehle aus Konstantinopel und vom römischen Statthalter Narses erhielten.

Als Narses den jungen Beamten aus dem Senatorenstand zu sich in den Palast der Cäsaren auf den Palatin rufen ließ, verbarg Gregor beim Anblick des mächtigsten Mannes Italiens nur mühsam sein Erstaunen. Klein und mager, leicht vornübergebeugt, hockte der Statthalter auf einem Thronsessel römischer Imperatoren. Wie dünnes verknittertes Pergament spannte sich die Haut über die Hände und den großen kahlen Schädel. Seine Augen streiften Gregor nur für einen Moment, um gleich wieder unruhig durch den Raum zu schweifen, als spähten sie nach unsichtbaren Gefahren aus. Er mochte die achtzig schon weit überschritten haben. Man sagte von ihm, er leide an Epilepsie, der Krankheit berühmter Männer. Schon in jungen Jahren sei er kastriert worden, aus welchen Gründen auch immer. Unvorstellbar, daß dieser gebrechliche Greis vor gar nicht langer Zeit noch siegreiche Schlachten gegen die Goten und Franken persönlich angeführt hatte. Bei seinen Soldaten ob seiner Freizügigkeit beliebt, haßten ihn die Römer wegen der immer neuen Steuern und Abgaben. Man erzählte sich Sagenhaftes über die Schätze, die er zusammengeraubt habe und täglich noch an sich reiße. Die Meinungen gingen nur darüber auseinander, ob er sie in Italien versteckt halte oder schon nach Konstantinopel verschifft habe. Narses hatte seit jeher viele Feinde, und jeder seiner Erfolge vermehrte deren Zahl. Mit raschem Blick erkannte Gregor, daß Narses die Menschen nicht liebte, er benutzte sie. Die schmalen Lippen und die unsteten Augen verrieten es. Gregor empfand eher Mitleid mit dem Statthalter als Furcht vor ihm. Mochten die Jahre und Erfahrungen den Mann auch habgierig und mißtrauisch gemacht haben, wer war er, Gregor, um über ihn zu richten? Er kannte genug Römer, die ebenso gierig waren wie Narses, nur nicht so geschickt im Raffen. Und er entdeckte auch bald einen Vorzug an dem Statthalter. In den strittigen Fragen, die er ihm zur Entscheidung vorlegte, entschied er gerecht und ohne Ansehen der Person. Das erleichterte es Gregor, dem allseits Gefürchteten unbefangen und offen zu begegnen und sachlich seine jeweiligen Anliegen zu vertreten. Narses begann den jungen Römer zu schätzen. Als er ihm gegenüber einmal andeutete, er wisse wohl, daß der senatorische Adel Roms beim Kaiser gegen ihn intrigiere, zuckte Gregor nur mit den Schultern: Intrigen seien nicht seine Sache. Geschickt wich er unzähligen Fallen aus. Wer in der römischen Stadtregierung arbeitete und etwas für die Bürger tun wollte, mußte mit vielen widerstreitenden Interessen rechnen: denen des Kaisers in Konstantinopel, des Bischofs von Rom, des römischen Adels und des Statthalters.

565 war Kaiser Justinian in Konstantinopel gestorben, seinen Platz nahm jetzt sein Neffe Justin ein, dem das geistige Format des Vorgängers fehlte. Die Neigung zu Ausschweifungen trübten seinen Verstand. Verheiratet war er mit Sophia, der Nichte von Justinians Gattin Theodora, und wie diese dominierend, stolz, launisch, unberechenbar. Theodoras Haß gegen Narses hatte sich auf ihre Nichte Sophia übertragen, bereitwillig lieh sie den römischen Klagen über den Statthalter ihr Ohr.

Der Bischof von Rom, Johannes III., Sohn eines römischen Senators, hatte vier Monate auf die Bestätigung seiner Wahl durch damals noch Kaiser Justinian warten müssen. Seit der Rückeroberung Italiens beanspruchte der Kaiser die absolute Gewalt über die Kirche. Sich dem Kaiser zu widersetzen, auch in Glaubensfragen, konnte mit Haft und Verbannung enden, das hatte das Beispiel seines unglücklichen Vorgängers Vigilius gezeigt. Papst Johannes verbrauchte seine Kraft damit, zwischen Narses und den Römern zu vermitteln und die Lasten der byzantinischen Herrschaft durch ein gutes Verhältnis zum Statthalter zu mindern.

Der römische Adel war in sich zerstritten. Jene, die einst gegen die gotische Herrschaft opponiert und freudig die Rückkehr der kaiserlichen Herrschaft begrüßt hatten, zeigten sich bitter enttäuscht von Ostrom, weil es ihnen die Teilhabe an der Macht verwehrte. Andere sahen nur in Narses die Ursache allen Übels und betrieben mit Eifer dessen Ablösung. Wieder andere träumten von der Rückkehr der Doppelherrschaft eines west- und eines oströmischen Kaisers oder gar von einer Zeit, da der römische Senat, inzwischen zur Bedeutungslosigkeit herabgesunken, wieder das Römische Reich regierte.

Der junge Gregor hielt nichts von solchen Gedankenspielen, ausgebreitet in endlosen Debatten, und er verschwendete keine Zeit, sich daran zu beteiligen. Den Menschen fehlte es an sauberem Wasser, an Nahrung, sie litten unter Krankheiten, lebten in zerfallenden Behausungen, im Schmutz, resigniert, ohne Antrieb. Aus dem Norden kamen Gerüchte, es drohe ein neuer Barbareneinfall. Es war tausendmal besser, das Nächstliegende zu erledigen, als sich in Träumereien von endgültig vergangener Größe zu ergehen oder gar um die Herrschaft über einen Trümmerhaufen zu streiten. Es gab so viel zu tun, daß Gregor kaum genügend Zeit blieb, sich zum Gebet zurückzuziehen, um mit sich ins Reine zu kommen und neue Kraft zu schöpfen. Seinen Freunden im Dienst der Stadt oder des Bischofs erging es nicht anders. Doch an ihren Zusammenkünften hielten sie fest. Denn wie wäre dieses Leben zu ertragen ohne die Wärme aufrichtiger Freundschaft und ohne sich immer wieder zu vergewissern, in Christus ein Leib und eine Seele zu sein?

Als sich in Rom die Nachricht verbreitete, der Statthalter Narses sei vom Kaiser abberufen worden und sein Nachfolger Longinus schon auf dem Weg nach Ravenna, freuten sich die Gegner des Statthalters, und das Volk jubelte. Gregor hielt das eher für eine schlechte Nachricht und war sich darin mit dem Bischof Johannes einig. Ein neuer Statthalter würde kaum menschenfreundlicher sein als Narses, aber nicht über dessen Autorität verfügen. Narses kannte Italien, kannte Rom seit sechzehn Jahren, mit ihm war eine schnelle Verständigung möglich, weil er Argumenten zugänglich war. Handel und Gewerbe waren unter seiner Herrschaft wieder aufgeblüht, langsam begannen sich die Segnungen des Friedens einzustellen.

Man hinterbrachte dem abgesetzten Statthalter Kaiserin Sophias Äußerung, sie werde ihn, den Eunuchen, zwingen, mit den Weibern in Frauengemächern Wolle zu spinnen. Narses erwiderte nur, er wolle ihr einen solchen Faden spinnen, daß sie ihr Lebtag lang zu tun haben werde, ihn zu entwirren. Dann packte er seine Sachen und zog sich grollend nach Neapel zurück.

Wenig später fiel der Langobardenkönig Alboin mit einer großen Zahl beutegieriger Scharen, denen sich auch Gepiden, Sachsen, Sueven und Bulgaren angeschlossen hatten, in Nordostitalien ein und brachte den Truppen des oströmischen Kaisers in der Poebene eine vernichtende Niederlage bei. Nichts und niemand schien ihn aufhalten zu können.

In Rom machte das Gerücht die Runde, der über seine Entlassung erbitterte Narses habe von Neapel aus die Langobarden, zu denen er seit den Gotenkriegen gute Beziehungen pflegte, ins Land gerufen, um sich an Kaiserin Sophia zu rächen.

Dummes Gerede, meinte Johannes, der Bischof von Rom, und Gregor stimmte ihm zu. Gewiß besaß Narses seit den Kriegen gegen die Goten gute Beziehungen zu den Langobarden, die ihm als Hilfstruppen gedient hatten, aber Gregor kannte Narses inzwischen. Er war fromm, gerecht und loyal, niemals würde er um einer persönlichen Rache willen Italien der Verwüstung durch irgendwelche Barbaren preisgeben. Im Gegenteil: Gerade die Entlassung des Narses, des einzigen ernstzunehmenden Gegners, hatte Alboin ermutigt, in Italien einzufallen.

Bischof Johannes reiste nach Neapel und flehte Narses an, die Geschicke Roms wieder in die Hand zu nehmen. Später berichtete er Gregor, Narses habe auf seine Bitte geantwortet: „Sagt mir, Heiliger Vater, was habe ich den Römern zuleide getan, daß sie mich so hassen? Ich will lieber gehen und mich zu Füßen des Kaisers werfen, der mich gesandt hat, und ganz Italien soll erkennen, wie ich mit allen Kräften mich für dieses Land bemüht habe." Nur mit Mühe habe er ihn besänftigen und überzeugen können, nicht nach Konstantinopel zurückzukehren, sondern Rom gegen die Langobarden zu verteidigen.

Als Narses wieder in den Cäsarenpalast auf dem Palatin einzog, brachen in der Stadt Tumulte aus. Da die aufgebrachte Menge und ihre Rädelsführer die byzantinischen Soldaten in der Stadt fürchteten, richtete sich ihre Wut gegen den wehrlosen Bischof. Johannes floh aus dem Lateran und nahm Wohnung in einer kleinen Kirche auf der Via Appia außerhalb der Stadtmauer.

Gregor hatte von nun an längere Wege zurückzulegen, wenn wichtige Entscheidungen für die Stadt zu treffen waren. Unzählige Male ritt er zwischen dem Palatin und der Kirche der heiligen Tiburtius und Valerianus hin und her. Narses schickte Botschaften an König Alboin, der inzwischen Verona eingenommen hatte und nach Trient vorstieß, bat, drohte. Beschwor Longinus, seinen Nachfolger, der sich in Ravenna eingerichtet hatte, alle Kräfte gegen die Langobarden zu werfen. Vergeblich. Longinus ließ Narses höhnisch wissen, er habe ihm gar nichts zu sagen, da er vom Kaiser abgesetzt sei. Alboin, der einstige Bundesgenosse gegen die Goten, beantwortete seine Schreiben nicht einmal.

Die Stimme des Mannes, der Italien von den Goten befreit und ihm den Frieden gebracht hatte, verlor sich im Waffenlärm einer Zeit, die nicht mehr die seine war. Sein eiserner Wille zerbrach. Gregor erlebte den Verfall des Greises aus nächster Nähe. Ohnehin von kleinem Wuchs und schwachem Körper, sank er immer mehr in sich zusammen. Sein klarer, auf den Tag gerichteter Geist begann sich zu trüben. Oft starrte Narses wortlos vor sich hin, während Gregor auf eine Antwort wartete, oder er verwickelte den jungen Beamten in ein Gespräch über die Letzten Dinge. Wiesen die Zeichen der Zeit nicht auf das Weltenende? War nicht alles, was er an Großem vollbracht hatte, vergeblich gewesen?

Auch der Heilige Vater in seinem Exil an der Via Appia verlor zusehends an Kräften. Mit welcher Zuversicht hatte er sein Amt vor mehr als einem Jahrzehnt angetreten: Die Goten waren besiegt, Frieden herrschte in Italien, die Menschen würden zur Ruhe kommen! Und nun der Einfall von Barbarenstämmen, denen gegenüber die Goten ein hochzivilisiertes Volk gewesen waren. Dazu Streitigkeiten innerhalb der Kirche um Lehrmeinungen und Ämter. Eine verwahrloste Bevölkerung, die sich zwar zum Christentum bekannte, aber im Herzen heidnisch war wie eh und je.

Gregor ließ sich von der Resignation der beiden Greise nicht entmutigen. Er schätzte ihre Klugheit und teilte auch weithin ihr Urteil über die Situation, aber er war der Welt nicht so müde wie sie. Gewiß, die Lage bot wenig Anlaß zu Hoffnungen: undurchsichtig die Verhältnisse in Konstantinopel, wo Kaiser Justin in zunehmendem Wahnsinn dahindämmerte; der Vertreter des Kaisers, Longinus, igelte sich in Ravenna vor den Langobarden ein und dachte mehr an seine eigene Sicherheit als an die des ihm anvertrauten Landes; der Präfekt von Rom war zwar gutwillig, aber durchsetzungsschwach. Hilfe war von keiner Seite zu erwarten. Dennoch konnte man einiges für Rom tun: die Stadtmauern so instandsetzen, daß sie einer Belagerung standhielten, Nahrungsvorräte anlegen, die Wasserversorgung sichern, die Bevölkerung zum Arbeiten anhalten.

Der inzwischen dreißigjährige Gregor überzeugte nicht nur seine Freunde. Er genoß das Vertrauen von Narses und Bischof Johannes, war wohlgelitten beim römischen Adel, steckte die Stadtbeamten mit seiner Tatkraft an und redete in der Sprache des Volkes, ohne ihm nach dem Mund zu reden.

So erhob sich von keiner Seite Widerspruch, als der Senat Gregor zum Präfekten, dem obersten Verwalter von Rom, wählte. Der Präfekt beaufsichtigte Gesetz und Ordnung, Versorgung und öffentliche Dienste, er war Präsident des Senats und der Gerichte. Ihm kam die Autorität eines Konsuls zu, nach außen hin erkennbar durch seine Insignien. An hohen Festtagen schritt er, wie ein Zeitgenosse berichtet, in mit Edelsteinen bestickten, seidenen Gewändern durch die Straßen, umgeben von Liktoren, die ihm den Weg freihielten, freilich einen Weg durch den Verfall. Die zahllosen Tempel der Stadt waren schon vor mehr als hundertfünfzig Jahren geschlossen worden und galten als Eigentum der kaiserlichen Regierung in Konstantinopel. Sie durften ebenso wie öffentliche Gebäude und Paläste geplündert werden, wenn kaiserliche Beamte sie als nicht mehr reparabel einstuften. Um die Paläste auf dem Palatin kümmerte sich ein von Konstantinopel ernannter Kurator. Die Mietshäuser verfielen zusehends. Die Aquädukte funktionierten noch teilweise und versorgten einige öffentliche Bäder.

Man sah den neuen Stadtpräfekten die Stadtmauern inspizieren, in die versumpfte Campagna hinausreiten und die Aquädukte begutachten, am Flußhafen die Vorratshäuser durchschreiten. Müßige feuerte er an: „Wer nicht arbeitet, soll auch nicht essen! Wer sich nicht selbst hilft, dem wird auch nicht geholfen!" Er kümmerte sich um den Aufbau einer Bürgerwehr, forderte Berichte über die Erträge der Landgüter, sprach Recht, erstattete dem Kaiser Bericht und bat ihn um Hilfe gegen die Langobarden. Gregor übte sein öffentliches Amt in einer Gesinnung aus, wie sie in der Blütezeit der römischen Republik üblich gewesen war: unparteiisch und uneigennützig. Ein Niederschlag davon findet sich in dem Brief, den er später als Papst an den obersten Heeresführer des Reiches, Leontius, sandte: „Es besteht dieser Unterschied zwischen den Königen der Barbarenvölker und dem römischen Kaiser, nämlich daß jene Sklaven als Untertanen haben, dieser aber freie Menschen. Und deshalb sollte bei allen Ihren Handlungen das erste Ziel sein, die Gerechtigkeit aufrechtzuerhalten, das zweite, eine vollkommene Freiheit zu bewahren. Sie sollten die Freiheit derer, über die zu richten Sie berufen sind, ebenso sorgfältig respektieren, als wenn sie Ihre eigene wäre. Und wollen Sie durch Ihren Vorgesetzten nicht ungerecht behandelt werden, so sollten Sie die Freiheit der Ihnen Untergeordneten achten."

Der Präfekt fand kaum Schlaf, und oft vergaß er sogar das Essen. Noch hielt seine Jugend der Belastung stand. Freunde baten ihn, mehr auf seine Gesundheit zu achten. Doch wie sollte er das in einer Stadt, die zum Sterben krank war!

In seinem Dienst bekam Gregor nicht nur einen umfassenden Einblick in die Verwaltung und die in ihr ausgetragenen Interessenkonflikte, er erwarb auch eine Menschenkenntnis, die ihm später von großem Nutzen sein sollte. Da er keine persönlichen Ziele verfolgte, sondern allein das Wohl des Gemeinwesens im Blick hatte, nahm er wahr, wofür andere aus Eigennutz blind waren. Die meisten Menschen wollten durchaus richtig handeln, besaßen Fähigkeiten, die sie zum Wohle anderer einsetzen konnten, aber sie waren schwach und egoistisch. Aus dieser Schwäche erwuchsen Feigheit, Gier, Trägheit, üble Nachrede und, noch schlimmer, die Angewohnheit, diese Laster zu Tugenden zu verklären. Feigheit nannte sich Vorsicht, Gier Vorsorge, Trägheit Besonnenheit, üble Nachrede Erkenntnis. Geschwätzigkeit zerredete die notwendige Tat zu endlosen Bedenken. Gregor hörte den Leuten genau zu, er sah sie an, wenn sie redeten, er durchschaute sie mit einem Blick, der aus weiter Ferne zu kommen schien. Nicht wenige befremdete sein schweigendes Zuhören, die präzisen Fragen und die häufig ironischen Bemerkungen. Sie ahnten nicht, wie schwer es ihm fiel, nach einer sich mühsam erkämpften Stunde des Gebets und des Schweigens banale Redseligkeit zu ertragen, die wichtigtuerisch daherkam. Es war leichter, Jesu Gebot „Eure Rede sei Ja, Ja, Nein, Nein" zu befolgen als nach dem Gebot der Nächstenliebe die Heuchelei und Borniertheit mancher Mitmenschen zu ertragen.

Immer öfter fragte er sich, ob er richtig lebte. Er bekleidete den höchsten Posten, den die Stadt Rom zu vergeben hatte, seine Arbeit trug ihm den Beifall aller ein, er tat sie gern, war angesehen bei den einfachen Leuten ebenso wie bei den Wohlhabenden. Doch innerlich fühlte er sich zerrissen zwischen den Anforderungen der Welt und der Sehnsucht nach dem Unvergänglichen. Mehrten sich nicht die Anzeichen, wie der äußere Mensch in dem Verlangen nach weltlichen Erfolgen Oberhand in ihm gewann, auch wenn er vorgab, Ämter und Ehren für nichtig zu halten? Sonnte er sich nicht im Glanze seines Amtes, genoß er nicht die Anerkennung, hörte er nicht täglich, daß er gescheiter und tüchtiger war als alle anderen? Viel später sollte er seinem Freund Leander über diese Zeit schreiben: „Ich hielt die Gnade der Bekehrung lang und lang von mir ab, und auch nachdem mich die himmlische Sehnsucht ergriffen, meinte ich noch immer, besser zu tun, wenn ich im Dienst der Welt verbliebe. Zwar zeigte mir auch damals schon eine heftige Neigung zu den ewigen Gütern, was ich zu suchen hätte, aber die alte Gewohnheit hielt mich von der Änderung des Kleides zurück. Indem ich mich so wenigstens dem Schein nach in den Dienst der Welt stellte, brachten es die vielen Weltsorgen schließlich dahin, daß ich nicht mehr nur dem Scheine nach, sondern, was viel gefährlicher ist, auch der Neigung nach der Welt anhing."

Diese Welt aber war armselig und mittelmäßig und roch nach Verwesung. Überall sah er Menschen sich in sinnliche Begierden verstricken, angstvoll sich an Vergängliches klammern. „Wer von euch kann mit all seiner Sorge das Leben auch nur um eine kleine Zeitspanne verlängern?" hatte Jesus Christus gefragt und die Menschen seine Freunde genannt. Aber sie benahmen sich wie Sklaven, abhängig von Besitz, Ängsten und Begierden. Ihm, Gregor, kam es nicht zu, den Stab über sie zu brechen, denn er war nicht besser als sie.

Schonungslos ging er mit sich zu Gericht. Was er zum vorgeblichen Nutzen anderer auch tat, es glich dem Versuch, das Meer mit einem Sieb auszuschöpfen. In qualvoller Enge und Sinnlosigkeit blieb sein Leben gefangen, wenn es sich nicht auf die unendlichen Dimensionen der kommenden Welt ausdehnte, auf das Unvergängliche, auf Gott.

Zeichen einer rätselhaften Krankheit meldeten sich. Tagelang konnte er nichts zu sich nehmen, weil er alles erbrach. Diäten halfen nicht. War ihm die Welt so zuwider, daß er sie nicht mehr vertrug? Nicht das Übermaß an Arbeit machte ihn müde und krank, sondern sein innerer Zwiespalt. Erschöpft vom Grübeln, warf er sich wieder ganz in seine Arbeit. Vielleicht sollte er in den Armen einer geliebten Frau Ruhe finden, eine Familie gründen?

Gregors Biographie über den Mönch Benedikt, die er Jahre später schrieb und die letztlich auch ein Selbstbildnis des in persönlichen Mitteilungen zurückhaltenden Mannes ist, läßt vermuten, daß eine Frau ihm sehr nahe stand. Doch eine innere Stimme warnte ihn, er würde sich und die geliebte Frau unglücklich machen, wenn er seinem Verlangen nachgab.

Kein Tag verging, da Gregor nicht durch die Stadt ritt, um nach dem Rechten zu sehen. Seine Blicke glitten dabei über die mächtigen Säulen der verschlossenen Tempel. Die dort verehrten Götter hatten einst ein Weltreich getragen. Als die Menschen sich von ihnen abwandten und die Tempel sich leerten, brach die steingewordene Macht zusammen. „Siehst du diese großen Bauten? Nicht ein Stein wird auf dem anderen bleiben, der nicht zerbrochen wird", hatte Jesus prophezeit, und so war es gekommen. Der Geist Gottes schuf sich lebende Tempel in jenen, die an ihn glaubten.

Theodosius I. hatte 380 das Christentum zur Staatsreligion erhoben und die unzähligen Kulte aus aller Welt verboten, damit zugleich aber die Kirche in den Dienst des Kaisers gestellt. Die ehemals Verfolgten nährten nun auf andere Weise mit ihrem Blut das Imperium Romanum. Durch unzählige Kompromisse, Privilegien und Zugeständnisse wurden sie oft lau und kraftlos. Die Kaiser, die sich von Gott zum Gebieter über alle und alles gesetzt betrachteten, nutzten Patriarchen und Bischöfe als Werkzeuge ihrer Politik. Der römische Bischof mußte in seinem geistlichen Amt vom kaiserlichen Hof in Konstantinopel bestätigt werden und dafür eine jeweils festgesetzte Geldsumme bezahlen. Die Herrscher saßen den Konzilien vor und entschieden in letzter Instanz sogar über Glaubensfragen. War es das, wofür so viele Christen gestorben waren? Gebt dem Kaiser, was des Kaisers, und Gott, was Gottes ist, hatte Jesus Christus gemahnt. Ließ sich denn die Seele eines Menschen von seinem irdischen Tun trennen? War es noch möglich, wie die ersten Christen oder wie die Wüstenväter oder wie ein Mönch in dieser Welt zu leben und nicht schuldig zu werden an seiner Seele?

Ein Senator hatte Gregor gegenüber einmal bitter bemerkt, das Christentum trage Schuld daran, daß das römische Imperium geschwächt und schließlich zerstört worden sei. Was habe diese Arme-Leute-Religion mit ihrem ohnmächtigen

Gott am Kreuz und den Vorstellungen vom nahen Weltende denn zustande gebracht außer den Verfall einst blühender Künste und Wissenschaften, prächtiger Tempel und Basiliken? „Anstelle mächtiger Kaiser, kühner Helden habt ihr einen armseligen jüdischen Wanderprediger zum Gott erhoben, der nichts vermochte, außer von Liebe zu reden und erfolglos zu sterben."

Der Senator stand mit seiner Meinung nicht allein, und neu war sie auch nicht. Hatte der Psalmist doch schon in Vorzeiten geklagt: „Es ist wie Mord in meinen Gebeinen, wenn mich meine Feinde schmähen und täglich zu mir sagen: Wo ist denn nun dein Gott?"

Gregor verstand den Schmerz des Senators. Auch er war ein Erbe des Imperium Romanum, auch seine Vorfahren hatten als Senatoren und Konsuln in den Tempeln Roms Opfer dargebracht, in den Basiliken Recht gesprochen, den Glanz der Foren vermehrt. Doch alles Bestehende vergeht. Geburt, Wachstum, Blüte, Reife, Tod – diesem Gesetz muß sich alles Geschaffene unterwerfen: der Kosmos, Pflanzen, Tiere, Menschen und ihre Werke. Das Imperium war nicht an den Christen zugrunde gegangen, sondern an sich selbst – der unersättlichen Gier nach immer mehr Wohlstand und Macht, der Verderbtheit seiner Sitten, der schier unübersichtlichen Zahl von orientalischen Göttern, die nur die Egoismen der Menschen bedienten.

In jeder Geburt lag der Keim des Todes, und in jedem Tod entfaltete sich neues Leben. Nichts ging verloren, alles wandelte sich. Indem Gott sich als armseliger jüdischer Wanderprediger, wie der Senator ihn genannt hatte, offenbart hatte, den Menschen gleich in allem außer der Sünde, scheinbar ohnmächtig in seinem Sterben am Kreuz und göttlich in seiner Auferstehung, war das Reich der Gerechtigkeit und des Friedens in die Erdenzeit eingetreten. Da Gott Mensch geworden war, zeigte er den Menschen den Weg zu Gott und zur Göttlichkeit. Noch vergänglich in ihrem Fleisch, konnten sie seither in der Dunkelheit ihres Lebens einen Lichtstrahl der Unvergänglichkeit wahrnehmen. Im Weg des Jesus von Nazareth war das Leid und die Hinfälligkeit der Welt offenbart worden, aber auch ihre Überwindung. Nicht Schmerz und Zerstörung lautete die Botschaft des menschgewordenen Gottes, sondern Freiheit, Fülle des Lebens und eine Freude, gegen die alle irdischen Vergnügungen schal anmuteten. Gregor sehnte sich nach dieser Freude, die er in den allzu seltenen Augenblicken empfand, da seine rastlose Tätigkeit ihm Raum ließ für die Vertiefung in die Heilige Schrift und ins Gebet.

Einige Zeit nach diesem Gespräch führte er bei einem Gang über das Forum Romanum den Senator in die Kirche der heiligen Cosmas und Damian an der Via Sacra. Papst Felix IV. hatte mit Erlaubnis von König Theoderich die kaiserliche Bibliothek in eine christliche Basilika umbauen lassen. Als sie die lichtdurchflutete Halle betraten, wies Gregor auf das Mosaik der Apsis. Dort erschien aus der Tiefe des blauen Kosmos, auf farbigen Wolken einherschreitend, Christus in leuchtend gelbem Gewand als Richter.

„Sieht dieser aus wie ein ohnmächtiger Gott?" fragte Gregor.

Lange und sichtbar ergriffen verharrte der Senator im Anblick des Mosaiks, das im Schein der späten Nachmittagssonne zu leben schien. Dann schüttelte er wortlos den Kopf und ging.

Hin und wieder holte sich Gregor bei Narses Rat in Amtsgeschäften. Der einstige Statthalter Italiens lebte zurückgezogen in seiner Wohnung auf dem Palatin, von den Römern empfing er nur noch Gregor. Der Präfekt sagte ihm nichts Neues, als er die Kunde von der Ermordung des Langobardenkönigs Alboin brachte, und er teilte auch nicht die Hoffnungen, die Gregor mit den Ereignissen in Verona verknüpfte. Noch immer verfügte Narses über ausgezeichnete Informanten. Während einer feuchtfröhlichen Runde in seinem Veroneser Palast hatte Alboin seine Gemahlin Rosamunde gezwungen, aus einem Becher, gefertigt aus der Hirnschale seines von ihm ermordeten Schwiegervaters, des Gepidenkönigs Kunimund, lustig mit ihrem Vater zu trinken. Die tief gedemütigte Frau hatte daraufhin Helmechis, den Schildträger und Milchbruder des Königs, mit List und Überredung dazu gebracht, den wehrlosen Alboin in seinem Bett zu ermorden. Danach war sie mit Helmechis und Alboins Tochter nach Ravenna unter den Schutz des oströmischen Statthalters Longinus geflohen. Dieser hatte sich in Rosamunde verliebt und ihr versprochen, sie zu ehelichen, wenn sie Helmechis vergifte. Als jener merkte, daß er aus dem Becher des Todes getrunken hatte, zog er das Schwert und zwang Rosamunde, den Rest zu leeren, worauf beide starben. Der erschrockene Longinus beeilte sich, die Tochter Alboins nach Konstantinopel zu schicken, um seine Dummheit vergessen zu machen.

Sarkastisch bemerkte Narses zu dieser Geschichte, nun sehe man, welche Vorteile ein so viel bespöttelter Eunuch wie er habe. Ihm wäre nie das Mißgeschick passiert, sich in eine Rosamunde zu verlieben. Alboin habe ein Ende gefunden, das er ihm nicht gewünscht habe, doch es sei voraussehbar gewesen. Klug und kühn sei der Langobarde gewesen, er, Narses, habe ihn dafür so geschätzt wie er dessen verhängnisvolle Maßlosigkeit verachtet habe. Alboins Tod bedeute keine Schwächung der Langobarden, wie Gregor annehme. In diesem Volk sei eine unverbrauchte Kraft, die immer neue entschlossene Führer hervorbrächte.

„Widersteht ihnen bis zum äußersten", riet er dem Präfekten, „und versucht dennoch, ihnen Raum zu lassen. Wenn ihr die Langobarden nicht vernichten könnt, und danach sieht es aus, müßt ihr euch mit ihnen arrangieren. Sie werden euch länger zu schaffen machen als die Goten, denn vom Kaiser könnt ihr keine Hilfe erhoffen."

Narses sprach abwägend und leidenschaftslos, seine brüchige Stimme verfiel immer wieder ins Flüstern. Gregor sollte sich später oft an seine Worte erinnern.

Bei Gregors letztem Besuch schaute der Greis lange wortlos aus dem Fenster hinunter auf den Circus Maximus, auf dem schon lange keine Wagenrennen mehr stattfanden, und hinüber zum grünen Hügel des Aventin. Dann wandte er sich dem Präfekten zu. Alles sei nur Schein gewesen, so wie es der Grieche Plato in seinem Höhlengleichnis beschrieben habe: Wir Menschen befinden uns in einer fensterlosen Höhle einer Wand gegenüber. Hinter unserem Rücken leuchtet eine unsichtbare Lichtquelle, die unsere Schatten auf die Wand wirft. Wir können einander nicht sehen, nur das Schattenspiel, das wir für die Wirklichkeit halten. Die Helligkeit außerhalb der Höhle fürchten wir so sehr, daß wir uns mit Händen und Füßen dagegen sträuben, die Höhle zu verlassen, und uns lieber mit der Scheinwelt zufriedengeben. Deshalb ängstigt uns auch der Tod, der uns doch ins Licht führt. Er, Narses, fürchte ihn nicht mehr, sondern ersehne ihn als Befreiung. In einem versiegelten Bleisarg solle seine Leiche nach Konstantinopel verschifft werden, denn er wolle in der Nähe Kaiser Justinians, dem er Schmerz und Ruhm gleichermaßen verdanke, seine letzte Ruhe finden und der Auferstehung harren.

Bald darauf starb Narses. Gregor teilte nicht die Erleichterung der Römer über den Tod des einstigen Statthalters. Narses traf keine Schuld am Einfall der Langobarden, nicht einmal diese selbst, denn sie waren, wie Narses ihm überzeugend dargestellt hatte, dem Druck der Awaren ausgewichen, die ihre Siedlungsgebiete im Osten bedrohten. Auch die Ausplünderung Roms ging nicht auf sein Konto. Die hohen Steuerabgaben verfügte der Kaiser in Konstantinopel, und sein Statthalter mußte sich an die Vorgaben halten. Oft genug hatte Gregor erlebt, daß Narses Steuerbeamte bestraft und nach Konstantinopel zurückgeschickt hatte, weil ihnen nachgewiesen worden war, sich persönlich zu bereichern. Er hatte den Statthalter als klugen Geist, gerecht und großmütig erlebt. Aber von nichts trennen die Menschen sich schwerer als von ihren Vorurteilen. In Konstantinopel wie in Rom war der einstige armenische Kriegsgefangene, dazu noch ein kastrierter, ein Fremder geblieben. Sein sagenhafter Aufstieg am Kaiserhof vom Sklaven zum Aufseher über die Archive, dann zum Oberkämmerer, Privatschatzmeister, Günstling des Kaisers und siegreichen Feldherrn konnte, so meinten die unzähligen Neider, nicht mit rechten Dingen zugegangen sein. Sie verdächtigten ihn der Magie, um nicht seiner Klugheit und Menschenkenntnis Bewunderung zollen zu müssen, sie machten sich heimlich lustig über den Zwergenwuchs des Eunuchen, und seine Fallsucht empfanden sie als gerechte Strafe.

Es mußte geradezu als Wunder erscheinen, daß all diese Ablehnung Narses nicht bösartig gemacht hatte. Kaum jemand kannte seine geradezu kindliche Verehrung der Gottesmutter Maria, denn er trug seine Frömmigkeit nicht wie einen Schild vor sich her. Er gab reichlich den Armen, und nie verging ein Tag, ohne daß er die heilige Messe gefeiert und lange im Gebet verharrt hätte. Die öffentliche Meinung hatte sich gegen Narses entschieden. Gregor teilte sie nicht.

Nur wenig später starb Papst Johannes III. in seinem erzwungenen Exil an der Via Appia. Still wie eine Kerze verlosch er. Er hatte sich redlich gemüht, den Römern ein guter Hirte zu sein und die abendländische Kirche von ihrer Spaltung zu heilen. Es war ihm gelungen, die einflußreiche Mailändische Kirche wieder mit der Römischen Kirche zu versöhnen. Er hatte die Grabstätten in den christlichen Katakomben in Ordnung bringen lassen, Bischöfe geweiht und Priester in ihrem Dienst ermutigt. Doch die Römer verziehen ihm nicht, daß er aus Sorge um die Stadt den Eunuchen nach Rom zurückgeholt hatte, und trauerten um ihn ebensowenig wie um Narses. Gregor sorgte dafür, daß die Beisetzung von

Papst Johannes in der Peterskirche würdig und ohne Störungen verlief.

Im selben Jahr starb auch Gordian, im gesegneten Alter und dennoch plötzlich. Er hatte noch erleben dürfen, welche Ehre Gregor seiner Familie machte, und er hoffte bis zuletzt, daß die Langobarden Rom nicht einnehmen würden. Sein Sohn, der „Wächter“, würde dafür sorgen. Er nahm ihm keine Versprechen ab, er vertraute ihm.

Der Mönch

Als es die Zeit des Schlafengehens erforderte, begab sich der ehrwürdige Benedikt in den oberen Teil desselben Turmes, in dessen unterem Raum der Diakon Servandus Herberge fand. Vor dem Turm befand sich ein breiteres Gebäude, in welchem die Schüler beider schliefen. Da nun Benedikt, der Mann Gottes, der Nachtwache oblag, während die Brüder noch der Ruhe pflegten, und am Fenster im Gebet zum allmächtigen Gotte stehend, der Zeit des nächtlichen Gebets zuvorgekommen war, blickte er plötzlich zu stürmischer Nachtstunde auf und sah, daß sich Licht von oben ergoß, alle nächtliche Finsternis schwand und solche Helle erglänzte, daß jenes in der Mitte der Finsternis strahlende Licht den Tag übertraf. Etwas sehr Wunderbares war mit dieser Erscheinung verbunden; es wurde nämlich die ganze Welt, gleichsam in einem Sonnenstrahl vereinigt, ihm vor Augen geführt.

Gregor, „Dialoge"

Das Jahr 574 bedeutete eine tiefe Zäsur in Gregors Leben. Narses hatte er geachtet, Bischof Johannes vertraut, den Vater geliebt. Der Tod dieser drei Männer innerhalb kürzester Zeit traf ihn tief. An ihnen, vor allem am Vorbild des Vaters, hatte er sich in seinem Handeln ausgerichtet. Unvorstellbar, sich gegen Gordians Willen aus den Geschäften der Welt zurückzuziehen! Ein Mann aus dem Geschlecht der Anicier, zumal der Erstgeborene, stellte sich in den Dienst Roms und verwaltete seine Güter zum Wohle der Gemeinschaft. Nun war der Vater tot und Gregor der Erbe großer Reichtümer. Zudem näherte sich die Periode, für die er als Stadtpräfekt gewählt worden war, ihrem Ende.

Gregor stand am Scheideweg. Drängender als je zuvor stellte sich ihm die Frage nach Sinn und Ziel seines Lebens. Inzwischen Mitte Dreißig, hatte er alles erreicht, was ein Mann seines Standes in Rom erreichen konnte. Was sollte er tun? Sich noch einmal im Senat zur Wahl für das Amt des Stadtpräfekten stellen? Sich auf seine Güter zurückziehen?

Die Mutter Silvia wußte um seinen Zwiespalt zwischen Weltzugewandtheit und dem Verlangen nach gotterfüllter Abgeschiedenheit. Mochte Gregors Selbstbeherrschung anderen seinen inneren Zustand auch verbergen, Silvia las in dem Gesicht des Sohnes wie in einem offenen Buch. An kaum merklichen Veränderungen seiner Stimme erkannte sie, wie ihm zumute war. Sie tat, was kluge Mütter in solchen Situationen tun: Sie schwieg und wartete. Wenn er kam, wenn er ging, segnete sie ihn. Manchmal beteten sie nur gemeinsam. Dann spürte er mehr als sonst, welche Wärme und Kraft von ihr ausging.

Silvia stand mit Umsicht und Tatkraft dem großen Haushalt vor. Noch auf dem Totenbett hatte Gordian sich für seine Gefährtin glücklich gepriesen. Nie fehlte es ihr am rechten Wort zur rechten Zeit, ihre Heiterkeit wirkte ansteckend. Die Diener lasen ihr jeden Wunsch von den Augen ab, die Armen, die sie täglich an ihrem Tisch speiste, sprachen von ihr als einer Heiligen. Wenn ihr solche Worte zu Ohren kamen, lachte sie und meinte: „Gott kennt mich Sünderin besser als die Menschen."

Gordians Tod veränderte auch ihr Leben. Sie war nun nicht mehr Hausherrin mit allen Pflichten und Vorrechten, sondern Witwe, von der man erwartete, daß sie sich auf das Altenteil zurückzog. Gregor hielt es für selbstverständlich, daß sie weiter auf dem elterlichen Anwesen wohnen würde, umsorgt von ihm und der Dienerschaft. Doch schon vor der Beisetzung Gordians äußerte sie, sie werde sich bald eine andere Wohnstatt suchen. Gregor vermutete, der Verlust Gordians setze ihr so zu, daß sie zu sterben wünschte. Sie sei eine geachtete Persönlichkeit in der römischen Gesellschaft, widersprach er, sie werde gebraucht von allen, nicht zuletzt von ihm. Sie lächelte nur. Einige Tage später eröffnete sie ihm, sie werde das Haus am Clivus Scauri verlassen und in einem bescheidenen Anwesen auf dem benachbarten Kleinen Aventin Gott und dem Dienst an den Nächsten leben, so wie einst ihre Schwägerinnen Tarsilla und Aemiliana.

Silvia tat, was Gregor schon lange gewollt und doch nicht gewagt hatte: Sie verzichtete auf gesellschaftliche Stellung und Besitz, um frei zu sein. Ihr Entschluß gab ihm wohl den letzten Anstoß, Gedanken in die Tat umzusetzen, die ihn seit seinem Sizilien-Aufenthalt umtrieben. Niemals hatte er die frohen Gesichter der Mönche vergessen, die im Kloster des ermordeten Placidus in Messina ein äußerlich so hartes und ärmliches Leben führten. Ja, er wollte endlich ernst machen mit der Nachfolge Christi und nicht länger traurig davongehen wie der fromme reiche Jüngling im Evangelium.

Als Gregor sich seines Vorsatzes ganz sicher war, offenbarte er sich den Freunden. Er wolle nicht noch einmal für die Wahl zum Präfektenamt kandidieren, sondern fortan als Mönch leben. Das väterliche Erbe werde er nicht verkaufen, um den Ertrag zu verschenken. Vielmehr beabsichtige er, die Güter auf Sizilien nach dem Vorbild benediktinischer Gründungen in Klöster umzuwandeln. Auch sein Vaterhaus solle fortan als Kloster dienen, wo er, Gregor, als Bruder unter Brüdern seine ihm noch verbleibenden Jahre verbringen werde. Aber zuvor sei noch viel zu tun. Rechtliche Fragen müßten geklärt und vor allem die richtigen Leute gefunden werden, die die Klöster gründen und ihnen vorstehen konnten. Würden die Freunde ihm dabei mit ihrem Sachverstand und ihrer Tatkraft helfen, ihn vielleicht sogar ein Stück auf seinem Weg begleiten?

Die Gefährten hatten schon geahnt, daß sich Gregor mit dem Gedanken trug, das öffentliche Leben hinter sich zu lassen, aber die Rigorosität seines Entschlusses überraschte sie doch. In den vergangenen Monaten hatte er müde und krank gewirkt, doch jetzt erschien er spannkräftig wie eh und je. Während er über seine Pläne sprach und für sie warb, fühlten sie wieder wie die Jünglinge von einst, die Gott und die Welt mit weiten Armen und heißen Herzen umfingen. Endlich ernst machen mit dem, woran sie glaubten! Das Unmögliche wagen, aufbrechen ins Unbekannte, in die Unsicherheit und sich ganz Gottes Willen überantworten. Jeder von ihnen wußte, daß Gregor kein Schwärmer war, keiner, der einer augenblicklichen Laune oder Amtsmüdigkeit nachgab. Noch nie war er vor Schwierigkeiten davongelaufen. Erging es ihnen denn anders als ihm? Sie besetzten einträgliche Posten als Beamte, Notare, Verwalter bei der Stadt oder in der Kirche, genossen wie Gregor Achtung und Anerkennung, einige von ihnen waren verheiratet und hatten Kinder. Sie hätten zufrieden sein können, und waren es doch nicht. Eine innere Unruhe sagte ihnen, daß sie am Leben vorbei lebten. Ihnen war viel gegeben worden, doch was gaben sie dafür? Gott, von dem sie kamen, zu dem sie gingen, stand nicht wirklich im Zentrum ihrer Existenz. Sie spürten ihn nicht, weil ihre Liebe lau war und sie wie Traumwandler taub und blind durch ihre Tage stolperten.

Peter sprach aus, was alle fühlten und dachten: „Wir verstehen dich und sind an deiner Seite." Gregor mag das Wort des Augustinus in den Sinn gekommen sein: „Man erkennt einen Freund, wie das Aufflammen eines Blitzes, das eine ganze Wolkenbank erhellt." Er ließ seinen Blick über die Runde schweifen – den getreuen Peter, den kühnen Probus, den tatkräftigen Maximianus, den sanften, etwas trägen Marinianus, die immer gut aufgelegten Brüder Aemilianus und Paterius, den in sich gekehrten Exhilaratus, den belesenen Pantaleon, den heilkundigen Justus, Eleutherius, Laurentius. Verschieden nach Temperamenten und Fähigkeiten, Schwächen und Stärken, einte sie doch alle wahrhaft brüderliche Liebe.

Auch Silvia zeigte sich nicht erstaunt, als er sie in sein Vorhaben einweihte. Sie hatte gehofft und schließlich erwartet, daß Gregor diesen Weg einschlüge. Nicht in der Welt, aber vor Gott war diesem Sohn Großes beschieden. Gewiß, sie würde nie Enkel in ihrem Arm wiegen. Aber was bedeutete dieser Verzicht gegen die vielen Seelen, die Gregor berufen war, in den Frieden Gottes zu retten? Den Untergang Roms hielt keine politische Kunst mehr auf; Trost und Hilfe für die irrenden, verzweifelten Menschen taten jedoch bis zur letzten Stunde not.

Rechtzeitig vor dem Ablauf seiner Amtszeit gab Gregor im Senat seinen Rückzug aus der Stadtregierung bekannt. Man drängte ihn zu bleiben. Als er sich nicht umstimmen ließ, wurden Vorwürfe laut, er stehle sich aus der Verantwortung. Andere verteidigten ihn. Welche Wege stünden denn dem fähigen Anicier in Rom noch offen? Das einst einflußreiche Amt des Konsuls hatte Kaiser Justinian abgeschafft. Sollte sich Gregor weiterhin die Lasten der Verwaltung aufbürden, nun, da er nach dem Tod seines Vaters zu den reichsten Männern Roms gehörte? Niemand solle ihm neiden, wenn er sich jetzt seinen eigenen Geschäften widmete. Gregor versuchte erst gar nicht, sich zu erklären. Sein Entschluß stand fest. Endgültig.

Noch einmal machte er sich auf den Weg nach Sizilien. Diesmal reiste er eine weite Strecke auf dem gefährlichen und unbequemen Landweg, denn er wollte dem Kloster Montecassino einen Besuch abstatten. Es bedurfte keiner prophetischen Gabe, um vorauszusehen, daß das vor nicht einmal fünfzig Jahren von Benedikt gegründete Kloster nicht mehr lange bestehen würde. Unaufhaltsam ergossen sich die Heere der Langobarden über die italienische Halbinsel, schon durchstreiften Trupps der langbärtigen Barbaren von Benevent aus die Gegend.

Im Städtchen Cassinum ließ Gregor sein Pferd und einige seiner Begleiter als Wache zurück und erstieg mit den anderen den felsigen Hügel, auf dem Benedikt sein Kloster errichtet hatte. Ihr Weg führte steil bergauf, viele Menschen waren ihn in den vergangenen vierzig Jahren gegangen, unter ihnen der Gotenkönig Totila. Dieser hatte gehört, der Mönch sei ein Hellseher, und er wollte ihn auf die Probe stellen. Deshalb befahl er einem seiner Hauptleute, königliche Gewänder anzulegen und mit großem Gefolge zu Benedikt zu ziehen. Kaum hatte der vorgebliche König das Kloster betreten, rief ihm der greise Benedikt schon von weitem zu: „Leg ab, mein Sohn, leg ab, was du trägst; es ist nicht dein!" Auf diesen Bericht hin begab sich Totila selbst zu Benedikt, warf sich ihm zu Füßen und erbat von ihm Auskunft über sein Schicksal. Benedikt hob ihn vom Boden auf, redete Totila wegen seiner Gewalttaten ins Gewissen und sagte schließlich: „Viel Böses tust du, viel Böses hast du getan. Laß endlich von deiner Ungerechtigkeit ab. Denn du wirst in Rom einziehen, über das Meer setzen, neun Jahre regieren und im zehnten sterben." So geschah es. Nachdem er zweimal Rom erobert hatte, fand Totila zehn Jahre später in der Schlacht gegen Narses auf der Hochebene der Busta Gallorum den Tod.

In den Hainen, durch die der Weg zum Kloster führte, hatten die Landleute vor noch nicht langer Zeit den Dämonen geopfert, und Gregor war sich sicher, daß einige nach wie vor den heidnischen Bräuchen anhingen. Nichts erinnerte mehr an das einstige Apollo-Heiligtum auf der Spitze des Hügels. Allen Warnungen vor der Macht der Dämonen zum Trotz hatte Benedikt das Götzenbild zerschlagen und den Altar umgestoßen. Den Tempel wandelte er in eine Kapelle für das gemeinsame Gebet der Mönche um und weihte sie dem heiligen Martin, dem Bischof von Tours. An der Stelle des Apollo-Altars errichtete er eine Kapelle zu Ehren Johannes' des Täufers. Dort hatte der Mönchsvater dann auch seine letzte Ruhestätte gefunden.

Lange verweilte Gregor am Grab Benedikts. Später ließ er sich von den Mönchen Geschichten aus seinem Leben erzählen. Er bestieg den Turm, von dem aus Benedikt zu stürmischer Nachtstunde einen Lichtstrahl vom Himmel und in ihm die ganze Welt gesehen hatte. Der Diakon Servandus war Zeuge dieser Lichterscheinung gewesen. Gregor fragte sich, wie es möglich sei, die ganze Welt mit ihren Einzelheiten in einem einzigen Lichtstrahl zu erfassen? Offenbar hatte sich Benedikts Seele so geweitet, so hoch erhoben, daß sie die Schöpfung im Lichte Gottes sah.

Wie einst in seiner Kindheit bedauerte Gregor, daß er zu spät geboren war, um noch ein Schüler Benedikts werden zu können. Nun hatte er den Zenit seines Lebens überschritten, er verstand viel von den Geschäften dieser Welt, doch sein innerer Mensch, so gestand er sich ein, war nicht in gleichem Maße gewachsen. Lehrte doch der griechische Philosoph und Theologe Origenes, daß jede menschliche Seele einen allgemeinen Sinn für das Göttliche besitzt, der sich analog den körperlichen Sinnen in fünf Wahrnehmungen einteilt: Gehör, Gesicht, Geschmack, Geruch, Tastsinn. Dieser innere Sinn mußte, wie auch der körperliche Sinn, geweckt und entwikkelt werden. Die Wüstenväter hatten gezeigt, wie man das erreichen konnte: durch ein Leben in der Einsamkeit, durch Schweigen, Askese, Gebet und Buße. Doch dieser Weg eignete sich nicht für jeden. Viele hatten sich auf der Flucht vor der Welt verirrt und in ihrem Streben nach einem gottgefälligen Leben die menschliche Natur unterschätzt. Gregor sollte später warnen: „Die Anlagen unter den Gemütern sind sehr verschieden. Einige Menschen sind so müßigen Geistes, daß sie, wenn arbeitende Tätigkeit zu leisten ist, gleich am Beginn der Arbeit erliegen, und einige sind so unruhig, daß sie desto schwerer leiden, weil sie um so schlechter Tumulte des Herzens ertragen, je freier sie für Gedanken sind. Daher darf sich weder ein ruhiger Geist zur Setzung eines allzu schweren Werkes zerbreiten, noch ein unruhiger sich zur Pflege der Beschauung verengen. Denn oft schon fiel, wer in der Ruhe

Gott hätte betrachten können, unter der Last der Arbeit zu Boden, wiederum wurde mancher durch das Schwert seiner Ruhe getötet, der beschäftigt zum Nutzen der Menschheit gut gelebt hätte.“

Benedikt schien einen guten Weg gefunden zu haben, den unterschiedlichen Naturen zu entsprechen – im Wechsel von Gebet und Arbeit, von Askese und Sorge um die körperlichen Bedürfnisse.

Aber noch war Gregor zu sehr mit der praktischen Umsetzung seiner Pläne beschäftigt, als daß er sich klare Vorstellungen von den Regeln mönchischen Lebens hätte machen können. Jetzt wußte er nur, daß er nicht länger zugleich Gott und der Welt dienen konnte. Er wollte endlich wie Maria zu Füßen des Herrn zu sitzen und ihm zuhören. Ihrer Schwester Martha, die sich beschwerte, daß sie alle Arbeit allein tun müsse, während Maria müßig herumsitze, hatte Jesus geantwortet: „Martha, du machst dir viele Sorgen und Mühen. Aber nur eines ist notwendig. Maria hat das Bessere gewählt, das soll ihr nicht genommen werden.“

Aber nur eines ist notwendig …

Pragmatisch, nüchtern und zupackend, schien Gregor von seinem Temperament her eher für ein aktives Leben geschaffen. Woher dann die brennende, unabweisbare Sehnsucht nach Zurückgezogenheit und Beschauung? Weil der Geist nur durch den Geist erfaßt werden kann und dazu Ruhe braucht?

Viele Jahre später beschrieb Gregor diese unauflösbare innere Spannung zwischen aktivem und kontemplativen Leben so: „Es gibt zwei Lebensweisen, in denen der allmächtige Gott durch sein heiliges Wort die Menschen unterrichtet: das aktive Leben und das beschauliche Leben. Das aktive Leben besteht darin: den Hungernden Brot schenken, den Unwissenden das Wort der Weisheit beibringen. Die Abirrenden korrigieren, den hochmütigen Nachbarn auf den Weg der Demut zurückrufen, die Kranken betreuen, jedem nach seinem Bedürfnis geben, den uns Anvertrauten den Lebensunterhalt verschaffen. Das beschauliche Leben jedoch besagt: die Liebe zu Gott und zum Nächsten mit ganzer Seele festhalten, von äußerer Aktivität ausruhen und einzig dem Verlangen nach dem Schöpfer anhangen, so daß der Geist nun nichts mehr tun mag, sondern nach Überwindung aller Sorgen glühend danach verlangt, das Angesicht des Schöpfers zu schauen. So ist er schon imstande, die Last des vergänglichen Fleisches leidend zu ertragen und mit ganzem Verlangen danach zu trachten, sich mit den hymnensingenden Chören der Engel zu vereinigen, sich unter die Himmelsbewohner zu begeben und sich seiner Unvergänglichkeit vor Gottes Angesicht zu freuen."

Die Begegnung mit den Mönchen von Montecassino lösten noch vorhandene Zweifel auf, ob er wirklich auf dem rechten Weg sei. Gregor fühlte sich frei und von einer nie gekannten Leichtigkeit. Nicht länger hing er der Illusion an, es sei seine Pflicht, das Erbe Gordians anzutreten und Rom vor den Langobarden zu retten. Wer war er denn, die Welt in Ordnung bringen zu wollen? Wären ihm auch alle Macht, alle Kenntnisse und Fähigkeiten gegeben, er konnte Gott nicht zwingen, die Welt nach den Wünschen der Menschen zu lenken. Wenn er sich in die Einsamkeit zurückzog, verlor er nichts und gewann alles. Nicht im Trubel der Ereignisse, unter dem Druck von Entscheidungen, auf den Märkten der Eitelkeit, nicht in endlosen Reden, Widerreden und Geschwätzigkeiten kam die Wahrheit daher. Erst in der Stille der Abgeschiedenheit öffneten sich die inneren Sinne, von denen Origenes gesprochen hatte, für das, was wesentlich war.

In der Nachfolge Christi wollte Gregor mit dem Aufstieg der Seele beginnen und darauf hoffen, wie Benedikt schon in dieser dunklen Welt einen Strahl des göttlichen Lichts wahrzunehmen. Die biblische Geschichte vom nächtlichen Ringen

Jakobs mit dem Engel fiel ihm ein: „Ich lasse dich nicht, du segnest mich denn!"

Von Neapel aus reiste Gregor mit dem Schiff weiter nach Sizilien. Mehr als zehn Jahre waren seit seinem letzten Aufenthalt vergangen. Die Verwandten seiner Mutter, die Mönche in Messina, die Pächter, Bauern, Priester empfingen ihn wie einen guten Freund. Wieder inspizierte er sorgfältig den Besitz, der nun ihm gehörte. Seine damalige Arbeit hatte reiche Früchte getragen. Die Güter waren wohlbestellt, es gab weniger Ausreden und Klagen. Das machte ihm den Verzicht nicht etwa schwerer, im Gegenteil. Aber der florierende Zustand der Ländereien erhöhte auch seine Verantwortung, sie in die rechten Hände zu legen. Gregor sprach mit den Bischöfen von Messina, Syrakus, Palermo, Agrigentum und Catania über seine Pläne, er besuchte verschiedene Klöster und wählte geeignete Mönche für seine Klostergründungen aus. Abkommen mußten getroffen, rechtliche Vorschriften bedacht, notarielle Akte vollzogen werden. Die Klöster sollten mit so viel Land ausgestattet werden, daß sie sich selbst erhalten konnten. Der Verwaltungsfachmann Gregor war hier ganz in seinem Element. Kein Detail entging ihm, denn nach seinen Erfahrungen scheiterte im Großen, wer in seinem Tun das Kleine vernachlässigte. Alles, was er regelte und auf Pergamente festschreiben ließ, würde nichts wert sein, wenn die Menschen, die er mit der Verwaltung dieses Besitzes zugunsten der Bedürftigen betraute, nicht vom rechten Geist beseelt und nicht fähig waren, Gerechtigkeit, die Wurzel aller Tugenden, zu üben. „Wirkliche Gerechtigkeit", so Gregor, „muß stets mit Milde verbunden sein; sie geht dem Mitleid vor, ist von der Demut unzertrennlich, denn vor Gott ist nichts Gerechtigkeit, worin der Hochmut sich zeigt."

Wir wissen nicht, welche Anordnungen Gregor im einzelnen traf, sicher ist nur, daß auf seinem sizilianischen Besitz sechs Klöster, wahrscheinlich geführt nach der Regel des Mönchs Benedikt, entstanden.

In Rom erwarteten ihn die Freunde schon ungeduldig. Sie hatten nach seinen Anweisungen den Umbau des Familiensitzes auf dem Caelius in ein Kloster vorangetrieben. Zum Teil konnten die Räume in ihrer ursprünglichen Verwendung genutzt werden wie das Triclinium als Speisesaal für die Mönche, das Cellarium als Magazin für Vorräte und die Bibliothek. Hinzu kamen eine Apotheke, ein Kräutergarten und ein kleiner Friedhof. Nach einem Rundgang hieß Gregor alle Vorkehrungen gut und wählte einen kleinen Raum auf der Südostseite zu seiner Zelle. Er ließ einen Stuhl und ein Betpult hineinstellen und, durch einen Vorhang abgetrennt, ein einfaches Schlaflager.

Jene Freunde, die mit ihm das Gelübde der Keuschheit, der Armut und des Gehorsams ablegten und die er nun mit noch größerem Nachdruck als zuvor seine Brüder nannte, erwarteten, daß Gregor als Gründer und Stifter des Klosters die Würde des Abts übernahm. Er überraschte sie mit seiner Ablehnung. Nichts anderes wolle er sein als ein dienender Bruder unter Brüdern. Er schlug vor, Valentinus zum Vorsteher zu wählen, den Abt eines Klosters, der beim Einmarsch der Langobarden in die Provinz Valeria hatte fliehen müssen und seit einiger Zeit in Rom lebte. Gregor schätzte ihn als erfahrenen Mann, der ihm und seinen Brüdern Berater und geistlicher Vater sein konnte.

Zur Weihe des Klosters auf den Namen des Apostels Andreas, jenes Fischers, der als erster der Apostel Jesus begegnet war und seinen Bruder Simon zu ihm geführt hatte, erschienen die Priester der nahegelegenen Kirchen San Giovanni e Paolo, Santo Stefano, San Giovanni in Laterano, San Clemente, Sant'Anastasia, aber auch von weiter entfernten Kirchen. Viel Volk, Mönche und gottgeweihte Frauen drängten sich auf dem Gelände. Alle wollten den Mann sehen, der noch vor kurzem als Präfekt von Rom die Geschicke der Stadt geleitet hatte und jetzt im härenen Gewand kaum unterscheidbar von den anderen Mönchen die Hände zum Gebet aufhob. Ähnliches hatte man bisher nur von Cassiodorus gehört, der einst als Konsul unter dem Ostgotenkönig Theoderich Rom und Italien regiert hatte und nun hochbetagt in einem von ihm gegründeten kalabresischen Kloster lebte. Aber der Anicier Gregor stand in seinen besten Mannesjahren. Viele bedauerten sein Ausscheiden aus dem Staatsdienst, ebenso viele bewunderten ihn für den Mut, freiwillig auf seinen Besitz zu verzichten und sich ganz in den Dienst Gottes zu stellen. Aber so recht verstehen konnten ihn die meisten nicht. Gregor hatte die Römer zur Selbsthilfe angehalten und ihr Vertrauen in die Stadtregierung gestärkt. Nun aber, da sich die Barbarenhorden der Stadt näherten und sie zu überwältigen drohten, nun, da in absehbarer Zeit jeder zur Verteidigung Roms gebraucht wurde, zog er sich zum Beten zurück!

Freunde der Familie, Senatoren und Beamte, waren in Silvia gedrungen, Gregor von diesem Schritt abzuhalten. Sie beschworen die ruhmreichen Vorfahren der Familie, den Rang der Anicier in der römischen Gesellschaft und ihre Verantwortung. Niemals wäre Gordian mit Gregors Handeln einverstanden gewesen! Als sie erfuhren, daß Silvia ebenfalls auf allen Besitz verzichtet hatte und als Eremitin zu leben beabsichtigte, gaben sie auf. Wahrscheinlich war diese Sizilianerin unfähig, die Bedeutung des senatorischen Adels zu erkennen, und hatte den Sohn mit ihrer Verrücktheit angesteckt.

Silvia schaute mit mütterlichem Stolz auf ihren Sohn, der in einer Demutsgeste hingestreckt auf dem Boden lag. Rom würde vergehen, wie alle Reiche dieser Welt vergangen waren. Gott, dessen unerforschlicher Wille und dessen überströmende Güte alles Irdische lenkte, blieb in Ewigkeit unveränderlich er selbst. Ihn zu lieben und dem Nächsten zu dienen brachte reichere Frucht als Ruhm und Ehren dieser Welt. Silvia wußte, daß ein gewisser Abstand zu den Geschäften der Welt den Blick schärft und die Tatkraft in die richtige Richtung lenkt. Und sie kannte ihren Sohn. Bedrängt vom ständigen Schlachtenlärm der Worte, hineingerissen in den Sog ziellosen Treibens und Jagens, hatte er sich in der Wichtigkeit, die andere ihm beimaßen, wie in einem Netz verfangen. Jetzt aber war seine Seele dem Netz des Jägers entronnen, das Netz war zerrissen und er frei. Frei für das, was Gott noch mit ihm vorhatte. Er war nicht zum Präfekten oder Gutsverwalter bestimmt, wie gut er diese Aufgaben auch gemeistert hatte. Die Welt würde nicht auf Gregor verzichten müssen, daran glaubte Silvia fest. Sie kannte seine empfängliche Seele, die verborgene Glut seiner Leidenschaft und seinen Mut, einmal für richtig Erkanntes mit Augenmaß zu tun. Gregor hatte beschlossen, sich von Gott führen zu lassen und endlich zu werden, der er war. Leicht mochte dieser Weg nicht sein. Doch wer zu Großem berufen ist, muß klein beginnen.

Gregor lagen solche Gedanken fern. Nackt und bloß war er dem Schiffbruch des Lebens entkommen. So empfand er es, als er sich in die Stille seiner Zelle zurückzog. Endlich wirklich leben – Gott suchen, eintauchen in seine Liebe, auf ihn hören, ihn erkennen und den Acker ringsum für die Saat des göttlichen Worts bereiten. Wie lange hatte er sich davor gefürchtet und danach gesehnt! Mochte die Welt ihn ruhig vergessen. Er nahm von ihr Abschied, um sich ganz der Sophia, der göttlichen Weisheit, zu widmen, wie sie im Buch der Bücher, der Bibel, zu finden war. Die Schriften der Philosophen, Schriftsteller, Juristen befriedigten ihn schon lange nicht mehr. Sie antworteten zwar auf die Fragen Wie und Warum, aber nicht auf Woher und Wohin. Der Verstand, der fähig war, die Welt zu erforschen, mußte auch den erkennen können, der sie geschaffen hatte.

Wenn Gregor seine Studien der Heiligen Schrift und der Kirchenlehrer, vor allem des Augustinus, dem er sich sehr nahe fühlte, unterbrach und in den Garten hinaustrat, schaute er auf das Gebirge der Caracalla-Thermen oder hinüber zum riesigen Palast des Kaisers Septimus Severus auf dem Palatin oder hinunter zum Circus Maximus. Von hier aus, dem Machtzentrum Roms, war einst die Welt regiert worden. Manchmal vermeinte Gregor die Fanfaren der siegreich heimkehrenden Legionäre zu hören, den freudigen Lärm aus dem Circus Maximus, den Jubel, der die prächtigen Aufzüge der römischen Kaiser begleitete. Drang nicht aus dem Kloster, so lange Zeit Sitz des altrömischen Geschlechts der Anicier, das Gelächter von Tafelnden? Knirschte nicht der Kies im Garten unter den Schritten von Senatoren und Kaisern? Verloren sich nicht die Schatten schöner Frauen zwischen den Bäumen? Wo waren sie alle geblieben, die Mächtigen und Berühmten ihrer Zeit, die sich im Besitz der Ewigkeit dünkten? Flüchtig wie ihr Leben waren ihr Ruhm und ihre Macht gewesen. Für die Hauptstadt eines Weltreiches errichtet, zerfielen ihre Bauten. Die Paläste auf dem Palatin standen zum größten Teil leer, zerbrochene Marmorstatuen lagen am Boden. Verödet die Caracalla-Thermen. Um die Ruine des Circus Maximus wucherten Gras und Disteln. Sinnlos überwölbten Triumphbögen eine verängstigte Gegenwart.

Immer größer, weiter, höher hatten es die römischen Kaiser haben wollen, und sich schließlich zu Göttern erklärt, bis sie in ihrer Maßlosigkeit zerplatzt waren wie Seifenblasen. Staub blieb von ihnen, nichts als Staub, den der Wind verwehte. Und er Gregor, ihr Nachfahre, gürtete sich wieder in ein einfaches Gewand und büßte für die Vermessenheit verdorbener Geschlechter.

Aber hatte es nicht auch Unzählige gegeben, die in der Nachfolge Jesu dem Babylon ihrer Zeit widerstanden hatten durch Gebet, eine einfache Lebensweise und einem Bekennermut ohnegleichen – von den Aposteln angefangen über Klemens, Ignatius, Cäcilia, Agnes bis hin zu Placidus und den vielen Unbekannten, die am Kreuz, unter dem Schwert, gesteinigt, von wilden Tieren zerrissen, unter der Folter ihr Leben für den Glauben an einen neuen Himmel und eine neue Erde gelassen hatten. Nach Hunderten von Jahren lebten sie noch immer in den Herzen der Menschen. Wenn Gregor sich in den Anblick der Sterne verlor, dann dachte er an jene, die in ihrem oft so kurzen Leben das Heil gesucht und gefunden hatten: die Heiligen Gottes. Zurück in seiner Zelle, notierte er: „Durch die in gemessener Folge sich ablösenden Gestirne erhält der nächtliche Himmel seine wunderbare Pracht und Herrlichkeit. Auch die Finsternisse unseres Lebens werden erhellt durch das Licht, welches schon vorlängst von Sternen ausging und jetzt unser Auge trifft."

Er hob die Hände zum Gebet und pries Gott für seine Gerechtigkeit und Liebe. War es denn nicht ein Zeichen von Gerechtigkeit, daß jeglichem Hochmut der tiefe Fall folgte, und ein Zeichen von Liebe, Menschen wie ihm, wenn auch unter Schmerzen, Augen und Ohren für die Wahrheit zu öffnen, daß menschliche Größe allein in der Erkenntnis bestand, Geschöpfe Gottes zu sein? Und nichts Größeres gab es, als sich vom Feuer dieser Liebe entzünden zu lassen.

Da Gregor weder des Hebräischen noch des Griechischen mächtig war, las er die Bibel in der lateinischen Übersetzung des Hieronymus. Viele Stunden verbrachte er damit, sich von erfahrenen Mönchen unklare Stellen erklären zu lassen. In seinem bisherigen Leben hatte er wenig Zeit gehabt, in die Geheimnisse der Heiligen Schrift einzudringen, und oft seufzte er mit den Worten des von ihm verehrten Aurelius Augustinus: „Spät habe ich dich geliebt, immer neue und so alte Schönheit, spät habe ich dich geliebt!" Doch darin lag auch ein Gewinn. Das Wort Gottes traf bei Gregor auf die Erfahrungen eines fünfunddreißigjährigen weltlichen Lebens und entfaltete auf diesem Boden eine Kraft, die einmal auf die Welt ausstrahlen und den Glauben vieler erwecken und vertiefen sollte. Die Jahre der Abgeschiedenheit im Kloster ermöglichten es ihm, sich selbst zu finden und reifen zu lassen, was in ihm angelegt war.

Historiker des neunzehnten Jahrhunderts warfen Gregor vor, er habe die „freien Künste" und das positive Wissen verachtet, weil er ein Hohelied auf das Studium der Bibel gesungen hat. Gregor war ein für seine Zeit hochgebildeter Mann und schätzte die „weltliche Wissenschaft" durchaus, vorausgesetzt, man gebrauchte sie richtig. Wer nur auf Faktenwissen und Logik setzte, dem blieb das Geheimnis des Lebens, das menschliche Vernunft weit überstieg, für immer verschlossen; wer hingegen meinte, auf die praktische Vernunft verzichten zu können, begab sich auf den schwankenden Boden von Schwärmerei und Fanatismus. Und er warnte: „Die diabolischen Geister beseitigen aus dem Herzen mancher Menschen den Wunsch zu lernen, damit sie, der weltlichen Wissenschaften unkundig, nicht die Schönheit der geistigen Dinge erfassen."

Die Bibel aber übersteige alles Wissen und alle Lehre. Jeder könne darin Antworten auf seine Fragen finden. Sie sei, sollte er später einem Freund in Konstantinopel schreiben, ein Brief Gottes an die Menschen: „Wenn Du eine Botschaft vom Kaiser auf Erden erhalten hast, hast Du keine Rast noch Ruh und gönnst Dir keinen Schlaf, so lange Du nicht weißt, was er Dir geschrieben hat. Nun aber hat der Herrscher des Himmels, der Herr über Menschen und Engel Dir Briefe zukommen lassen, die Dein Leben betreffen, und doch versäumst Du eitler Sohn es, diese Briefe mit Leidenschaft zu lesen. Mach Dich daran, ich bitte Dich, Dich eingehend mit ihnen zu beschäftigen, und meditiere jeden Tag die Worte Gottes."

Zu den Einfachen spricht sie mit einfachen Worten, den Verzweifelten richtet sie auf, den Stolzen macht sie demütig, den Ängstlichen mutig, den Zornigen lehrt sie Beherrschung und den Gierigen Bescheidung. In dreifachem Sinn sei die

Heilige Schrift zu verstehen: Der historische und literarische Sinn erschließe sich aus der unmittelbaren Lesung; der allegorische Sinn verstehe den Text geistlich und bildlich; der moralische Sinn liege in der Aufforderung des Textes zur sittlichen Umkehr. Wie in einem Spiegel erkenne sich jeder beim Lesen der Heiligen Schrift, und je weiter er in seiner Selbsterkenntnis voranschreite, um so tiefer dringe er in den Sinn der Texte ein.

Gregor wachte und betete Nächte hindurch, er fastete, um sich für die Begegnung mit Gott zu reinigen. „Ich suche dein Antlitz, Herr, dein Antlitz suche ich!“ betete er unablässig mit den Worten der Psalmen. Er war krank vor Liebe, einer Liebe, die dem Verlangen nach einer geliebten Frau glich, doch niemals durch sie gestillt werden konnte, denn immer blieb eine Sehnsucht ins Unermeßliche. Gregor las das Hohelied des Salomo, bis er es auswendig konnte, er las den Kommentar des Origenes dazu und ergänzte ihn mit eigenen Gedanken. Er umwarb Gott, er bestürmte ihn mit Gebeten. Und mußte sich doch immer wieder mit den Worten des Hoheliedes eingestehen: „Aber als ich meinem Freund aufgetan hatte, war er weg und fortgegangen. Meine Seele war außer sich, daß er sich abgewandt hatte. Ich suchte ihn, aber ich fand ihn nicht; ich rief, aber er antwortete mir nicht.“

Viele durchwachte Nächte verschmolzen zu einer einzigen endlosen Nacht der seelischen Trockenheit, ja, des Zweifels, ob Gott ihn überhaupt hörte. In den finstersten Stunden peinigte ihn der Gedanke, daß es ihn vielleicht gar nicht gäbe und Jesus wirklich nicht mehr als ein jüdischer Wanderprediger gewesen sei. Die Auferstehung ein Trug? Hatte der Völkerapostel Paulus nicht mit unüberbietbarer Klarheit formuliert: „Ist aber Christus nicht auferweckt worden, dann ist unsere Verkündigung leer und euer Glaube sinnlos … Wenn wir unsere Hoffnung nur in diesem Leben auf Christus gesetzt haben, sind wir erbärmlicher dran als alle anderen Menschen.“

Dann machten ihm die Worte der Heiligen Schrift den Mund bitter. War alles nur eine Täuschung? Hatten die Märtyrer für ein Nichts ihr Leben geopfert? Kreiste er sinnlos in einem kalten fühllosen Universum? Zum erstenmal in seinem Leben schwand Gregor der Boden unter den Füßen. Aber auch in seiner Verzweiflung kamen ihm die Worte der Bibel entgegen: „Ich bin geworden wie ein zerbrochenes Gefäß", klagte er, „Herr, laß mich nicht scheitern, denn ich rufe zu dir. Ich glaube, hilf meinem Unglauben!"

Er verzehrte sich nach einem Zeichen, daß Gott ihn liebte, er wollte nicht nur von der göttlichen Liebe lesen, sondern sie auch spüren. Vielleicht war er gewogen und als zu leicht befunden worden.

In einer Predigt, die Gregor später als Papst an einem Karfreitag in der Lateranbasilika hielt, beschreibt er den Zustand, den er als Mönch erfahren hatte. „Heilige Sehnsucht steigert sich durch die Verzögerung. Wenn sie jedoch durch Verzögerung nachläßt, war sie keine Sehnsucht ... Das Herz eines Menschen, der nicht nach der Schau seines Schöpfers verlangt, ist arg verhärtet, da es in sich selbst kalt bleibt. Wenn es hingegen durch die Sehnsucht danach zu entbrennen begann, dem Geliebten zu folgen, dann eilt es dahin, vom Feuer der Liebe zerschmolzen. Es wird durch die Sehnsucht unruhig, alles, was in der Welt gefiel, verliert seinen Wert, nichts gibt es, was außer dem Schöpfer Gefallen bereitet, und was zunächst die Seele erfreute, wird später zur drückenden Last. Nichts tröstet dessen Trauer, so lange der Ersehnte nicht geschaut wird. Das Herz ist wehmütig gestimmt, selbst das Licht ist ihm zuwider; mit solchem Feuer wird im Herzen der Rost der Schuld ausgebrannt, und die entflammte Seele beginnt gleich dem Gold, das im Gebrauch den Glanz verlor, durch die Glut zu erstrahlen."

Und dann geschah es, unerwartet, verstörend, beglückend. Wie ein Blitz aus heiterem Himmel warf ihn eine unsichtbare Kraft zu Boden. Die Luft um ihn schien zu brennen, jeder Atemzug entfachte die Glut in seinem Inneren, überall Licht, heller als der hellste Tag. Er schrie auf, er stammelte, er lächelte. Sein Leib löste sich auf. In den lichtdurchfluteten Weiten ein Gesicht, unveränderlich, unverweslich, barmherzig und gerecht …

Die Sinne schwanden ihm. Als er wieder zu sich kam, wußte er nicht, wieviel Zeit vergangen war und wo er sich befand. Die Erschütterung über die Schau jenseits allen Sagbarens mündete in einem nicht enden wollenden Tränenstrom. Er glaubte und er wußte. Schwer war es, wieder zurückzufinden in den Tag, noch stärker wurde die Sehnsucht nach der endgültigen Vereinigung mit Gott.

Härten und Entbehrungen nahm er auf sich, damit seine Seele frei würde für weitere Begegnungen. Er unterwarf sich der Disziplin des Schweigens, eingedenk der Worte des von ihm verehrten Ignatius von Antiochia, der auf seiner Todesfahrt nach Rom geschrieben hatte: „Besser ist schweigen und sein als reden und nicht sein." Der ohnehin körperlich nicht robuste Mann war bald nur noch Haut und Knochen. Aber er mußte erfahren, daß Gott sich durch Askese nicht zwingen läßt und Demut die Mutter und Grundlage aller Tugend ist. „Wissen ist ein Schatz", sollte er später sagen, „doch Demut ist der Wächter dieses Schatzes. Bei allem, was wir wissen, soll unser Geist demütig bleiben; sonst trägt der Wind des Eigendünkels hinweg, was wir an Wissen uns gesammelt haben."

Gregor ordnete sich dem Abt Valentinus in völliger Demut unter, dennoch konnte er nicht verhindern, daß seine Mitbrüder ihn nach wie vor als höchste Autorität betrachteten. Sein schneller und präziser Verstand fand Lösungen für alle praktischen Fragen, ob sie das Heranschaffen von Vorräten und die Speisung der Armen betrafen, die Prüfung neu aufzunehmender Brüder oder familiäre Probleme. Er entschied nicht, aber der Abt holte seinen Rat ein und befolgte ihn. Die

Brüder hingen an seinen Lippen, wenn er ihnen Bücher des Alten Testaments wie das Hohelied und die Bücher der Könige auslegte. Ihre Bewunderung wehrte er ab: Lehrend lerne ich – von euch. Seine Worte waren einfach, seine Sätze kunstlos, aber sie zielten mitten ins Herz der Zuhörer.

Gregor veränderte sich. Er wirkte gelöst, von einer inneren Heiterkeit, die dem Stadtpräfekten fremd gewesen war. Doch sein Körper verfiel zusehends. Manchmal verlor er das Bewußtsein, und die Ohnmachten dauerten so lange, daß die Brüder ihn einige Male schon für tot hielten und sich fragten, ob er seine asketischen Übungen vielleicht übertrieb. Die Mutter Silvia schickte ihm aus ihrer Klause vom nahen Aventin zur Stärkung gekochtes Gemüse und ließ ihm sagen, der Körper sei der Tempel des Herrn und deshalb nicht zu vernachlässigen.

Aber Gregor war viel zu sehr Römer, als daß er sich nicht zu dem alten Grundsatz bekannt hätte, daß die Gesundheit von Geist und Körper sich gegenseitig bedingen. Als Mann des Maßes wußte er: „Einmal ist uns der Leib eine Hilfe zu gutem Werk, ein andermal ein Verführer zum Bösen. Wenn wir ihm mehr zugestehen als wir sollten, ernähren wir einen Feind. Wenn wir seinem Bedürfnis nicht, wie wir sollten, Genüge tun, töten wir einen Verbündeten."

„Denn was ist der Leib anderes als ein Organ des Geistes? Es wird aber auch der größte Tonkünstler seiner Kunst wenig Ehre machen, wenn das Instrument verstimmt ist. Nachlassende Saiten geben den Ton nicht, welchen die Künstlerhand fordert, und eine Flöte, welche die Luft läßt, macht alle Anstrengungen des Künstlers vergeblich."

Seine körperliche Schwäche war allen ein Rätsel, auch ihm selbst. Die Fastenregeln hielt er ein wie die Kirche sie gebot und wie auch seine Brüder sie befolgten, die sich bester Gesundheit erfreuten. In seinem Leib brannte ein Feuer, das nichts zu löschen vermochte, und wenn er sich erbrach, was oft geschah, empfand er nur für kurze Zeit Erleichterung. Die Krankheit beunruhigte ihn nicht, er lernte, mit ihr umzugehen. Sie war ihm ein Zeichen der Nähe zu Christus und seiner Passion. Durch sie wurde er empfindsamer für die Leiden anderer. Sie setzte seinem überaus starkem Willen Grenzen und lehrte ihn Demut. Als ob sie ihn für künftige Aufgaben vorbereiten wollte, quälte sie ihn zwar körperlich, aber sie stärkte seinen Geist. Und dieser Geist sollte allen periodisch wiederkehrenden Seuchen und sogar der großen Pestepidemie von 589/590 widerstehen, die nicht nur Alte, Kranke und Kinder dahinrafften, sondern vor allem Männer und Frauen in der Blüte ihrer Kraft und Jahre.

Gregor bereute keinen Augenblick, sich für das mönchische Leben entschieden zu haben. Je mehr Zeit verging, um so gewisser wurde ihm, daß er im Andreaskloster seine Bestimmung gefunden hatte. Viele Römer, ob arm oder reich, klopften an die Pforte des Klosters. Papst Benedikt I., der dic Nachfolge von Johannes III. angetreten hatte, holte sich bei Gregor ebenso Rat wie Beamte der Stadtpräfektur. Bettler baten um ein warmes Essen, Frauen um Hilfe für ihre Kinder, Kranke um Medizin oder Pflege. Auch Klagen wegen ungerechter Behandlung durch die Behörden trug man dem einstigen Stadtpräfekten vor, denn er kannte die Wege, ihnen an geeigneter Stelle Gehör zu verschaffen.

Jedermann wußte, daß Gregor genau überprüfen ließ, ob jemand wirklich bedürftig war und sich selber nicht mehr helfen konnte oder ob er sich nur das Leben auf Kosten anderer erleichtern wollte. Seine Gerechtigkeit war so sprichwörtlich wie seine Nächstenliebe, seine Strenge ebenso wie seine Demut. Er lebte, was er glaubte, und dieser Glaube war ein Zeichen der Hoffnung. Gerade deshalb baten mehr Männer um Aufnahme in das Kloster, als es fassen konnte.

Wie konsequent, ja rigide, Gregor diesen Glauben lebte, erhellt ein Ereignis, von dem er selbst in den „Dialogen" berichtet. Es trug sich in jener Zeit zu, als er nach seiner Rückkehr aus Konstantinopel die Leitung des Andreasklosters selbst übernommen hatte.

Der Mönch Justus, in der Heilkunde gut bewandert, stand Gregor in seinen vielfältigen körperlichen Leiden bei. Als er selbst von einer Krankheit befallen wurde und im Sterben lag, erzählte er seinem Bruder Copiosus, einem römischen Arzt, der ihn pflegte, er habe heimlich drei Goldstücke zurückgelegt. Copiosus behielt diese Nachricht offenbar nicht für sich. Die Goldstücke wurden, in einem Heilmittel verborgen, gefunden, und man benachrichtigte den Abt Gregor. Justus gehörte zu seinen Freunden aus Jugendtagen. Gregor erzählt: „Tief betrübt dachte ich darüber nach, was ich zur Seelenläuterung des Sterbenden tun und auf welche Weise ich den Lebenden ein abschreckendes Beispiel vor Augen stellen könne." Gemeinsam hatten sie das Kloster gegründet und als Mönche die drei evangelischen Räte gelobt: Armut, Keuschheit und Gehorsam. Sie hatten versprochen, nichts Eigenes besitzen und nach dem Gebot Jesu leben zu wollen: Nehmt kein Geld, keine Vorratstasche mit, tragt keine Schuhe.

Wenn er aus Freundesliebe den Bruch eines Gelübdes vor Gott tolerierte, was war dann ein Gelübde wert? Half er damit Justus, den Mönchen? Im Gebet rang Gregor um Klarheit. Schließlich wies er den Prior des Klosters an, jeglichen Umgang der Mönche mit dem Sterbenden zu unterbinden. Dessen leiblicher Bruder Copiosus sollte ihm auf die Frage nach den Brüdern antworten, sie hielten sich von ihm fern, weil er sein Gelübde gebrochen habe. „Nach seinem Tod aber soll sein Leichnam nicht im Begräbnisplatze der Brüder beerdigt werden, sondern macht eine Grube in einem Misthaufen, werft den Leichnam hinein, werft die drei Goldstücke, die er hinterlassen hat, auf ihn und ruft dabei alle zusammen die Worte, die Petrus dem Magier Simon entgegenschleuderte: Dein Gold fahre mit dir ins Verderben!"

So geschah es. „Durch den einen Teil der Anordnungen wollte ich dem Sterbenden, durch den anderen den lebenden Brüdern nützlich sein. Jenen sollte die Bitternis des Todes der Vergebung fähig machen, diese sollten durch eine so strenge Verurteilung der Habsucht von der Nachahmung des Fehlers abgeschreckt werden.“ Schmerz und Reue sollten die Seele des sterbenden Justus von der begangenen Sünde reinigen. Retten wollte Gregor den Sünder vor der ewigen Verdammnis, nicht ihn strafen. Nach einem Monat ordnete er an, „von Trauer und Mitleid“ bewegt, dreißig Tage hintereinander für Justus das Meßopfer zu feiern, um ihn aus dem Fegefeuer zu befreien. Schließlich erschien der Verstorbene seinem Bruder Copiosus in einer Vision, um ihm mitzuteilen, er sei erlöst und mit Gott vereint.

Alles an dieser von Gregor selbst erzählten Geschichte ist dazu angetan, beim heutigen Leser Unverständnis und Unwillen zu erregen: die Härte gegen einen Sterbenden, die Behandlung des Toten und die Erscheinung des durch Gebete erlösten Justus. In einer Zeit des Körperkults, die mit dem Begriff Seele nicht viel anzufangen weiß und in der es selbst Christen schwerfällt, an Visionen, Auferstehung, das Jüngste Gericht und das ewige Leben zu glauben, gilt es als geradezu exotisch, wenn einem Menschen das Seelenheil wichtiger ist als das leibliche Wohlergehen.

Für Gregor war die Seele die Gefährtin des Leibes und ihm übergeordnet. Nur wenn sie die Sünden des Stolzes, des Neides, der Habgier, Trägheit, Unkeuschheit, Maßlosigkeit vermied oder sich durch Eingeständnis und Reue von ihnen reinigte, konnte sie Frieden und Gottesnähe erlangen. Ihre Krankheiten bedurften wie die Krankheiten des Körpers manchmal des scharfen Messers des Arztes. Zu der Erkenntnis, daß der Schmerz der Zurechtweisung heilsam ist, wo eigene Einsicht fehlt, ist auch die moderne Psychologie gelangt.

Dennoch mutet es grausam an, wie Gregor, der jedem Bettler die Ehre erwies, sich über jeden Kranken beugte, seine letzte Habe den Armen gab, einen Sterbenden, noch dazu einen Freund, mit solcher Härte behandelte. Wo blieb seine Barmherzigkeit?

Spätere Zeiten haben die großen Heiligen wie Elisabeth von Thüringen, Franziskus von Assisi, Theresa von Avila und eben auch Gregor oft zu sentimentalen Gutmenschen verklärt und die Fremdheit ihrer außerordentlichen Existenz unterschlagen. Heilige sind wie alle Menschen mit Fehlern und Schwächen behaftet und sich dessen auch bewußt. Was sie von anderen unterscheidet, ist die Konsequenz ihrer christlichen Lebensführung. Sie handeln von Gott her und nicht aus den Zwängen des Alltags. Nach einem Wort von Edith Stein, einer Heiligen des zwanzigsten Jahrhunderts, leben sie im „unerbittlichen Licht der göttlichen Gegenwart". Walter Nigg, ein profunder Kenner von Heiligenbiographien, merkte an: „Es ist die Gottesnähe, und weder die asketische Rekordleistung noch die Kraft Wunder zu tun, oder gar die mystische Begnadigung, welche das abschließende Kennzeichen des Heiligen ist … Die unwiderstehliche Anziehungskraft, welche der Heilige auf die Menschen ausübt, fließt aus dem Mysterium seiner Gottesnähe."

Man kann Gregor bei aller unauflösbaren Fremdheit nur gerecht werden, wenn man seine bedingungslose Hingabe an Gott als Quelle seiner Hingabe an die Menschen akzeptiert. Gott war für ihn Liebe. Die Liebe versteht alles, aber sie widersteht dem Bösen.

Nicht anders als heute regierte im damaligen Rom das Geld. Um in seinen Besitz zu gelangen, waren die Menschen zu jeglicher Bosheit und jeglichem Verbrechen bereit. Der Arme träumte davon, reich zu werden, und der Reiche wollte noch reicher werden. Von Geld und Gut erhofften sie sich Sicherheit und verschwendeten kaum einen Gedanken daran, daß

Krankheit und Tod unversehens und mit schnellen Schritten kamen. Wo euer Schatz ist, ist auch euer Herz, hatte Jesus gesagt; man könne nicht Gott und dem Mammon gleichzeitig dienen. Der Mönch Justus hatte beides für sich gewollt: Gott und den Mammon. Das heimlich gehortete Gold hatte ihn nicht vor dem Sterben bewahrt, aber seine unsterbliche Seele verdorben. Nur Zurechtweisung und Fürbitte konnten ihm noch helfen. Die Mönche jedenfalls verstanden Gregors Vorgehen, und ihrer Zuneigung zu ihm und ihrem gestrauchelten Bruder Justus tat es keinen Abbruch.

Seit mehr als zwanzig Jahren herrschte Frieden in Rom. Die Jungen kannten die Schrecknisse der gotischen Belagerung nicht mehr, und viele der Älteren hatten sie vergessen. Die Päpste und die Stadtverwaltung sorgten für eine regelmäßige Versorgung mit Nahrungsmitteln, die meisten Bewohner besaßen ein Dach über dem Kopf, Kinder wuchsen heran. Man vergnügte sich in den wenigen noch intakten Thermen, in Theatern und mit Spielen aller Art. Die Wohlhabenden genossen ihren Reichtum und stellten ihn zur Schau wie ehedem, bewundert von den Armen, die es ihnen auf ihre Weise nachzutun suchten. Jeder sah, wo er blieb, und machte sich das Leben so angenehm wie möglich. Sonntags ging man in die Kirche oder auch nicht, zu Hause opferte man wie ehedem den Hausgöttern, den Laren, versah sich der Hilfe der Isis, des Mithras, der Kybele oder des Apolls an geheimgehaltenen Orten, denn gegen die Widrigkeiten des Lebens konnte man nicht genug Götter als Beistand anrufen. In den Bordellen feierte man orgiastische Feste, Poeten besangen die Knabenliebe, man suchte den Rausch und fand ihn. Morgen konnte alles zu Ende sein, also mußte man heute noch das Leben in vollen Zügen genießen. Die immer wieder auftretenden Seuchen nahm man als naturgegeben hin und suchte sich vor ihnen durch Amulette und Rituale zu schützen. Krankheiten und Tod trafen sowieso immer nur die anderen.

Doch auf den Märkten nahe dem Tiberhafen warnten Bußprediger in abgerissenen Kleidern vor den Mächten der Finsternis. Das Ende aller Zeiten sei nahe. Kehrt um und glaubt an das Evangelium! Rom drohe großes Unheil, wenn seine Bürger nicht endlich das verweichlichte sündhafte Leben aufgäben und sich durch Gemeinsinn und Gebet zur Abwehr der Gefahren rüsteten. Die einen lachten die Unheilspropheten aus, andere kehrten sich gleichgültig ab, manche wurden nachdenklich.

Wer Augen und Ohren nicht verschloß, bemerkte, daß immer mehr Flüchtlinge in die Stadt einsickerten. Noch waren die Speicher am Tiber mit Vorräten gefüllt, aber die Zufuhr geriet hin und wieder ins Stocken. Viele Anzeichen deuteten darauf hin, daß die Langobarden sich nicht mit den eroberten Gebieten im Norden und im Südosten zufriedengeben würden. Nachdem auch der Nachfolger ihres Königs Alboin, König Kleph, ermordet worden war, führten fünfunddreißig Herzöge die Eindringlinge aus Osteuropa an. Die Hoffnung, daß Rivalitäten untereinander und der Einsatz kaiserlicher Truppen die Langobarden schwächen würden, erfüllte sich nicht. Von Norden und Süden her näherten sie sich dem Ziel ihrer Wünsche – der einstigen Hauptstadt des Imperium Romanum. Sie hatten das Kloster Montecassino eingenommen und geplündert. Nur mit knapper Not waren die Mönche entkommen, wie es ihr Ordensgründer Benedikt kurz vor seinem Tod prophezeit hatte: „Dieses ganze Kloster und alles, was ich für die Brüder eingerichtet habe, ist nach dem Gericht des allmächtigen Gottes den Kriegsvölkern übergeben. Kaum habe ich es erlangen können, daß mir das Leben der Bewohner dieses Ortes geschenkt würde.“

Papst Benedikt hatte die geflohenen Mönche freundlich aufgenommen und ihnen innerhalb der Stadtmauer am Lateran Unterkunft gewährt. Sie berichteten von Plünderung, Mord und Vergewaltigung, von unheilverkündenden Zeichen am Himmel: Spießen und feurigen Schlachtreihen, die sich in Richtung Rom bewegten. Wie Heuschrecken zogen die Horden der Langobarden über das Land, das seit den Gotenkriegen wieder fruchtbar an Menschen und Ernten geworden war. Sie hinterließen entvölkerte Städte, geschleifte Burgen, verwüstete Landgüter, verbrannte Kirchen, ausgeraubte Klöster. Wer noch fliehen konnte, rettete sich in Berghöhlen oder aufs Meer.

Die Zuhörer vernahmen es mit Entsetzen. Sollten die Einfälle fremder Völkerschaften denn nie ein Ende haben? Vandalen, Hunnen, Franken, Goten ... Die Goten waren wenigstens noch Christen gewesen, auch wenn sie der Irrlehre des Arius anhingen, nach der Jesus Christus nur ein Mensch gewesen sei, wegen seiner Verdienste von Gott adoptiert. Ihr in Konstantinopel aufgewachsener König Theoderich hatte Kirchen und Klöster nicht mutwillig zerstört und die römische Kultur geachtet. Zwar war er als Eroberer gekommen, doch regiert hatte er im Einverständnis mit den oströmischen Kaisern. Die Langobarden hingegen hielten sich an keine Regeln und Gesetze, sie beteten Bäume und Steine an oder glaubten an gar nichts. Sie vertrauten allein auf die Kraft ihrer Schwerter.

Immer neue Schreckensnachrichten erreichten die Stadt. Nun begannen auch die bisher Gleichgültigen sich zu sorgen. Nur noch eingefleischte Fatalisten blieben ihrem Grundsatz treu: Laßt uns essen und trinken, denn morgen sind wir ohnehin tot. Bußprediger zogen mit dem Wort Jesu durch Rom: „Wenn doch auch du an diesem Tag erkannt hättest, was dir Frieden bringt. Jetzt aber bleibt es vor deinen Augen verborgen. Es wird eine Zeit für dich kommen, in der deine Feinde rings um dich einen Wall aufwerfen, dich einschließen und von allen Seiten bedrängen. Sie werden dich und deine Kinder zerschmettern und keinen Stein auf dem anderen lassen, denn du hast die Zeit der Gnade nicht erkannt." Hatte nicht vierzig Jahre nach dieser Prophezeiung Kaiser Titus den Tempel zerstört und die Juden in alle Welt zerstreut? Stand Rom das gleiche Schicksal bevor wie Jerusalem? Das Ende der Zeiten brach an. Nur Gebete, Umkehr und Buße konnten die schuldig gewordenen Seelen noch retten.

Papst Benedikt, seine Diakone und Priester mühten sich, verängstigte Menschen zu beruhigen, die täglich zunehmende Zahl von Flüchtlingen zu versorgen und ihnen ein notdürftiges Obdach zu schaffen. Mit den Heimatlosen kamen Krankheiten und Hunger, schleichend zuerst und von den meisten Römern nicht ernstgenommen. Eine vorübergehende Erscheinung, Papst und Stadtverwaltung würden sich schon kümmern. Doch immer seltener legten Schiffe mit Korn, Wein und Öl im Tiberhafen an. Durch die Stadttore rollten kaum noch Bauernfuhrwerke mit Lebensmitteln in die Stadt. Die Landwege machten die Langobarden unsicher, auf den Seewegen lauerten die Piraten. Als auch die Harthörigsten den Ernst der Lage begriffen hatten, brachen Unruhen aus. Die Verwaltung, die Byzantiner und Papst Benedikt seien schuld an der Misere, sie sollten endlich ihre Pflicht tun und das Volk ausreichend mit Nahrung versorgen. Die Stärkeren holten sich von den Schwächeren, was sie brauchten. Recht und Gesetz galten kaum noch. Die weltlichen Beamten, ob Byzantiner oder Römer, erließen zwar eine Verordnung nach der anderen, um der verzweifelten Situation Herr zu werden, doch es richtete sich niemand danach.

Papst Benedikt beorderte Gregor zu sich. Der Diakon des siebenten Stadtbezirkes sei in die Ewigkeit abberufen worden, und deshalb wolle er, Benedikt, Gregor zum Diakon weihen, damit er die Aufgaben des Verstorbenen übernehmen könne. Er müsse ihm nicht erklären, was er wie zu tun habe: die Hungrigen speisen, die Kranken pflegen, die Sterbenden trösten, die Toten begraben.

Der Papst wirkte müde und gebrechlich. Bald werde er vor Gottes Angesicht stehen und Rechenschaft über das ablegen müssen, was Gott von ihm gewollt, er aber nicht vollbracht habe, weil ihm die Kräfte fehlten. Seit sechs Jahren sitze er auf dem Stuhl Petri. In dieser Zeit seien die Römer nicht ernsthafter in ihrem Glauben geworden, und die Gefahren von außen hätten zugenommen. Er frage sich manchmal, warum Gott ausgerechnet ihn dazu berufen habe, diesem Jammer vorzustehen: Chaos in Rom, Unverständnis in Byzanz, Seuchen, Hungersnöte, Barbaren vor der Stadt ... Was er auch tat, es war wie ein Schöpfen in ein Faß ohne Boden.

Die Klage schien von weither zu kommen und sich in eine ferne Zukunft zu verlieren. Immer ist das Wollen größer als das Können, die Sehnsucht größer als die Erfüllung und die Furcht am Ende des Lebens, Prüfungen nicht bestanden zu haben, bedrängend. Um wieviel mehr, wenn man in die Nachfolge des Petrus berufen worden war. Ständig von Gerüchten, Vorwürfen, übler Nachrede verfolgt und mit Erwartungen konfrontiert, die zu erfüllen menschliches Vermögen weit überstiegen.

Gregor konnte nachfühlen, was in Benedikt vorging. Bischof von Rom zu sein bedeutete, schon auf Erden das Fegefeuer zu erleiden. Mit abertausend Händen zerrte ihn die Welt zu sich herunter, während er diese Hände doch zum Himmel emporheben sollte. Wie gut, daß er, Gregor, das mönchische Leben gewählt hatte, das ihm erlaubte, in Schweigen und Gebet zu verharren, wo Weltgeistliche mit fruchtlosen Reden ihre Kräfte verausgaben mußten. Die Römer neigten zu theatralischen Auftritten, zu Selbstmitleid, zu Anklagen. Gregor hatte es während seines Dienstes in der Verwaltung allzuoft erfahren: „Zuerst spricht man gern von den Angelegenheiten anderer, dann macht man sich mit Ehrabschneidungen über das Leben derer her, die ins Gespräch gezogen werden, zuletzt bricht die Zunge in offenbare Schmähungen aus. So streut man den Samen der Gereiztheit aus, es entstehen Streitigkeiten, es entzündet sich die Fackel des Hasses, der Herzensfriede geht zugrunde. So welkt durch Menschengerede das Herz hin." Auch Gregor liebte es, mit Freunden und Fremden zu plaudern, doch er bemühte sich, Worte zu vermeiden, die keinen rechten Nutzen oder angemessene Gründe hatten, denn: „Die Redelustigen verlieren sich selbst. Die Menschenseele gleicht dem Wasser, welches nur, wenn es zusammengefaßt wird, in die Höhe steigt, weil es dorthin strebt, woher es gekommen ist, im freien Raum sich hingegen verliert, weil es sich nutzlos nach unten ergießt. Nur der versteht wahrhaft zu reden, der zuvor gut schweigen gelernt hat." Das Leben verging so schnell, und für jedes nichtsnutzige Wort würde man am Tage des Gerichtes Rechenschaft ablegen müssen.

Papst Benedikt kam nicht mehr dazu, Gregor zum Diakon zu weihen. Eine Krankheit warf ihn aufs Lager, schnell schwanden seine Kräfte. In seinen letzten Stunden ließ er Gregor noch einmal rufen. Er bat, er beschwor ihn, Rom nicht im Stich zu lassen, denn er hatte Gregors Widerstreben gegen die Weihe zum Diakon wohl bemerkt. Was man auch über diese Stadt sage, welches Schicksal sie erleide, sie sei für immer heiliger Boden. Petrus, Paulus, die Märtyrer ... Er erinnerte Gregor an die bekannte Legende von der Flucht des Apostels Petrus aus der Stadt, damit er dort nicht das Martyrium erleiden müsse. „Ob es nun so gewesen ist oder nicht", sagte Benedikt, „diese Geschichte mahnt uns, nicht davonzulaufen. Auch du, mein Sohn, wirst das Martyrium um des Herrn willen erleiden. Stiehl dich also nicht davon."

Gregor umfaßte die erkaltenden Hände des Sterbenden, der in zunehmender Unruhe wirr sprach, bis er sich aufbäumte und mit aller ihm noch verbliebenen Kraft um Hilfe rief.

„Wer soll dir helfen, Heiliger Vater?" fragte Gregor.

„Gott! Gott!"

„Und was soll er tun?"

„Mich aus diesem Gefängnis befreien", stöhnte Benedikt.

Gregor stimmte den Psalm 142 an: „Mit lauter Stimme schreie ich zum Herrn, laut flehe ich zum Herrn um Gnade … Führe mich heraus aus dem Kerker, damit ich deinen Namen preise. Die Gerechten scharen sich um mich, weil du mir Gutes tust."

Benedikt beruhigte sich unter den Gebeten Gregors und der Priester, die sein Lager umringten. Vor den Fenstern neigte sich ein heißer Julitag, geschwängert von den Ausdünstungen der Campagna, die Mensch und Tier das Fieber brachten. Man schrieb das Jahr 579.

In Konstantinopel

Während ich nämlich auf Befehl meines Papstes am Hofe zu Konstantinopel der Vertretung der Kirche oblag, kam der ehrwürdige Maximianus (der Abt meines Klosters) aus Antrieb der Liebe mit den Brüdern dorthin. Als er in mein Kloster nach Rom zurückkehrte, wurde er im Adriatischen Meere von einem heftigen Sturm überfallen und erfuhr auf außerordentliche Weise und durch ein ungewöhnliches Wunder an sich und allen seinen Begleitern sowohl den Zorn als auch die Gnade des allmächtigen Gottes. Denn da ihnen zum Tode die Wellen schäumten, waren am Schiffe die Steuerruder verloren, der Mastbaum gebrochen, der ganze Schiffskasten, von mächtigen Wogen erschüttert, aus allen Fugen gegangen … Aber der allmächtige Gott, der ihre Seelen wunderbar in Schrecken setzte, erhielt noch wunderbarer ihr Leben. Denn acht Tage lang hielt sich dieses bis zum Verdeck mit Wasser gefüllte Schiff, seinen Weg verfolgend, über den Wellen, und am neunten Tage lief es in den Hafen der Stadt Kroton. Alle verließen es unversehrt, die mit dem genannten ehrwürdigen Maximian schifften. Als nach ihnen er selbst auch ausgestiegen war, versank das Schiff in die Tiefe jenes Hafens, als ob ihm durch die Entfernung jener Männer nicht eine Last, sondern eine Erleichterung genommen worden wäre.

Gregor, „Dialoge"

Die Langobarden kreisten Rom ein. Noch war der Ring nicht so dicht, daß nicht Flüchtlinge hindurchschlüpfen und in der Stadt Sicherheit suchen konnten. Der Hunger nahm zu. Soldaten mußten die Speicher am Flußhafen vor Plünderungen schützen. Wieder begannen die Römer, innerhalb der Stadtmauern Felder zu bestellen.

Mochte sich Papst Benedikt auch ohnmächtig gefühlt haben, die Menschen hatten ihm und den Diensten der Diakone vertraut. Die römische Präfektur erwies sich als unfähig und bar jeglicher Autorität. Die hohen byzantinischen Beamten hatten vor der Gefahr wieder einmal das Weite gesucht, die Verbindung zum byzantinischen Statthalter Longinus in Ravenna war durch die Langobarden unterbrochen. Eile tat not, einen neuen Bischof einzusetzen. Der in der Stadt verbliebene Adel, die Geistlichkeit und das Volk einigten sich auf den Sohn des Goten Wunigild.

Die Quellen berichten nichts darüber, ob dessen Vorfahren schon 410 mit dem Westgotenkönig Alarich nach Rom gekommen waren oder erst hundert Jahre später mit dem Ostgotenkönig Theoderich. Auch wann sie der arianischen Version des Christentums, zu der sich die Goten bekannten, abgeschworen hatten und katholisch geworden waren, ist unbekannt. Der Sohn von Eroberern und Wahlrömern war schon früh seiner Berufung als Priester gefolgt. Er galt als fromm, mutig und entscheidungsfreudig. Und so vertrauten ihm die Römer die Rettung Roms und ihrer Seelen an und erhoben ihn im November 579 unter dem Namen Pelagius II. zum Bischof. Damit verstießen sie gegen die Anordnung, daß jeder Papst vor seiner Weihe erst vom Kaiser bestätigt werden mußte. Auf diese Bestätigung konnten die Römer nicht warten. Viele Monate wären vergangen, ehe die Boten den Weg nach Konstantinopel zurückgelegt und mit dem kaiserlichen Schreiben das belagerte Rom wieder heil erreicht hätten. Die Stadt brauchte, um überleben zu können, sofort eine starke Hand.

Unmittelbar nach der feierlichen Weihezeremonie in Sankt Peter bat Pelagius Gregor zu sich. Der Tod hatte seinen Vorgänger daran gehindert, den Mönch von Sankt Andreas selbst zum Diakon zu weihen. Nun gab sich Gregor der Hoffnung hin, der neue Papst fände einen würdigeren Mann als ihn für dieses Amt, und die Angelegenheit hätte sich erledigt.

Pelagius war ein ehrfurchtgebietender Priester, trotz seiner Jahre und seines hohen Wuchses noch nicht gebeugt. In ihm und Gregor begegneten sich die Vertreter eines jungen unverbrauchten Volkes aus dem Norden und eines alten römischen Adelsgeschlechts. Von robuster Gesundheit, selbstgewiß und in sich ruhend der eine; schmalgliedrig, feinnervig, befrachtet mit der Last einer tausendjährigen Zivilisation der andere. Aber beide von tiefer Achtung füreinander erfüllt. Gregor warf sich vor Pelagius nieder, um in ihm den Nachfolger des Apostels Petrus zu ehren. Der Papst hob den schmächtigen Mönch vom Boden auf und stellte ihn behutsam auf die Füße.

Die beiden Männer verschwendeten nicht viel Zeit mit gegenseitigen Komplimenten. Pelagius meinte nur, Gregor höre es zwar nicht gern, wenn man seine Zeit als Präfekt von Rom lobend erwähne, aber eben deswegen sei er der Mann dieser Stunde. Wie Papst Benedikt es gewollt, aber nicht mehr hatte vollbringen können, werde er, Pelagius, ihn zum Diakon und zum Dienst am Altar weihen. Doch wenn Rom auch dringend der Dienste des neuen Diakons bedürfe, noch dringendere Aufgaben warteten auf ihn in Konstantinopel. Als päpstlicher Gesandter, als Apokrisiar, solle er sich beim Kaiser für die Rettung Roms verwenden. Er müsse dafür sorgen, daß sich der Zorn des Kaisers über die ohne dessen Billigung vollzogene Papstweihe nicht verfestige. Vor allem müsse er ihn überzeugen, schnellstens Hilfe gegen die Langobarden zu schicken – Geld, Truppen, fähige Feldherrn. Wenn dies nicht gelänge, sei Rom verloren, und keiner wisse das so gut wie Gregor. Als ehemaliger Präfekt könne er die Situation der Stadt einschätzen und eindrücklich darstellen. Als Angehöriger der Familie der Anicier werde er in Konstantinopel auf Verwandte treffen, die ihn bei seiner Mission unterstützen und ihm leichten Zugang zum kaiserlichen Hof verschaffen würden. Außerdem sei es ihm wie keinem anderen gegeben, mit empfindlichen byzantinischen Potentaten umzugehen, die jetzt dieses und im nächsten Augenblick etwas anderes sagten und keines von beiden meinten. Wer mit dem Feldherrn Narses einen so guten Faden gesponnen habe, werde auch das Herz des Kaisers erreichen.

Die Gefährlichkeit der Mission stünde außer Frage. In dieser Jahreszeit, da Stürme und Nebel die Schiffahrt behinderten, überquere kein vernünftiger Mensch das Meer, es werde schwer sein, überhaupt ein Schiff zu finden. Fast aussichtslos sei es, unbehelligt von den Langobarden die Küste zu erreichen, und dennoch müsse es gewagt werden. Wir haben keine andere Wahl!

Pelagius sprach schnell und entschieden, er sah den Widerspruch Gregors voraus und wollte ihn schon im Ansatz erstikken. Am Ende seiner Rede meinte er lächelnd, die Lage Roms sei so aussichtslos, daß Gregor nur Erfolg haben könne. Wann sollten wir unser Gottvertrauen beweisen, wenn nicht jetzt?

Gregor hatte mit wachsender Unruhe zugehört. Wenn er, der Unwürdige, von der Kirche zum Dienst am Altar, den er nie angestrebt hatte, gerufen wurde, mußte er sich fügen. Doch was Pelagius von ihm darüber hinaus verlangte, widerstrebte ihm bis ins Herz. Mehr als ein Jahrzehnt hatte er sich im Dienste Roms nicht geschont, und auch als Mönch diente er den Bewohnern der Stadt. Im Kloster hatte er endlich jenen Frieden gefunden, den die Welt nicht geben kann. Und nun sollte er sich wieder weltlichen Geschäften zuwenden? Noch dazu in der allen Lastern verfallenen Kaiserstadt Konstantinopel. Weit entfernt und unberührt vom Elend Roms, würde man dort seine Worte hören, aber nicht verstehen, geschweige denn Hilfe schicken. Diese Mission konnte nur scheitern. Der Fürst dieser Welt war Satan. Ihm kam man nicht mit Finessen, Intrigen, Diplomatie bei, denn darin übertraf ihn keiner. Nur das Beispiel eines Lebens in der Nachfolge Christi, dessen Reich nicht von dieser Welt war, und inständiges Gebet konnten den Frieden befördern. Dazu brauchte er, Gregor, sein Kloster nicht verlassen. Wenn Gott das Gericht über Rom und den Erdkreis beschlossen hatte, wer war dann er, ihm in den Arm fallen zu wollen! Niemand durfte ihn der Flucht bezichtigen, wenn er den Auftrag des Papstes ablehnte.

Gregor lasse ihn an den Propheten Jonas denken, erwiderte Pelagius und zitierte: „Mach dich auf den Weg und geh nach Ninive, in die große Stadt, und droh ihr das Strafgericht an. Denn die Kunde von ihrer Schlechtigkeit ist zu mir heraufgedrungen", befahl der Herr. Was habe Jonas nicht alles angestellt, um diesen Auftrag nicht erfüllen zu müssen! Schließlich mußte er doch klein beigeben und ins lasterhafte Ninive ziehen und habe dort, wie befohlen, die Menschen zu Reue und Umkehr aufgefordert. Und das Unwahrscheinliche sei geschehen: Die Einwohner von Ninive ließen ab von ihrem lasterhaften Treiben, übten Buße und retteten so sich und die Stadt vor dem Untergang.

In einem Tonfall, der keinen Widerspruch duldete, schloß Pelagius: „Wir kennen nicht Tag und Stunde des Gerichts, und deshalb wirst du, unser geliebter Bruder Gregor, unverzüglich nach Konstantinopel reisen und den Auftrag deiner Kirche, durch die Gott zu dir spricht, erfüllen. Was es austrägt, liegt allein in seinem Ermessen."

Gregor würgte an diesen Worten wie an einer bitteren Speise. Ihm war übel, er fühlte sich krank. Widerwillig und nur, um vielleicht doch noch seinen klösterlichen Frieden zu retten, wies er auf seine schwache Gesundheit hin, deutete an, daß er kaum Nahrung bei sich behalten könne und häufig von Ohnmachten heimgesucht werde.

„Die Seeluft während der Reise wird dir guttun", beschied ihn Pelagius. Der Völkerapostel Paulus habe während seiner vielen Reisen auch keine Rücksicht auf seinen körperlichen Zustand nehmen können.

Gregor hätte erwidern können, die Mission des Paulus sei die Verkündigung des Evangeliums gewesen und nicht diplomatische Aufwartungen am kaiserlichen Hof, doch er ließ es. Schweren Herzens unterwarf er sich dem Willen des Papstes.

Jahre später schrieb er an seinen Freund Leander, den er in Konstantinopel kennenlernen sollte: „Wie beim Entstehen eines heftigen Sturms die Wogen des Meeres ein nur leicht befestigtes Schiff aus dem sichersten Hafen mit Gewalt losreißen, so fand ich mich plötzlich unter dem Vorwand des Kirchendienstes in ein ungestümes Meer der Weltgeschäfte versetzt, und erst nach dem Verlust der Klosterruhe, an die ich mich nicht fest genug hielt, erkannte ich, wie sehr ich mich daran jederzeit hätte halten sollen. Zwar pries man mir die Tugend des Gehorsams, um mich zum Altardienst zu bringen, ich lud mir aber unter diesem Vorwande dasjenige auf, was jedermann, wenn es ungestraft geschehen könnte, fliehen und bitter beweinen sollte."

Nach der Weihe zum Diakon bat Gregor um die Erlaubnis, einige Mönche aus seinem Kloster mit nach Konstantinopel nehmen zu dürfen, damit er auch dort ein Leben nach der klösterlichen Regel führen könne. Außerdem riet er dem Papst, der Senat möge ebenfalls eine Abordnung zum Kaiser schicken. Auf diese Weise vermeide man, weltliche und geistliche Dinge unzulässig miteinander zu vermischen.

Pelagius stimmte allen Wünschen zu. Wichtig war ihm nur, daß sein Apokrisiar sich so bald wie möglich auf den Weg machte. Doch eine Bitte müsse er noch äußern. Gregor möge seinem Freund Peter zureden, das Kloster zu verlassen und ebenfalls in kirchliche Dienste zu treten. Er brauche in dieser schweren Zeit einen tatkräftigen Mann wie ihn an seiner Seite.

„Es soll geschehen", erwiderte Gregor. Ausgerechnet Peter, der engste Freund! Seine beherrschte Miene verriet nicht, wie elend ihm zumute war. Der Papst ahnte es dennoch, denn er sagte: Wem viel gegeben wurde, von dem wird auch viel verlangt."

Jäh aus seinem zurückgezogenen Leben herausgerissen, stand Gregor nun vor der Aufgabe, innerhalb weniger Wochen eine unsichere Reise von ungewisser Dauer und mit fragwürdigem Ausgang vorzubereiten. Er mußte seine Brüder im Kloster, die Senatoren und seine Mutter Silvia von etwas überzeugen, was er selbst gar nicht wollte. Zu seinem Erstaunen traf er nirgends auf Widerspruch, nicht einmal auf Bedenken. Im Senat meldeten sich mehr Freiwillige für die Abordnung nach Konstantinopel als mitreisen konnten. Die ausgewählten Mönche des Klosters Sankt Andreas freuten sich, Gregor begleiten zu dürfen. Peter fühlte sich geehrt von dem Vertrauen, das Pelagius in ihn setzte, und für Silvia stand es außer Frage, daß ihr Sohn dem Wunsch des Papstes gehorchte. Er würde seine Mission gut erfüllen wie alles, was er bisher getan hatte. Noch immer hatte er vor jeder Aufgabe gezweifelt, ob er ihr auch gewachsen sei. Insgeheim pries sie Pelagius für seine Menschenkenntnis. Kein treffenderes Argument als das Beispiel des Propheten Jonas hätte er vorbringen können, denn ihr Sohn hatte etwas von diesem Jonas an sich: Eigensinn, langes Bedenken, Überzeugungskraft. Manchmal mußte man ihn auf den Weg stoßen, der ihm bestimmt war.

Mutter und Sohn schieden voneinander in dem Bewußtsein, sich in diesem Leben vielleicht niemals wiederzusehen. Silvia fiel der Abschied leichter als ihm. Sie fühlte, was dem Sohn nur der Verstand sagte: Sie würden sich über Länder und Meere und selbst über den Tod hinaus immer nahe bleiben.

Die Abordnung des Senats und Gregor mit seiner Begleitung reisten nacheinander und auf getrennten Wegen. Man wollte sichergehen, daß wenigstens eine Gruppe ihr Ziel erreichte. Lange vorbei waren die Zeiten, da die kaiserliche Kurierpost Gesandte der Regierung schnell und gefahrlos zu jedem beliebigen Hafen Italiens brachte, wo stets ein Schnellsegler bereitlag. Vor dreihundert Jahren hatte man auf ausgebauten Straßen und sicheren Schiffswegen vom Euphrat bis nach England, vom Rhein oder von der Donau bis zum Nil reisen können. Nun dienten die verwahrlosten Straßen als bequeme Einfallswege für die Barbaren, und Piraten machten vor allem das Tyrrhenische Meer unsicher. Die Langobarden hatten die Landverbindungen nach Ravenna und Rimini im Osten unterbrochen, sie belagerten die Häfen Porto und Pozzuoli im Westen. Pelagius war am 26. November 579 zum Bischof geweiht worden. Von November bis in den April hinein galt mare clausum, denn schwere Stürme machten die Schifffahrt unmöglich. Es ist anzunehmen, daß Gregor und seine Begleiter sich über die Berge an die Ostküste durchschlugen, von dort per Schiff über die Adria nach Dhyrrachium, dem heutigen Durres in Albanien, übersetzten und auf der Via Egnatia nach Konstantinopel reisten. Die Fahrt mit einem Handelsschiff von Brindisi durch Mittelmeer, Ägäis, Dardanellen und Marmarameer wäre noch zeitaufwendiger und gefährlicher gewesen.

Welchen Weg Gregor auch genommen haben mag, er kann Konstantinopel nicht vor dem späten Frühjahr 580 erreicht haben. Trotz seiner schwachen Gesundheit überstand er die Strapazen der Reise unerwartet gut. Da die Senatoren noch nicht eingetroffen waren und er ihnen beim Kaiser den Vortritt lassen wollte, nutzte er die Zeit, sich im Neuen Rom umzusehen.

Was er sah, schien ihm vertraut und doch unendlich fremd. Wie Rom war Konstantinopel auf Hügeln erbaut, von denen aus es die einander gegenüberliegenden Gestade von Europa und Asien beherrschte. Der Kaiserpalast stand von seinen Ausmaßen her den Gebäuden auf dem Palatin in nichts nach. Die Hagia Sophia übertraf an Schönheit und Größe die konstantinische Basilika der Peterskirche in Rom und war von einem Kranz edler Kirchen umgeben. Die Stadt schmückte sich mit Portiken, unzähligen Statuen, Säulen und Obelisken, aus Griechenland und Asien zusammengeraubt. Aquädukte brachten aus den Bergen frisches Wasser und ergossen es in prächtige unterirdische Zisternen, so daß Paläste und

Thermen keinen Mangel an dem kostbaren Naß litten. Die Kornmagazine waren mit dem aus Nordafrika und Ägypten herbeigeschafften Getreide reichlich gefüllt.

Die Bewohner amüsierten sich bei Wagenrennen im Hippodrom, im Zirkus, in den Theatern, Gärten, öffentlichen Thermen. Sie drängten sich in den engen Gassen und auf den Foren: hochgewachsene Goten und gedrungene Awaren, robuste Slawen, zierliche Griechen, dunkelhäutige Afrikaner, Franken, Langobarden, Hunnen, Perser – die ganze Welt schien es nach Konstantinopel zu ziehen, um an seinem Reichtum teilzuhaben.

Beim Gang durch eine der Gassen fiel einige Meter von Gregor entfernt plötzlich ein Haus in sich zusammen. Wie einst in Rom machte der Wohlstand die Menschen nicht solider, sondern gierig. Man baute schnell und nachlässig, suchte einander in der Zurschaustellung von Pracht und Größe zu übertrumpfen. Konstantinopel war wirklich ein zweites Rom und offensichtlich verurteilt, das Schicksal seines Vorbilds zu wiederholen. Die Herrscher und ihre Untertanen nannten sich nun zwar Christen, aber sie lebten so, als hätte sich seit den Tagen des Kaisers Augustus nichts geändert.

Doch nicht diese Erkenntnis versetzte Gregor in eine schwermütige Stimmung. Er wußte ja, wie schwach die Menschen und wie stark die Versuchungen des Teufels waren. Wer sie vom Abgrund zurückreißen wollte, lief Gefahr, verlacht, verfolgt oder sogar getötet zu werden. Nicht ohne Grund hatte Jesus seinen Jüngern geraten, ohne Falsch wie die Tauben und klug wie die Schlangen zu sein. Mehr als die allgemeine Leichtfertigkeit bedrückten Gregor die Gespräche mit seinen Verwandten und mit den Priestern vom Patriarchat. Sie bestätigten ihn in seiner Meinung, daß Kaiser Tiberios ebenso wie sein Vorgänger Justin nicht das geringste Interesse daran haben konnte, sich der sterbenden Stadt am Tiber anzunehmen. Für die Herrscher lag das Zentrum des römischen

Imperiums am Bosporus, und dort würde es bleiben, mochten Perser und Awaren noch so viele Kriege und Aufstände gegen Konstantinopel anzetteln. Die einstige Hauptstadt am Tiber bedeutete den Kaisern nicht viel mehr als eine zum Raub freigegebene Schatzkammer in der fernen Provinz, auf die sie zwar Anspruch erhoben, aber sich ebenso wie die Barbaren aus ihr bedienten, so lange noch etwas zu holen war. Von Konstantinopel war keine Hilfe wie noch zu Zeiten Kaiser Justinians und seiner Feldherren Belisar und Narses zu erwarten. Er, Gregor, stand hier auf verlorenem Posten. Auch wenn er mit Engelszungen redete und den Hof für sich und seine Sache einnehmen könnte, Kaiser Tiberios mußte das Hemd näher sein als die Tunika.

Ein heftiges Heimweh erfaßte Gregor nach den verödeten Hügeln, den Gräbern der Märtyrer, den darbenden Römern, nach all dem Verfall und der Armut. Dort gehörte er hin. Lieber wollte er mit Rom sterben als im Schatten des Kaiserpalastes von Konstantinopel leben.

Der weitere Verlauf der Ereignisse bestätigte seine düsteren Vorahnungen. Es dauerte Wochen, bis Kaiser Tiberios geruhte, den Apokrisiar des Papstes zu empfangen. Die Senatoren, nach einer gefahrvollen Überfahrt endlich in Konstantinopel eingetroffen, waren erst gar nicht bis zum Zentrum der Macht vorgedrungen. Sie mußten ihr Schreiben an den Kaiser einem Hofbeamten übergeben. Die Abgesandten des römischen Senats, der einst ein Weltreich regiert hatte, wurden wie lästige Bittsteller abgespeist. Schweigend hörte sich Gregor ihre Klagen an. Wider besseres Wissen nahm er den Kaiser in Schutz und tröstete sie mit dem Versprechen, noch sei nicht aller Tage Abend, und er werde sein Bestes für Rom tun.

Endlich kam der Tag, da er über kunstvolle Mosaike durch Vorhöfe, Vorhallen und Zimmerfluchten schritt, immer wieder von anderen Domestiken mit umständlichen Titeln in

Empfang genommen und geleitet, mit immer neuen Hinweisen versehen, wie er sich dem Kaiser zu nähern habe, wann er auf die Knie zu fallen, wann und wie lange er sich auf den Boden zu werfen, in welchem Ton er zu sprechen, wohin er zu blicken habe. Seine Verwandten hatten ihm schon einiges über das Zeremoniell am kaiserlichen Hof erzählt und ihn auf die wichtigsten Personen, „die Erleuchteten", vorbereitet: den Präfekten des geheiligten Schlafgemaches, den Oberdirektor der Kanzlei, den geheimen Redenschreiber, den Grafen der geheiligten Geschenke, den Schatzmeister der Privatdomänen, die beiden Grafen der Palasttruppen. Es würde Jahre brauchen, prophezeiten sie, all die hochtrabenden Titel, die Verbindungen und Animositäten bei Hofe, den Ablauf der Zeremonien zu erlernen.

Die Vorstellung, Jahre in einem Land verbringen zu müssen, das die Einfachheit der römischen Sitten durch asiatischen Pomp verdarb, erschreckte Gregor. Er wollte alles tun, um dieser Stadt so schnell wie möglich den Rücken kehren zu können. Aber er steckte in einem Dilemma: Wenn Tiberios sich Roms Wünschen gegenüber unzugänglich zeigte, würde Gregor in Konstantinopel bleiben müssen, bis er den Kaiser für sich eingenommen hatte. Errang er beim Kaiser schnellen Erfolg, würde ihn Papst Pelagius erst recht an dieser Stelle belassen, um weitere Vergünstigungen für Rom zu erwirken. Wie er es auch drehte und wendete, er mußte hier voraussichtlich länger ausharren als ihm recht war.

Auf dem endlos scheinenden Weg durch die Prunkgemächer des Großen Palastes hatte Gregor Zeit, dem Feldherrn Narses und so manchem byzantinischen Beamten in Rom, mit dem er in seiner Zeit als Präfekt zu tun gehabt hatte, im stillen Abbitte zu leisten. Wie sehr mußte ihre Eitelkeit und ihre Liebe zum pompösen Zeremoniell im verarmten Rom, das selbst im Glanz des Kaiserreiches weitgehend seine ungezwungenen republikanischen Sitten beibehalten hatte, gelitten haben. Auch wenn der Stolz der Römer sich nur noch auf die Macht vergangener Zeiten berufen konnte, hatte Gregor damals für das anmaßende Auftreten der Byzantiner nur Befremden und Verachtung empfunden. Er hätte Mitleid mit ihnen haben sollen. Wer am Hof von Konstantinopel aufgewachsen war, lernte von Kindheit an sich zu demütigen und seinerseits Tiefergestellte zu demütigen. Woher sollte so ein Beamter wissen, daß ein wahrhaft freier Mann niemals Gefallen daran finden konnte, andere zu erniedrigen!

Gregor beschloß, sich nicht länger mit moralischen Erwägungen aufzuhalten, und konzentrierte sich auf seine Mission und den Kaiser. Wenn überhaupt, würde er nur etwas erreichen, wenn er dem Herrscher und seinem Hof vorurteilslos begegnete. Tiberios, ein enger Freund des kürzlich verstorbenen Kaisers Justin II., hatte jahrelang die Regentschaft für den an einer Geisteskrankheit Leidenden geführt. Es hieß, Kaiserin Sophia, jene, die den Feldherrn Narses einst so tief gekränkt hatte, habe Tiberios unmittelbar nach Justins Tod ihre Hand angetragen. Tiberios sei es nicht nur gelungen, sich dieser Werbung zu entziehen, sondern die ehrgeizige Kaiserwitwe auch vom Hofe zu entfernen. Als Feldherr hatte er einige Meriten im Kampf gegen die Perser erworben. Sein Sieg über die Langobarden 565 in Pannonien hatte diese möglicherweise veranlaßt, über das wehrlose Italien herzufallen. Tiberios galt als großzügig bis verschwenderisch und war beim Volke recht beliebt, weil er die Steuerlasten nicht weiter erhöhte.

Als Gregor die vorgeschriebenen umständlichen Ehrenbezeugungen ausgeführt und den ihm zugewiesenen Platz eingenommen hatte, musterten sich Kaiser und Apokrisiar, der eine unverhohlen, der andere verstohlen, um nicht respektlos zu erscheinen. Gregor Ende Dreißig, hager, fast unscheinbar in seinem Mönchshabit; Tiberios, der die Sechzig überschritten haben mochte, wirkte in seinem mit Purpur und

Gold verzierten Gewand gebieterisch und jünger als seine Jahre. Den Brief des Papstes nahm der Kaiser nicht selbst entgegen, ein Höfling barg ihn unter seinem weiten Mantel. Zum Sprechen aufgefordert, erläuterte Gregor den Inhalt des Schreibens, in dem Papst Pelagius bat, seine Wahl durch den Senat und das Volk von Rom anzuerkennen, und die Gründe nannte, warum die Einsetzung ohne vorherige Zustimmung des Kaisers erfolgt war.

Den Zustand Roms vor Augen, fand Gregor bewegende Worte. Er bemerkte, wie sich das Gesicht des Kaisers langsam entspannte und mit ihm auch die Mienen der Höflinge. Seine erste Aufgabe, die Bestätigung des römischen Papstes durch den Kaiser, war also erfüllt. Gregor hütete sich, die scheinbare Gunst der Stunde zu nutzen und um rasche Hilfe im Kampf gegen die Langobarden zu bitten. Erst mußte er das Vertrauen, wenn möglich sogar die Zuneigung des Herrschers gewinnen. So hörte er denn auch voller Freude, wie Tiberios ihn beim Abschied seiner Huld versicherte. Jederzeit sei ihm der fromme Mann vom Tiber, dessen Verdienste um die Stadt Rom ihm schon von mehreren Seiten geschildert worden wären, herzlich willkommen.

Bald mußte Gregor erkennen, daß diese Worte nur eine Floskel gewesen waren. Woche um Woche bat er um eine erneute Audienz, doch die Türen des Großen Palastes blieben ihm verschlossen.

Die Zeit, die er nicht mit seinen Mönchsbrüdern bei Gebeten und geistlichen Übungen verbrachte, nutzte er, um Beziehungen zur einheimischen Geistlichkeit und zu römischen Emigranten aufzunehmen und zu vertiefen. Eine enge Freundschaft verband ihn bald mit der Witwe Rusticiana, einer Verwandten aus dem Hause der Anicier, und ihrer Tochter Eusebia. Was sie ihm von der Geschichte der Anicier in Konstantinopel erzählten, erklärte ihm, warum Kaiser Tiberios wenig Lust verspürte, ihn zu empfangen.

Anicia Juliana, eine Tochter des weströmischen Kaisers Olybrius und mit einem Konsul in Konstantinopel vermählt, hatte sich berechtigte Hoffnung auf die oströmische Kaiserwürde für ihre Familie gemacht, da ihr Sohn die Tochter von Kaiser Anastasios I. geheiratet hatte. Doch nach dem Tod von Anastasios im Jahre 518 erhoben die Soldaten der Palastwache den achtundsechzigjährigen Hauptmann Justin, einen Mann bäuerlicher Abstammung, zum Kaiser. Der wiederum hielt den Platz für seinen begabten Neffen Justinian frei, der 527 den Thron bestieg. Verheiratet mit der Tochter eines Bärenführers, der Schauspielerin Theodora, erhob Justinian die schöne wie begabte Frau zur Kaiserin und Mitregentin. Die Empörung in den ersten Kreisen Konstantinopels war allgemein, aber niemand äußerte sie so unverhohlen wie Anicia Juliana. Ehrgeizig, hochgebildet und kunstsinnig, verwand sie nur schwer ihre gescheiterten Hoffnungen auf den Kaiserthron und den Aufstieg dieser Plebejer zu höchsten Ehren. In einer hochmütigen Geste ließ sie eine verschwenderisch ausgestattete Kirche bauen, um den Emporkömmlingen zu zeigen, über welche Potenzen und welchen Geschmack die alteingesessene Aristokratie verfügte. Justinian und Theodora hielten mit einer anderen Kirche dagegen und gingen schließlich mit dem Bau der Hagia Sophia als Sieger aus diesem Wettstreit hervor.

Anicia Juliana, Justinian und Theodora lebten längst nicht mehr, die Feindschaft zwischen den Familien war ermüdet, aber nicht vergessen. Einem Anicier begegnete man am Kaiserhof zwar achtungsvoll, doch man blieb reserviert. Papst Pelagius hatte sich geirrt, wenn er gerade in Gregors Zugehörigkeit zur Familie der Anicier einen Schlüssel zu den Türen des Kaiserpalastes vermutet hatte.

Durch Rusticiana lernte Gregor die Tochter des Kaisers, Constantia, kennen, die ihn wiederum mit ihrer Freundin, der jungen Witwe Theoktista, einer Schwester des berühmten Feldherrn Maurikios, bekanntmachte. Noch wies nichts darauf hin, daß er in ihnen die Gattin und die Schwester des nächsten Kaisers vor sich hatte. Die Frauen fanden sich fast täglich in der Residenz des päpstlichen Apokrisiars unterhalb des Kaiserpalastes ein, um gemeinsam zu beten und sich über geistliche Fragen auszutauschen. Sie faszinierte an Gregor, was auch schon seine Jugendfreunde zu ihm hingezogen hatte: die Weite des Blicks, die Glut der Rede, die Vornehmheit der Sitten. Er erspürte, was sie bewegte, ohne daß sie viele Worte machen mußten. Seine Aufrichtigkeit, die anderen freundlich begegnete, aber auf sich selbst keine Rücksicht nahm, beeindruckte sie. Dieser Mann Gottes würde sie niemals als Mittel für einen politischen Zweck benutzen. Eine Seltenheit in der intrigengesättigten Umgebung des Hofes. Nach und nach stießen auch Männer zu der Runde, wie die Patrizier Narses und Philippus, der Arzt Theodorus, der Kämmerer Johannes, Priester und Gelehrte.

Die Kaisertochter Constantia und die bei Hofe hochangesehene Theoktista bewogen Tiberios schließlich, den päpstlichen Gesandten wieder eine Audienz zu gewähren. Da war fast ein Jahr seit Gregors Ankunft in Konstantinopel vergangen. Als Mann Gottes müsse er ja Geduld gelernt haben, scherzte Tiberios. Gregor war nicht nach Scherzen zumute. Die Nachrichten aus Italien klangen dramatisch. Unaufhaltsam nahmen die Langobarden das Land in Besitz. Wer sich ihnen widersetzte, wurde erschlagen, die anderen mußten auf ihr Land einen hohen Zins an die Eroberer entrichten. Die Kirchen wurden geplündert, die Priester ermordet, die Städte verheert, das Volk ausgerottet. Hatte Kaiser Justinian vor dreißig Jahren die Goten aus Italien vertrieben, damit das Land nun den barbarischen Langobarden in die Hände fiel? Das Volk von Rom flehe seinen Kaiser um Hilfe an.

Tiberios beschwichtigte. Mehr als tausend Jahre bestehe die Stadt Rom nun schon, habe so vielen Unbilden widerstanden, da würden ein paar Langobarden das Flavische Amphitheater nicht zum Einsturz bringen. Der Apokrisiar sei noch jung und ungeduldig. Er, der Kaiser, kenne die Langbärte aus eigener Erfahrung. In ihrer Wildheit würden sie sich schließlich gegenseitig umbringen. Hatten sie nicht ihren König Alboin, dann dessen Nachfolger Kleph ermordet, und bekriegten sich ihre vielen Herzöge nicht unausgesetzt? Erst müsse man mit den Persern im Osten des Reichs fertigwerden, dann könne man daran denken, ein Heer in den Westen zu schicken.

Mit einer Handbewegung deutete der Kaiser an, daß er über dieses Thema nicht weiter zu sprechen wünschte. Man habe ihm erzählt, der Apokrisiar sei ein Meister im Auslegen biblischer Texte, fuhr er fort. Er habe da eine Frage …

Gregor ließ sich seine Enttäuschung nicht anmerken. Wichtig war nur, das Gespräch nicht abreißen zu lassen. Tiberios gefiel die Geschicklichkeit, mit der sein Gast Aussagen der Propheten und des Völkerapostels Paulus miteinander zu verbinden wußte, und er lud ihn von nun an öfter zu religiösen Gesprächen ein. Er konnte den klaren Darlegungen dieses Mönchs aus Rom einfach besser folgen als den spitzfindigen Erklärungen seines Patriarchen Eutychius.

Der greise Eutychius hegte eine Vorliebe für den Apokrisiar aus Rom, der den Jahren nach sein Sohn hätte sein können. Was er Gregor nicht selbst aus seinem bewegten Leben erzählte, erfuhr der Gesandte des Papstes von anderen Geistlichen. Als junger Mann hatte Eutychius die Einweihung der Hagia Sophia, des achten Weltwunders, erlebt. Er war Zeuge des Einsturzes der Kuppel zwanzig Jahre später gewesen und hatte die Neuweihe der prächtigsten aller Kirchen als Patriarch vorgenommen. Kaiser Justinian, der den vierzigjährigen Eutychius in das höchste geistliche Amt Ostroms berufen hatte, entzog ihm zwölf Jahre später seine Gnade und schickte ihn in die Verbannung. Nur mit Not war der Priester der Verdächtigung entgangen, ein Häretiker zu sein. Der Nachfolger

Justinians holte den inzwischen Fünfundsechzigjährigen aus der Verbannung zurück und setzte ihn wieder auf den Patriarchenstuhl. Ein an Höhen und Tiefen reiches Leben, wie es im Umkreis des kaiserlichen Hofes nicht selten war. So manches Mal fühlte sich Gregor an einen fernen Vorgänger des Eutychius auf dem Patriarchenstuhl erinnert: an Johannes, den man wegen seiner glänzenden Rednergabe Chrysostomus, Goldmund, genannt hatte. Auch er vom Volk geliebt, von den Großen hofiert und schließlich gehaßt, von Geistlichen angefeindet, als Häretiker gebrandmarkt und in die Verbannung getrieben, wo er gestorben war. Eutychius verfügte zwar nicht über das politische Temperament eines Johannes Chrysostomus, aber an Hartnäckigkeit in theologischen Streitfragen übertraf er ihn, wie Gregor bald erfuhr.

In einem ihrer Dispute verstrickten sie sich in einen Streit über die Beschaffenheit des auferstandenen Leibes. Eutychius beharrte mit vielen Argumenten darauf, der auferstandene Leib verliere seine Wesenheit und bestünde nur aus Äther; Gregor entgegnete ihm mit ebensovielen Argumenten, der auferstandene Leib werde seine Natur zurückgewinnen, aber nicht mehr wie auf Erden verweslich sein.

Kaiser Tiberios, dem die Auseinandersetzung nicht verborgen geblieben war, ließ die beiden Kontrahenten zu sich rufen. Als oberstem Herrscher kam es ihm zu, religiöse Streitfragen zu entscheiden, vor allem, wenn sie die Einheit des Reiches bedrohten. Ein Streit zwischen dem Patriarchen von Konstantinopel und dem Gesandten des römischen Bischofs konnte leicht schwerwiegende Folgen nach sich ziehen. Tiberios hörte die Argumente an und gab nach einer Bedenkzeit schließlich Gregor recht. Der erbitterte Streit hatte Gregor und Eutychius so erschöpft, daß beide nach der Audienz beim Kaiser schwer erkrankten. Noch ehe Kaiser Tiberios das Verdammungsurteil über die Schriften des Eutychius zur Auferstehung sprechen konnte, starb der Patriarch. Von seinem Totenbett aus ließ er Gregor wissen, daß er ihm zustimme, und zu den Umstehenden sprach er, indem er seine Haut zwischen zwei Fingern anhob: „Ich bekenne, daß wir in diesem Fleisch auferstehen werden."

Uns Heutigen sind die damaligen Auseinandersetzungen sehr fern und selbst für theologisch Interessierte oft schwer nachvollziehbar. Wir wundern uns höchstens, daß Kaiser, die ihre Meriten im Feldlager unter Soldaten erworben hatten, das letzte Wort in theologischen Angelegenheiten sprachen.

Mit zwei Händen regiere Christus die Welt, hatte Kaiser Konstantin verkündet, und für sich und seine Nachfolger in Anspruch genommen, in theologischen Streitigkeiten als Schiedsrichter aufzutreten. Nachdem das Christentum Staatsreligion und so zum einigenden Band des römischen Imperiums geworden war, schwand mit dem äußeren Druck auch der innere Zusammenhalt unter den ehemals Verfolgten. Theologische Streitfragen wurden nun öffentlich und häufig furios ausgetragen. Damit diese Auseinandersetzungen nicht den Zusammenhalt des Reiches gefährdeten, riefen die Kaiser die streitfreudigen Bischöfe und Theologen zu Konzilien zusammen. Erkenntnis bedarf des Meinungsstreites, aber auf dem höchsten Grad der Erbitterung der Kontrahenten auch der Befriedung durch eine Autorität, deren Schiedsspruch sich alle beugen. Diese Autorität konnte damals nur der durch Gottes unerforschlichen Willen regierende Kaiser sein. Der ewig vagabundierende Geist verliert sich schnell in gewagte Spekulationen und Abenteuer, wenn er nicht immer wieder rückgebunden wird an die menschliche Natur und ihre Erfordernisse. Erst im Spannungsfeld zwischen dem Ringen der besten Geister um die Auslegung der Lehre des Nazareners und den Eingriffen der weltlichen Ordnungsmacht konnte die noch junge christliche Kirche Gestalt gewinnen. Aber daran dachten die Kaiser mit ihren Erlassen und Gesetzen wohl weniger, ihnen ging es vor allem um den Erhalt ihrer Herrschaft durch eine alle Landesteile verbindende geistige Kraft.

Zu Gregors Zeiten waren die wesentlichen Kämpfe um die Formung christlicher Glaubenssätze ausgetragen. Auf den von den Kaisern einberufenen Zusammenkünften der Bischöfe, den Konzilien von Nicäa, Konstantinopel, Ephesus und Chalcedon, hatte man sich auf verbindliche Glaubensformeln geeinigt. Das schloß nicht aus, daß abweichende Lehren noch immer existierten oder neu auftauchten und ihre Anhänger fanden. Doch die von den maßgeblichen Bischöfen und den Kaisern bekräftigten Texte bildeten von nun an neben der Heiligen Schrift eine gültige Richtschnur für alle Gläubigen.

Nicht nur Irrlehren bedrohten die Einheit der Kirche. Damals wie zu allen Zeiten versuchten sich Karrieristen bei den Mächtigen anzubiedern, indem sie andere des Abfalls vom rechten Glauben bezichtigten. Wichtigtuer witterten hinter jeder Äußerung Häresie und brachten sie zur Anzeige. Konstantinopel als Hauptstadt des Reiches war davon mehr betroffen als Rom, wo keine lukrativen Ämter lockten. Befremdet und zugleich interessiert beobachtete Gregor das seltsame Treiben. Die meisten Priester und Mönche dienten ohne Aufsehen und selbstlos Gott und dem Nächsten. Unruhe in die Gemeinschaft trugen vor allem Fanatiker und Heuchler. Die Fanatiker witterten überall Verrat am rechten Glauben, sie hetzten und eiferten. Die Heuchler trugen die Tugenden vor sich her wie auf einem goldenen Tablett, aber insgeheim frönten sie jedem Laster. Fanatiker wie Heuchler empfahlen sich lauthals als die wahren Christen und stürzten damit viele in Verwirrung oder gar in Ungelegenheiten. Oft rief man den päpstlichen Apokrisiar Gregor als Schlichter in Glaubensfragen an, die keine waren, sondern eher von Rechthaberei und Intoleranz der Kläger zeugten. In Konstantinopel schien sich beinahe jeder, der einiges Ansehen genoß, als alleiniger Verteidiger des einzig richtigen Glaubens zu fühlen.

Im Frühjahr 582 starb Patriarch Eutychius. Nur ein halbes Jahr später folgte ihm Kaiser Tiberios ins Grab. Kurz zuvor hatte er den erfolgreichen Feldherrn Maurikios adoptiert, ihn zum Mitregenten und Nachfolger ernannt und seine Tochter Constantia mit ihm vermählt. Gregor schöpfte neue Hoffnung für Rom. Bei Tiberios waren seine Bitten um Hilfe für die bedrängte Stadt auf taube Ohren gestoßen. Maurikios aber eilte der Ruf voraus, militärisch und politisch begabt zu sein. Er hielt, wie es hieß, an den römischen Herrschaftsrechten im Bereich des alten Imperiums und an der alle Gebiete einenden lateinischen Sprache fest. Und er war kein Verschwender wie sein leichtlebiger Vorgänger, sondern ein ernster nachdenklicher Mann, mit dem sich reden lassen mußte, um so mehr, als Gregor mit seiner Frau Constantia und seiner Schwester Theoktista ein vertrauensvolles Verhältnis verband.

Doch das Jahr 582 verging mit Trauerfeierlichkeiten für Eutychius, den Zeremonien zur Einsetzung des neuen Patriarchen von Konstantinopel, dem von Gregor hochgeschätzten Johannes, der Hochzeit von Maurikios und Constantia, der Beisetzung von Kaiser Tiberios, der Krönung von Kaiser Maurikios. Die Stadt und der kaiserliche Hof waren mit sich selbst beschäftigt. Auf Klagelieder folgten Jubelrufe, auf Jubelrufe wieder Klagelieder. Endlos zogen sich Trauerrituale und Volksbelustigungen hin, während Gregor seiner wachsenden Ungeduld kaum noch Herr wurde. Das dritte Jahr verbrachte er nun schon in Konstantinopel, ohne einen Schritt vorangekommen zu sein. Der Lärm vom Hippodrom gellte ihm wie das Kriegsgeschrei angreifender Langobarden im Ohr, durch die Gesänge der feierlichen Messen hörte er das Wehklagen der Römer, und wenn ihm von den Intrigen bei Hofe und vom Streben der Priester nach weltlichen Ehren berichtet wurde, wünschte er sich weit weg in die Stille seiner Zelle am Clivus Scauri. Den Freund Maximian und einige der Mönche hatte er inzwischen dorthin zurückgeschickt, obwohl er ihrer Gegenwart so sehr bedurfte. Aber sie wurden in Rom dringender gebraucht als hier. Sehnsüchtig wartete er auf Nachrichten aus der Heimat. Selten enthielten die Briefe Erfreuliches wie die wunderbare Rettung des Abtes Maximian und seiner Mitreisenden aus einem Schiffbruch. Die Menschen in Rom hungerten, starben an Seuchen, wurden von den Langobarden als Sklaven fortgeführt. Papst Pelagius versuchte, die schlimmste Not zu lindern, und bestürmte den Himmel mit seinen Gebeten. Gregor setzte seine ganze Hoffnung auf Kaiser Maurikios und schrieb in diesem Sinne an den Papst, um ihn zu ermutigen. Doch so recht überzeugt war er nicht. Wahrscheinlich würde Maurikios zuerst die militärische Lage an den Ost- und Nordgrenzen des Reiches stabilisieren wollen und dafür so viel Zeit und Geld brauchen, daß Rom inzwischen dem Ansturm der Langobarden erlag. Gott schien nicht nur die Demütigung des einstigen Hauptes der Welt beschlossen zu haben, sondern seine Vernichtung. Ihm, Gregor, blieb nichts anderes, als sich dem unerforschlichen göttlichen Ratschluß in Demut zu beugen, das Menschenmögliche zu tun und zu warten, bis ihn Pelagius nach Rom zurückrief.

Es ist anzunehmen, daß Gregor von Konstantinopel aus die Stätten bereiste, von denen aus das Christentum seinen Weg in die Welt genommen hatte: Jerusalem, Antiochia, Ephesus, Alexandria; daß er den Spuren des Völkerapostels Paulus folgte und denen der großen Theologen des Ostens: Basilius, Origenes, Gregor von Nazianz und Johannes Chrysostomos, dessen feierliche Liturgie er liebte. Hier, im Osten des Römischen Reiches, hatte sich die Lehre der Apostel mit der griechischen Philosophie vermählt, nannten sich die Anhänger Jesu zum erstenmal Christen, formulierten Bischöfe und Theologen aus der ganzen antiken Welt auf den Konzilien von Nicäa, Ephesus und Chalcedon die Glaubenssätze der einen katholischen Kirche. Kleinasien und Nordafrika waren für Gregor wie für jeden Christen heiliger Boden, der eine Vielzahl von Denkern, Künstlern, Asketen, Märtyrern genährt hatte. Mochte die spirituelle Kraft der Kirche auch nachgelassen haben, mochten Irrlehrer, Karrieristen und Besserwisser die christliche Botschaft auch verdunkeln, so reinigte sie sich doch immer wieder durch die Besinnung auf ihre Quellen. Und diese Quellen lagen dort, wo Jesus gelebt, seine Apostel und deren Nachfolger den menschgewordenen Gott verkündet und sich zu ihm trotz blutiger Verfolgung bekannt hatten. Kaum vorstellbar, daß Gregor die Jahre in Konstantinopel nicht genutzt hätte, die Stätten der frühen Christenheit aufzusuchen. Aus seinen Briefen, die er als Papst schrieb, wissen wir, daß er die Patriarchen des Ostens, viele Priester und Mönche aus Kleinasien und Ägypten persönlich kannte. Mit den Mönchen auf dem Berg Sinai unterhielt er eine lebhafte Korrespondenz, und von Rom aus tadelte er später seine Verwandte Rusticiana, daß sie sich während einer Pilgerreise nur kurz an diesem so bedeutsamen Ort aufgehalten habe.

Als Apokrisiar mußte Gregor, wie noch heute jeder Diplomat, Verbindungen knüpfen und pflegen, die seinem Auftrag dienlich sein konnten. Sein mönchischer Lebensstil erlaubte ihm, Feste bei Hofe zu meiden, ohne die Ungnade höchster Stellen zu riskieren. Aber er liebte den geistigen Austausch und die Musik. In seinem Haus verkehrten fromme Frauen und Beamte vom Kaiserhof, Künstler, Ärzte, Baumeister, und sie geizten nicht mit Spenden für die Armen, die sich ebenfalls einfanden. Mit dem Patriarchen Johannes, den man wegen seiner asketischen Lebensweise den Faster nannte, verband ihn eine freundschaftliche Beziehung. Häufig traf sich Gregor mit dem Legaten der Kirche von Mailand, dem Diakon Constantius. Sie besprachen die neuesten Nachrichten aus Italien, tauschten ihre Gedanken über die Lage der Kirche in der Heimat aus und linderten so ihr Heimweh.

Gregor schätzte an dem Mailänder den klaren Blick und das pragmatische Herangehen an komplizierte theologische Fragen. Constantius, dessen war sich Gregor sicher, würde dem Bischofsstuhl des heiligen Ambrosius einmal alle Ehre machen. Als Statthalter von Oberitalien war Ambrosius vor mehr als zweihundert Jahren gegen seinen Willen zum Bischof von Mailand erhoben worden. Er hatte Großes in der Seelsorge und in der Armenpflege geleistet, das Mönchtum gefördert, vor allem aber: Er hatte Augustinus getauft und zu seiner eigentlichen Bestimmung geführt – ein wunderbarer Lehrer der Christenheit zu werden. Von Ambrosius stammte eine Vielzahl von Hymnen für den Gottesdienst. Manchmal bat Gregor den Diakon, einen ambrosianischen Gesang anzustimmen, denn Constantius besaß eine schöne Stimme: „Er stärke uns zu gutem Werk, / Er leite machtvoll unser Tun, / Er sei uns Kraft in harter Fron / und lenke unsren schwachen Geist. / Und Christus werde unser Brot, / und unser Glaube sei der Trank, / in Freude werde uns zuteil / des Geistes klare Trunkenheit ..."

Nach nur wenigen Jahren in Konstantinopel kannte Gregor die politischen Verhältnisse und die Probleme der Kirchen von Kappadozien bis nach Gallien, von Istrien bis nach Karthago so gut wie die von Rom, denn von überallher kamen Abgesandte in die Kaiserstadt am Bosporus oder machten auf der Durchreise hier Station. Es hatte sich herumgesprochen, daß der päpstliche Apokrisiar ein umgänglicher Mann von klarem Urteilsvermögen war. Für Ratsuchende stand seine Tür immer offen. Profunde Menschenkenntnis hatte schon den jungen Stadtpräfekten ausgezeichnet, in Konstantinopel aber brachte es Gregor darin zur Meisterschaft. Seit er sich bedingungslos in den Dienst Gottes gestellt hatte, verdunkelte kein Schatten eines um sich selbst kreisenden Ego den Blick auf das jeweilige Gegenüber. Nicht jedem behagte es, sich bis auf den Grund der Seele durchschaut zu fühlen. Die meisten Besucher aber schätzten die Aufrichtigkeit des Römers und dankten ihm für uneigennützigen Rat.

Eine entscheidende, tiefbeglückende Begegnung widerfuhr Gregor im dritten Jahr seines Aufenthalts, als Leander, der Erzbischof von Sevilla, bei ihm vorsprach. Leander entstammte einer vornehmen Familie, die von den byzantinischen Behörden aus Cartagena ausgewiesen worden war und sich im westgotischen Sevilla niedergelassen hatte. Seine inzwischen verstorbene Schwester Theodosia hatte den westgotischen König Leovigild geheiratet und ihm zwei Söhne geboren: die Thronfolger Hermenigild und Reccared. Leander lebte als Mönch und kümmerte sich intensiv um die Erziehung seines jüngeren Bruders Isidor, bis man ihn zum Bischof wählte. Seinen Neffen Hermenigild, mit einer katholischen Prinzessin aus dem Frankenland verheiratet, beeindruckte der heiligmäßige Lebenswandel Leanders so sehr, daß er sich öffentlich zum katholischen Glauben bekannte.

Dieser Schritt beschwor einen schweren Konflikt mit dem Vater Leovigild herauf, denn die Westgoten, die den Römern die Iberische Halbinsel vor mehr als hundertfünfzig Jahren in blutigen Kämpfen entrissen hatten, hingen dem arianischen Christentum an. Wenn sie die einheimische katholische Bevölkerung auch nicht mehr so brutal zu ihrem Glauben zu bekehren versuchten wie früher, bestanden sie doch auf ihrer Religion als der einzig wahren. König Leovigild drohte also dem Sohn mit harter Strafe und einem Feldzug gegen Sevilla, wenn er sein katholisches Bekenntnis nicht widerrufe.

In höchster Not hatte Hermenigild seinen Onkel Leander nach Konstantinopel entsandt, um den Beistand des Kaisers gegen den zornigen Vater zu erlangen. Bischof Leander tat, was in seinen Kräften stand, doch seine Bitten stießen auf taube Ohren. Die Zeiten, als Kaiser Justinian Truppen nach

Italien und Spanien geschickt hatte, waren endgültig vorbei. Die Kräfte seiner Nachfolger reichten kaum noch für die Abwehr der Feinde im Osten.

In Konstantinopel verlor Leander einen Kampf und gewann einen Freund. Schon beim ersten Gespräch zwischen Erzbischof und päpstlichem Apokrisiar, frei von den hier üblichen Höflichkeitsfloskeln, offen und gradlinig, schien es ihnen, als hätten sie nur auf diese Begegnung hin gelebt, als seien sie Zwillingsbrüder, die sich endlich wiedergefunden hatten. Sie waren gleichaltrig, entstammten vornehmen Familien, hatten den Mönchsstand gewählt, waren aus ihm herausgerissen worden. Frömmigkeit, gepaart mit Tatkraft, erhob den einen wider seinen Willen auf den Stuhl des Erzbischofs von Sevilla, den anderen zum Apokrisiar des Papstes. Auf beiden ruhte die Hoffnung ihrer bedrängten Landsleute im Westen, beide standen sie in Konstantinopel auf verlorenem Posten. Wenn sie beieinander saßen, wurde ihnen die Fremde zur Heimat, und sie trafen sich, so oft sie es nur ermöglichen konnten.

Leander erzählte von seinem Vater Severianus, dem einstigen oströmischen Statthalter von Karthago, den die Ungnade des kaiserlichen Hofes von seinem Posten vertrieben hatte; von seinem hochbegabten Bruder Isidor, von seiner Schwester Theodosia, die zu früh gestorben war, um ihren Söhnen Hermenigild und Reccared noch beistehen zu können; von ihrer Nachfolgerin im Ehebett Leovigilds, die ihre Stiefsöhne haßte.

Seinen königlichen Schwager Leovigild beschrieb Leander als fähigen Herrscher, der allerdings nur auf Gewalt setzte, um sein Reich auf Kosten Ostroms zu vergrößern, und nicht auf Diplomatie, um es zu stabilisieren. Dessen nunmehr erwachsene Söhne hingegen verschlössen sich nicht länger der Einsicht, daß die Trennung zwischen den herrschenden Westgoten und ihren katholischen Untertanen durch zwei deutlich verschiedene Gesetzgebungen die Regierung auf Dauer schwäche. Statt Hermenigild und die Katholiken zu bekriegen, täte Leovigild besser daran, sie zu tolerieren und so die Einheit des Westgotenreiches zu bewahren.

Leander stand fest in seinem Glauben, doch er war kein religiöser Eiferer. Sein scharfer Verstand analysierte die Kräfteverhältnisse auf der Iberischen Halbinsel und die Möglichkeiten, für alle Seiten – die Byzantiner, die Westgoten, die römischen Untertanen – zu einer befriedigenden Lösung zu kommen.

Gregor wiederum entwarf dem Freund lebendige Bilder des von den Ostgoten besetzten Rom seiner Kindheit, der Begegnungen mit dem Feldherrn Narses und sprach über die wilden Langobarden, die über kurz oder lang die italische Halbinsel völlig in ihre Gewalt zu bringen drohten. Er trauere nicht der einstigen Größe des römischen Imperiums nach, aber ihn bedrücke, daß der Satan die Barbaren zu immer neuen Bluttaten anstachle und so eine reiche Ernte an unerlösten Seelen einbringe.

„Vergiß nicht, daß heute einer aus dem Stamm der Barbaren, der Gote Pelagius, auf dem Stuhl Petri sitzt und um Frieden in Italien ringt", entgegnete Leander. „Was wissen wir, was Gott noch mit uns und den barbarischen Völkern vorhat. Vor ihm sind tausend Jahre wie ein Tag." Er, Leander, sei überzeugt, daß der Heilige Geist auch die Herzen der Barbaren erleuchten und sie zum Frieden bekehren würde.

„Und warum betteln wir dann vor dem Thron des Kaisers um Hilfe für die bedrängte Christenheit in Rom und Sevilla?" fragte Gregor sarkastisch.

„Damit wir in der Niederlage noch stärker auf Gott vertrauen lernen", erwiderte Leander.

Gregor lächelte. Mehr als für seine Klugheit liebte er Leander für seinen strahlenden, durch nichts zu erschütternden Glauben. Wo er selbst zum Grübeln und Zweifeln neigte, da breitete Leander nur weit die Arme aus und pries Gottes

Schöpfung. Der Freund glaubte wie er atmete, er brauchte keine Gründe. Gregor befragte seinen Glauben jeden Tag neu, suchte ihn in Worte zu fassen, um auch andere von der gefundenen Wahrheit überzeugen zu können. Wenn Leander einen Raum betrat, verbreitete er Fröhlichkeit. Es mochte an seiner kräftigen Konstitution liegen, daß ihm durchwachte Nächte im Gebet und strenges Fasten nicht anzumerken waren. Gregor hingegen litt ständig unter Magenbeschwerden, seine Gestalt wirkte zerbrechlich, sein Gesicht umschattet. Doch wenn er Texte der Heiligen Schrift auslegte, gewann seine sonst brüchige Stimme an Kraft, alle Erdenschwere fiel von ihm ab. Seinen Zuhörern öffnete sich die Weite und Tiefe göttlicher Weisheit. Noch nie waren sie einem Menschen wie Gregor begegnet, der so überzeugend die heiligen Texte erklärte und im Licht der Gegenwart deutete. Die Ratio durchdrang den Glauben, und der Glaube erhellte die Ratio. Die Zuhörer unterzogen sich nicht nur willig der Mühe des Nachdenkens, sie fühlten sich auch getragen von Freude und Zuversicht.

Nur unvollkommen läßt sich die Faszination eines vom Geist erfüllten Menschen aus den uns überkommenen Schriften nachvollziehen, teilt sich doch im gesprochenen Wort mehr mit als der buchstäbliche Sinn. Der Vortragende wird mit seiner ganzen Person zum Wort mit all seinen Schwingungen, die auch Unsagbares befördern und erhellen. Gregor selbst bemerkte einmal: „Zur Verkündigung trägt das Bewußtsein heiliger Liebe mehr bei als alle Redefertigkeit … Wer seinen Lebenswandel innerlich erforscht und nach außen hin mit seinem Beispiel die anderen mahnend erbaut, der taucht die Feder seiner Rede gleichsam ins eigene Herzblut …"

Jeder, der Gregor zuhörte, spürte, daß in diesem unscheinbaren schmalen Mann, der als Jurist und Diplomat so nüchtern und pragmatisch agierte, ein heiliges Feuer brannte.

Die mitgereisten Mönche baten Gregor, sich dem Buch Hiob aus dem Alten Testament zuzuwenden. Sie wollten es nicht nur allegorisch interpretiert haben, vor allem interessierte sie dessen moralischer Sinn im Hier und Heute. Gregor sträubte sich. Dieses weise und zugleich so rätselhafte Buch zu deuten, übersteige seine Fähigkeiten. Als er dem Drängen der Mönche nicht nachgeben wollte, machte sich Leander zu ihrem Fürsprecher. Er kenne keinen, der geeigneter wäre als Gregor, über Hiob zu sprechen: einen gerechten Mann, von furchtbarem Leid heimgesucht, der dennoch Gott größer sein lasse als die Menschen und ihm die Treue halte. Zwar bleibe das Leiden der Gerechten ein ungelöstes Rätsel, aber es fordere sie heraus, sich immer neu für ihren Glauben zu entscheiden und damit der Welt ein Beispiel zu geben. Diese Gestalt müsse Gregor doch reizen. Verwies Hiob nicht auf das Leben Jesu und auf die Anfechtungen und Verfolgungen der Kirche auf ihrem Weg durch die Zeiten?

Leander fand die richtigen Argumente, um die Zögerlichkeit des Freundes zu überwinden. Er gab damit den Anstoß zu einem Werk, von dem die Christenheit mehr als tausend Jahre zehren sollte: einem umfangreichen Handbuch der Moral und der Lebensweisheit.

Vor einem kleinen Kreis begann Gregor schließlich mit Vorträgen zum Buch Hiob. Er sprach wie immer ohne Notizen oder gar ausgearbeiteten Text, denn er wollte in den Augen seiner Zuhörer lesen, ob seine Worte sie erreichten, ob er sie langweilte oder ermüdete. Nicht selten geschah es, daß ihm beim Reden unvermutet Einsichten aufleuchteten, um die er sich vorher vergeblich gemüht hatte. Später sollte er einmal sagen: „Ich habe die Erfahrung gemacht, daß ich vieles in der Heiligen Schrift, das ich allein nicht zu begreifen vermochte, vor meinen Brüdern stehend nicht selten verstanden habe.“

Er holte weit aus und verlangte seinen Zuhörern viel ab. Die Prüfungen, die der Gottesmann Hiob zu bestehen hatte, regten ihn zu Erörterungen gegenwärtiger Zustände an, seine Betrachtungen erstreckten sich auf alle Lebensverhältnisse.

Worin bestehen Sinn und Ziel menschlicher Existenz? Was ist gut, was böse? Warum all das Leid auf Erden? Was ist Kirche? Aus welchen Quellen schöpft sie? Wie sollen die Hirten der Kirche beschaffen sein, um das Evangelium glaubwürdig verkünden zu können?

Jenen, die sich als Herren ihres Schicksals rühmten und an nichts glaubten als an ihre eigene Tüchtigkeit, gab er zu bedenken: „Unser Leben ist wie eine Fahrt zu Schiff. Wer zu Wasser reist, wird durch die Bewegung des Schiffes vorwärts gebracht, ob er nun steht, sitzt, liegt, geht. So eilen auch wir täglich dem Ziele entgegen, ob wir wachen oder schlafen, schweigen oder reden, wollen oder nicht."

„Nehmen wir an, ein am ersten Tage erschaffener Mensch friste sein Leben bis zum heutigen Tage; heute aber müsse es enden. Siehe, das Ende ist da, das Vergangene ist schon nicht mehr, weil alles vorübergegangen ist; das in dieser Welt Zukünftige ist nichts, weil es nicht zum Leben ist, sondern nur ein ganz kurzer Augenblick übrig ist. Wo also ist die lange Zeit, welche zwischen Anfang und Ende eingeengt, so verbraucht wird, als ob sie nicht einmal je eine kurze Zeit gewesen wäre …

Der Sinn der Gottlosen wird von so großer Liebe zum Leben eingenommen, daß sie nichts angelegentlicher wünschen, als daß der Lebenslauf niemals ende. An das Zukünftige zu denken, halten sie unter sich; alle Hoffnung setzen sie auf das Vergängliche … Und da sie auf nichts Bleibendes hoffen, schließt sich das Auge des Herzens so in Blindheit, daß es sich keineswegs auf das ewige Licht richtet. So geschieht es, daß oft den Leib die Todesnot bereits schüttelt und der nahe Tod schon den Lebensodem abschneidet, und doch hören sie nicht auf, sich um das zu sorgen, was der Welt ist. Schon zieht sie der strenge Richter zum Gericht, und sie denken nichts anderes, als wie sie in dieser Welt noch leben werden. Sie, die eben alles verlassen, verfügen noch darüber wie über ihr

Eigentum, denn die Hoffnung zu leben hört nicht auf, selbst wenn das Leben endet."

Denen, die unter schwerer Bedrängnis stöhnten, öffnete er den Blick für den Sinn ihrer Leiden: „So wird auch die Traube gekeltert, damit sie süßen Wein gibt, und die Olive gepreßt, damit der Ölschaum sich verliert und reines Öl zutage tritt. Auch das Korn wird gedroschen, damit die Körner sich von der Spreu sondern und gereinigt in die Vorratskammer kommen."

Immer wieder bediente er sich Bilder aus dem Alltag, so wenn er erklärte, wie man Heuchler durchschaut und Laster erkennt, die sich als Tugenden ausgeben: „Was soll verwunderlich daran sein, daß wir in geistiger Weise tun, was wir die Geldwechsler täglich auf materielle Art verrichten sehen? Wenn sie Münzen entgegennehmen, prüfen sie erst die Beschaffenheit, dann die Prägung, schließlich das Gewicht, und ob sich unter der Schicht von Gold nicht Silber verbirgt oder ob wirkliches Gold nicht durch ein Prägmal von Falschgeld entwertet wird, oder ob dem, was Gold ist und die rechte Prägung hat, nicht das volle Gewicht mangelt. Wenn wir also beachtliche Taten uns unbekannter Menschen sehen, müssen wir uns wie sorgfältige Geldwechsler an die Waage unserer Urteilskraft setzen."

Über die Schwäche der Kirche, ihre Passion, ihre Demut und ihre Sehnsucht sprach er ebenso wie über anmaßende, hochmütige, scheinheilige Gottesdiener innerhalb der Kirche, über die Verantwortung der Bischöfe und ihr Versagen: „Wenn die Hirten (moralisch) zugrunde gehen, folgt ihnen unvermeidlich auch die Herde in den Untergang. Ihre Vollmacht können sie nur gut ausüben, wenn sie sie nicht anstreben, sondern fürchten. Um sie recht verwalten zu können, darf sie vor allem nicht dem eigenen Streben entsprechen, sondern muß aus Notwendigkeit auferlegt sein. Aber einmal übernommen, soll der Betreffende sie weder furchtsam aufgeben, noch leidenschaftlich umfangen, damit er nicht durch sogenannte Demut noch schlimmeren Hochmut zeige, weil er die Anordnung des göttlichen Ratschlusses durch seine Flucht verachtet, noch das Joch des höchsten Lenkers abschüttele, weil er an der eigenen Vollmacht über andere Gefallen findet."

Illusionslos analysierte Gregor die Lage der Kirche, deren einstige Glaubensglut nach dem Ende der äußeren Verfolgung erkaltet war, und die nun Gefahr lief, durch Scheinchristentum, Weltverfallenheit, Gier nach materiellen Reichtümern und irdischen Ruhm innerlich zersetzt zu werden. Als Grundursache aller Übel benannte er den Hochmut, der sich klüger als andere und selbst als der Weltenschöpfer dünkt. Er klagte nicht an, denn er fühlte sich als Erstbetroffener seiner Worte, als schwacher fehlerhafter Mensch, der nach Vollkommenheit strebte, ohne sie je erreichen zu können.

Leander hatte dafür gesorgt, daß Schnellschreiber Gregors Vorträge aufzeichneten. Jahre später in Rom überarbeitete Gregor große Teile des Manuskripts und vervollständigte es. Dem Freund teilte er kurz nach seiner Papstwahl mit: „Was aber zur Erklärung des heiligen Hiob gesprochen wurde und ich Dir, wie Du schreibst, schicken soll, so habe ich dies, weil ich es mit mattem Wort und Gefühl in Predigten vorgetragen habe, in Bücherform umzuwandeln gesucht, und es befindet sich gerade jetzt unter den Händen der Abschreiber." Er widmete das Buch Leander. Fünf Jahre später, 595, kam Gregor endlich dazu, dem Freund die Abschriften nach Spanien zu schicken, begleitet von einem Brief, in dem er schrieb: „Wie sehr ich danach dürste, Dich zu sehen, das kannst Du, weil Du mich auch liebst, in Deiner eigenen Herzenskammer lesen. Weil ich aber durch einen weiten Länderraum von Dir getrennt bin und Dich nicht sehen kann, so tue ich das, was mir die Liebe zu Dir eingibt: nämlich das Buch der Pastoralregel, welches ich zu Anfang meines Pontifikats geschrieben habe, und die Bücher, von denen Du weißt, daß ich sie schon vor längerer Zeit zur Erklärung des heiligen Hiob verfaßt habe ... zu übersenden."

Inzwischen zirkulierten diese Bücher unter dem Titel „Moralia in Job" schon in den Klöstern, wurden abgeschrieben und weiterverbreitet.

Von heute aus gesehen wirkt es, als habe sich Gregor mit den „Moralia in Job" als Wächter und Hirte der Christenheit empfehlen wollen. Doch nur wenige wußten von diesen Vorträgen, und in Buchform erschienen sie erst nach der Papstwahl. Gregor hatte sich weder auf den Posten des Apokrisiars in Konstantinopel gedrängt, noch aus eigenem Antrieb das Buch Hiob kommentiert. Einzig Gottes Angesicht wollte er suchen, sein Wort hören und verkünden; sich zurückziehen zu geistiger Schau, so wie der Mönch Benedikt und seine Brüder. Was er über sie schrieb, ersehnte er für sich selber: „Wenn sie (die Heiligen) zur Höhe der Kontemplation enteilen und ihren Geist voller Liebe an die himmlische Heimat binden, so kommen sie, vom Gewicht menschlicher Unbeständigkeit beschwert, doch zu sich selbst zurück. Sie verkünden den Brüdern die himmlischen Güter, die sie wenigstens wie im Spiegel schauen durften, und entflammen ihren Sinn zur innersten Herrlichkeit, die sie weder so zu schauen vermochten wie sie ist, noch so zu verkünden wissen, wie sie dies erblickt haben. Wenn sie aber davon sprechen, dann treffen und entflammen sie mit ihren Worten das Herz der Hörer. Wie ein aufleuchtender Blitz kehren sie zurück; denn wenn sie Himmlisches verkünden, bricht durch sie das Licht aus der Höhe herein, und die Herzen der Hörer entbrennen in der Liebe zur himmlischen Heimat. Wie ein aufleuchtender Blitz schlagen sie ein mit ihren Worten und verbreiten das Feuer geistiger Sehnsucht."

Gregor hatte seine weltlichen Ämter nicht aufgegeben, um geistliche Würden zu erlangen. Nach nichts verlangte er sehnlicher, als in die winzige Zelle seines Klosters zurückzukehren. Doch nichts deutete darauf hin, daß sich sein Wunsch bald erfüllen würde. Er mußte auf dem ungeliebten Posten in Konstantinopel ausharren. Die Nachrichten aus Rom und aus Sevilla waren unheilverheißend. Alle Bemühungen, das Los der Gefährdeten in der Heimat zu erleichtern, erstickten am Kaiserhof in Verständnislosigkeit, Gleichgültigkeit und Intrigen.

Als sich der päpstliche und der königliche Gesandte wieder einmal niedergeschlagen über ihre fruchtlosen Audienzen austauschten, brachte Gregor das Gespräch auf die Kaiserin Galla Placidia, deren einstiger Wohnsitz dem päpstlichen Apokrisiar als Residenz diente. Bei der Plünderung Roms im Jahre 410 durch Alarich war die Tochter des Kaisers Theodosius und Schwester des Kaisers Honorius in die Hände der Westgoten gefallen. Die Gefangene, in Liebe zu Alarichs Nachfolger Athaulf entbrannt, vermählte sich ihm und zog mit den Westgoten nach Gallien. Nach Athaulfs frühem Tod in Spanien führte ihr wechselhaftes Schicksal sie über Ravenna in ihre Geburtsstadt Konstantinopel und von dort wieder nach Ravenna, wo sie für ihren unmündigen Sohn aus zweiter Ehe eine Zeitlang herrschte, bis sie im Jahre 450 in Rom starb.

„Könnte dieses Haus der Galla Placidia uns nicht etwas sagen wollen?“ fragte Gregor. Auch Galla Placidia war in die Hände der Barbaren gefallen, doch statt ihr Schicksal zu beweinen und auf ihre Befreiung zu warten, hatte sie ihrem Herzen und der Zuneigung Athaulfs vertraut. Zwar starb der gemeinsame Sohn bald, fiel kurz darauf der geliebte Mann im Kampf, und Galla Placidia folgte schließlich dem Drängen ihres kaiserlichen Bruders, nach Ravenna zurückzukehren, aber, und das sei bezeugt, die Jahre bei den Goten hielt sie für die glücklichsten ihres Lebens.

„Der Stuhl Petri und die Regionen Westroms sollten nicht länger auf die Hilfe Ostroms hoffen, sondern sich auf eigene

Kräfte besinnen“, faßte Gregor seine Überlegungen zusammen. Die Zukunft Westroms entschied sich nicht in Konstantinopel, sondern in der Poebene, an den Ufern des Ebro und der Rhone, in den dunklen Wäldern Germaniens und Britanniens. Es mochte ein langer, tränenreicher Weg der Selbstverleugnung sein, aus Feinden Freunde zu machen. Aber die Einheimischen im einstigen Kernland des Imperium Romanum konnten nur überleben, wenn es ihnen gelang, die anstürmenden Barbaren zu befrieden – durch Waffen, wo nicht anders ging, vor allem aber durch ernstgemeinte Verhandlungen. „Wir müssen den bösen Taten der Eindringlinge mit aller Kraft widerstehen und zugleich ihre Herzen gewinnen“, schloß Gregor. Hatte der Feldherr Narses vor Zeiten nicht Ähnliches geraten?

„Du willst also den Langobarden, wie einst Papst Leo den Hunnen, mit nichts als dem Kreuz entgegenziehen. Sehr kühn, mein Freund“, sagte Leander in einem Tonfall, der Skepsis und Bewunderung zugleich verriet. „Warten wir doch erst einmal ab, was der neue Kaiser Maurikios entscheidet.“

Als sich das Leben in der Hauptstadt nach den Feierlichkeiten zur Beisetzung des Tiberios und zur Inthronisation des Maurikios wieder normalisierte, erhielten die auswärtigen Gesandten endlich die Möglichkeit, im Kaiserpalast vorzusprechen. Gregor gehörte zu den ersten, dafür hatten die Schwester des Kaisers, Theoktista, und seine Gemahlin Constantia gesorgt. Bessere Fürsprecher bei Hofe als Gregor besaß keiner.

Der durch seine siegreichen Schlachten gegen die Perser berühmt gewordene Feldherr war wie sein Gast aus Rom nur wenig älter als vierzig Jahre, ein stattlicher Mann mit dunklem Bart und brennenden Augen. Er stammte aus Kappadozien, das als eine wilde Gegend mit wilden Bewohnern galt. Ein griechischer Freund hatte Gregor zur Vorsicht geraten und das Wort eines Schriftstellers zitiert: „Eine giftige Schlange biß einst einen Kappadozier, aber sie starb selbst, nachdem sie das giftige Blut gekostet hat."

Auch der Mönch und Bischof Basilius, der große Heilige, sei ein Kappadozier gewesen, Gregor von Nyssa und Gregor von Nazianz, die berühmten Theologen, stammten ebenfalls aus dieser Gegend, widersprach Gregor. Die Herkunft des Kaisers empfahl ihn eher als daß sie zu fürchten war.

Der finster dreinblickende Maurikios ähnelte in nichts seinem Vorgänger, dem leutseligen Tiberios. Er hörte Gregor aufmerksam zu, seine Fragen verrieten, daß er sich mit der Lage im Westteil seines Reiches vertraut gemacht hatte und bereit war, sie in seine Pläne einzubeziehen. Er habe einen Stellvertreter, einen Exarchen, nach Ravenna entsandt, um verläßliche Nachrichten aus Italien zu erhalten. Alles andere später. Für die Glückwünsche des Papstes Pelagius danke er, bitte um Vorschläge, wie Rom am besten zu helfen sei und versichere den päpstlichen Apokrisiar seiner Huld.

Hoffnungsfroh verließ Gregor die Audienzhalle. Der Kaiser hatte ihm zwar keine festen Zusagen gegeben, aber das Schicksal Roms schien ihm am Herzen zu liegen. Gregors Wünsche trübten diesmal seine Menschenkenntnis. Leander teilte die Euphorie des Freundes nicht.

Maurikios, so berichtete er nach der kaiserlichen Audienz, habe ihm unverblümt zu verstehen gegeben, daß er sich in die iberischen Streitigkeiten nicht einmischen wolle. Die katholischen Römer dort und in Nordafrika seien gegenüber dem Kaiser in Konstantinopel genauso illoyal wie die Westgoten. Maurikios spielte auf Leanders Vater an, der einst als Statthalter bei Hofe in Ungnade gefallen war, weil er für die Bevölkerung um Erleichterung der schweren Steuerlasten gebeten hatte. „Ein harter Mann, dieser Maurikios, dem seine Härte einmal zum Verhängnis werden wird", prophezeite Leander.

Auf Gregors Bitten blieb der Freund noch bis zur Taufe des kleinen Thronfolgers Theodosius. Kaiserin Constantia und

Theoktista hatten gewünscht, der päpstliche Apokrisiar möge die Patenschaft für den Knaben übernehmen. Eine Auszeichnung ohnegleichen, die Gregor und Leander in der Zuversicht bestärkten, den Kaiser wenigstens für ein Eingreifen in Italien gewinnen zu können.

Einige Tage nach der feierlichen Zeremonie erhielt Leander die Nachricht, König Leovigild habe seine Drohung wahr gemacht und sei mit einem Heer gen Sevilla gezogen, um seinen katholisch gewordenen Sohn und Thronfolger zu bestrafen. Hermenigild hatte sich in eine Kirche geflüchtet. Im Auftrag des Vaters suchte ihn dort sein Bruder Reccared auf und überbrachte ihm die eidliche Versicherung Leovigilds, daß er bei Unterwerfung volle Gnade erlangen würde. Hermenigild glaubte dem Versprechen und begab sich zu seinem Vater, der ihn sofort gefangensetzen ließ.

Nun fürchtete Leander um das Leben seines Neffen und Schützlings. Überstürzt rüstete er zur Abreise. Nur schwer wurde Gregor Herr seiner dunklen Ahnungen und Befürchtungen. Würde sich König Leovigild an Leander rächen? Schließlich hatte der Bischof Hermenigild zum katholischen Glauben geführt. Welches Schicksal erwartete die Katholiken in Spanien? Natürlich mußte der Hirt jetzt bei seiner bedrohten Herde sein, und doch hätte Gregor Leander am liebsten zurückgehalten. Einen Freund zu verlieren ist wie Sterben. Mit Leander hatte Gregor die geheimsten Gedanken geteilt, ihm konnte er Zweifel, Ängste und Unsicherheiten anvertrauen und sich dabei doch stark und unangreifbar fühlen. In der Nacht vor Leanders Abreise konnten sie nur noch beten, jeder für den anderen und gemeinsam zu Gott.

Heute würde man Gregor ein Genie der Freundschaft nennen. Er besaß den Mut, sich zu öffnen, und war so großzügig im Geben wie dankbar im Empfangen. Wem er einmal seine Zuneigung geschenkt hatte, konnte auf seine Treue auch über große Entfernungen und die Zeiten hinweg bauen. Davon sprechen seine Briefe, mit denen er noch als Papst, stöhnend unter der Last des Amtes, durch schwere Krankheit ans Bett gefesselt, seine Freunde tröstete, ermutigte oder ihnen sein Herz ausschüttete. Frauen gehörten zu ihnen wie Rusticiana und Theoktista, die Gefährten früher Jugend ebenso wie später Hinzugekommene. Doch Leander war und blieb seinem Herzen am nächsten.

Die Freunde sahen sich niemals wieder. Nach Sevilla zurückgekehrt, vermochte Leander nichts mehr für Hermenigild zu tun. Leovigild hielt seinen Sohn in Tarragona gefangen und ließ ihn schließlich hinrichten, als er sich weigerte, zum arianischen Glauben zurückzukehren. Seine Frau floh mit ihrem kleinen Sohn vor dem Zorn Leovigilds nach Nordafrika. Bischof Leander, geschützt durch eine starke katholische Bevölkerung, überlebte. König Leovigild, vielleicht verfolgt von seinem Gewissen, das ihn gebrochener Versprechen und des Mordes an seinem ältesten Sohn anklagte, fiel in eine schwere Krankheit und starb bald nach Hermenigild. Reccared, der stets in einem guten Verhältnis zu seinem Bruder und zu seinem Onkel Leander gestanden hatte, übernahm nun die Regierung des Westgotenreiches. In den folgenden Jahren löste er die Spannungen zwischen der alteingesessenen katholischen Bevölkerung und den arianischen Eroberern auf, indem er sich selbst zum katholischen Glauben bekehrte und für eine religiöse Befriedung sorgte. Sein Onkel Leander mag als Bischof von Sevilla wesentlich dazu beigetragen haben.

Noch lagen diese Ereignisse im Dunkel der Zeit verborgen, als Gregor und Leander im Hafen von Konstantinopel voneinander Abschied nahmen. Gregor schaute dem Schiff, das seinen Herzensfreund davontrug, lange nach, auch als es seinen Blicken längst entschwunden war. Wie ein Wächter auf den Zinnen hielt er Ausschau nach dem Morgen, doch nirgends zeigte sich auch nur der Schimmer eines Lichts. Wie sollte er das Leben ohne Leander ertragen? Rom schien verloren, und er selbst stand auf verlorenem Posten.

Vielleicht sprach er sich mit den Worten des Apostels Paulus an die Philipper Mut zu: „Denn für mich ist Christus das Leben, und Sterben Gewinn. Wenn ich aber weiterleben soll, bedeutet das für mich fruchtbare Arbeit. Was soll ich wählen? Ich weiß es nicht. Es zieht mich nach beiden Seiten: Ich sehne mich danach, aufzubrechen und bei Christus zu sein – um wieviel besser wäre das! Aber euretwegen ist es notwendiger, daß ich am Leben bleibe."

Gregor mußte dort ausharren, wohin Gott ihn gestellt hatte. Um sich herum ein Volk, das in seiner Vergnügungssucht die Nacht zum Tage machte und sich gegenseitig die Köpfe einschlug, wenn die gegnerische Partei beim Wagenrennen gewonnen hatte. Das Geschwätz von Nichtstuern und Karrieristen, von aufgeblasenen Militärs und Luxusdamen bei Hofe zerrte an seinen Nerven, wenn er an die Briefe dachte, die er von Papst Pelagius erhielt:

„Wer vermöchte zu sagen, wieviel Unheil, wieviel Elend wir den gottlosen Langobarden schulden ... Redet also, verhandelt über die Art und Weise, wie uns in solcher Gefahr Hilfe werden kann. Denn so sehr ist das gesamte Staatswesen gefährdet, daß – so Gott der Herr es dem mildesten Herzen unseres Kaisers nicht eingibt, sein volles Mitleid uns zuzuwenden und unserem Lande sowohl einen Oberfeldherrn als auch einen kaiserlichen Vertreter zu geben – wir dem völligen Untergang preisgegeben sind. Vor allem sind es gerade die römischen Gebiete, die jeden Schutzes entbehren. Denn wie der Exarch uns meldet, sieht er sich nicht imstande, uns zu helfen, er, der von sich selbst gesteht, nicht einmal sein eigenes Gebiet verteidigen zu können. Möge demnach Gott ihm eingeben, uns in unserer Gefahr schnell beizuspringen, ehe das Heer des gottlosen Volkes diejenigen Städte, welche unser Gemeinwesen noch behauptet, zu besetzen imstande ist."

Gregor nutzte jede Gelegenheit, dem Kaiser die verzweifelte Lage in Italien vorzustellen. Als Maurikios ihm mitteilte, er habe den Franken eine bestimmte Summe an Geld zugesagt, wenn sie in Norditalien einfielen und so Kräfte der Langobarden an sich bänden, erkühnte sich Gregor, den Nutzen dieses Plans anzuzweifeln. Die Franken würden das Geld nehmen, ein paar Gebiete verwüsten und sich dann wieder zurückziehen. Wohin es führe, wenn man sich der Barbaren für eigene Zwecke bediene, hätten die Gotenkriege gezeigt. Der Feldherr Narses habe König Alboin zum Bundesgenossen gegen die Goten gewonnen und so den Langobarden nur Lust auf die Eroberung Italiens gemacht.

Gregor war zu weit gegangen. Der Kaiser hatte Beifall erwartet, Dankbarkeit für seine Sorge um Rom. Zornig verwies er dem päpstlichen Gesandten die freimütige Äußerung. Weder habe er um Ratschläge gebeten, noch gezieme es dem Apokrisiar, ihm welche zu erteilen. Ob er überhaupt wisse, welchen Aufwand an Soldaten die Kriege gegen die Perser kosteten, welche Geldsummen er an Awaren und andere Völkerschaften zahlen müsse, um die Nordgrenze des Reiches vor feindlichen Einfällen zu schützen. Der Bischof von Rom möge beten, nach Kräften für die ihm Anvertrauten sorgen und sich im übrigen an die Anweisungen des Kaisers und seiner Stellvertreter halten.

Von diesem Tag an fand Maurikios keine Zeit mehr, Gregor zu empfangen. Die Sonne der kaiserlichen Gunst erlosch. Zwar versicherte ihm Theoktista, die nach Leanders Abreise zu seiner engsten Vertrauten geworden war, ihr Bruder schätze Gregor nach wie vor, doch in seine politischen Pläne ließe er sich von niemandem hineinreden, am wenigsten von ihr und von der Kaiserin Constantia. Man müsse abwarten, wie sich die Lage entwickle. Sie bat Gregor um Geduld und Vertrauen in seine Freunde bei Hofe und in der Stadt.

Gregor war kein Mann überstürzter Handlungen. Mehr als fünf Jahre hatte er Geduld bewiesen, unzählige Gespräche geführt, in gesellschaftlichen Verpflichtungen seine Kraft vergeudet, sich selbst verleugnet und sein Leben einzig dem päpstlichen Auftrag unterworfen, Rom aus der langobardischen Umklammerung zu befreien. Als einen Wächter hatte er sich verstanden, der vor inneren und äußeren Feinden warnte. Aber seine Rufe verhallten ungehört. Rom schien nach Gottes Willen dem Untergang preisgegeben, es sei denn, die Römer halfen sich selbst, so wie einst die Bewohner von Ninive durch Buße die Zerstörung ihrer Stadt verhindert hatten.

In diesem Sinne schrieb Gregor an Papst Pelagius und bat, heimkehren zu dürfen. Er habe Rom und seinem Bischof in der Kaiserstadt viele Freunde gewinnen können, das Feld sei bestellt. Ob die Saat aufginge, müsse die Zeit erweisen. Er konnte dem bedrängten Pelagius nicht die Einsicht ersparen, daß in absehbarer Zeit keine Hilfe aus Konstantinopel zu erwarten war, und nicht die Enttäuschung über seinen erfolglosen Apokrisiar.

Die Antwort von Pelagius war kurz. Gregor möge seine Abreise vorbereiten, ein neuer Apokrisiar werde entsandt, sobald es die Lage erlaube.

Wie er sich so freuen könne, in eine sterbende Stadt zurückzukehren, fragte ihn die Patrizierin Rusticiana. Die Freundin hatte ihm viele Türen in Konstantinopel geöffnet. Gregor war ihr Seelsorger, und sie fühlte sich nun von ihm in Stich gelassen. Er nannte ihr seine Gründe, doch sie blieb untröstlich. Auch hier gäbe es Klöster, Abgeschiedenheit, Freunde, Menschen, die ihn brauchten. Gregor schlug ihr vor, ihn nach Rom zu begleiten. Dort, in der Stadt ihrer Väter, werde sie seine Gründe verstehen.

Das könne sie nicht, erwiderte sie. In Konstantinopel sei sie aufgewachsen, hier habe sie ihren Mann begraben, hier lebten ihre Kinder. „Das ist für mich heimatlicher Boden, in Rom aber bliebe ich eine Fremde.“

Gregor warb weiter um ihr Verständnis. Gerade als Mutter müsse sie sich in Silvia versetzen können, die sehnlich auf die Rückkehr des Sohnes warte. Und das Kloster auf dem Caelius sei nicht irgendein Kloster, sondern das Kind seiner Sehnsucht. Wenn es Rusticiana schon nicht nach Rom ziehe, so möge sie doch wenigstens den Armen dieser Stadt von Konstantinopel aus nach ihren Möglichkeiten helfen. „Im Gebet, liebe Freundin, bleiben wir miteinander verbunden, wo wir auch hingestellt sind, unsere Aufgabe auf Erden zu erfüllen. Unsere Heimat aber ist im Himmel, sagt der Völkerapostel Paulus, und dort werden wir uns bestimmt wiedersehen.“

Die kluge Theoktista wußte, welche Haltung ihr als Angehörige der kaiserlichen Familie ziemte. Sie beklagte Gregors Abreise nicht, aber ihre Blicke und Gesten verrieten, wie schwer ihr der Abschied fiel. Bei dem Freund hatte sie sich sicher gefühlt wie bei keinem anderen Menschen in dem intrigenschwangeren, geschwätzigen Konstantinopel. Wem konnte die Schwester des Kaisers denn sonst vertrauen? Während sie Gregor in wohlgesetzten Worten dankte und ihm Gottes Segen wünschte, schaute sie drein wie ein verlassenes Kind, das dunkle Schicksalsmächte fürchtet. Gern hätte Gregor die bewunderte Frau in den Arm genommen und getröstet. In ihrer Traurigkeit wirkte sie schöner denn je. Er empfand für Theoktista mehr als rein freundschaftliche Zuneigung, und es kostete ihn in dieser Stunde ungeheure Anstrengung, sein Geheimnis zu wahren. Brüsk wandte er sich um und schaute aus dem Fenster auf das nahe Meer, das in der Sonne wie flüssiges Gold schimmerte. Mehr zu sich als zu Theoktista sagte er so leise, daß sie seine Worte kaum verstand: „Was bedeuten Gold und die Unendlichkeit des Meeres anderes als die himmlische Heimat, diese Gemeinschaft seliger Bürger, deren Herzen voreinander in Schönheit leuchten und an Klarheit füreinander durchsichtig sind! Das Meer trennt nicht nur, es verbindet auch."

Dann überreichte er ihr eine Abschrift der Psalmen, die er eigens für sie hatte anfertigen lassen. Während sie das kostbare Buch betrachteten und den einen oder anderen Psalm sprachen, beruhigte sich sein aufgewühltes Gemüt, und auch Theoktistas Miene hellte sich auf.

„Gott bedient sich des Menschenwortes, um uns den Weg zu weisen, uns zu ermutigen und uns im Leid zu trösten. Näher können wir uns nicht sein als im Hören auf Gottes Wort", sagte Gregor zum Abschied und versprach: „Seid meines Rates und meines Beistands auch zukünftig gewiß. Ich werde euch schreiben. Vor allem aber: Betet für mich."

Theoktistas Bruder, der Kaiser, ließ nicht erkennen, was in ihm vorging, als Gregor zur letzten Audienz erschien. Seine Frau Constantia lächelte dem Freund verstohlen zu. Sie hatte ihn schon vorher zu einem Gespräch empfangen. Maurikios dankte ihm für die Dienste, die er dem Kaiserhaus unter seinem Schwiegervater Tiberios und danach ihm und seiner Familie erwiesen habe. Als er ihm Gottes Segen für die Rückkehr ins Klosterleben wünschte und um sein ständiges Gebet für die kaiserliche Familie bat, kam sogar etwas wie Wärme in seine Stimme. Gregor las in den Gesten und Gesichtern der Höflinge, was Maurikios sorgsam verbarg: Der Kaiser war froh, den hartnäckigen Mahner aus altrömischen Adelsgeschlecht endlich loszuwerden. Wie alle Emporkömmlinge vor und nach ihm suchte er seine niedere Geburt durch hochfahrendes Auftreten gegenüber den im Staatsdienst über Jahrhunderte bewährten Adligen vergessen zu machen. Mochten sie auch noch so bescheiden, ja demütig wie Gregor daherkommen, ihre angeborene Selbstsicherheit provozierte den Argwohn der Machtstolzen. Gregor hingegen freute sich, bald wieder in seiner Klosterzelle zu sein und mit dem Kaiser nicht mehr unterhandeln zu müssen.

Die Brüder aus dem Patriarchat, selbst der Patriarch Johannes, ließen es sich nicht nehmen, den päpstlichen Apokrisiar zum Hafen zu begleiten. Dort erwartete sie eine bunte Menge: Freunde, Palastdiener, Bettler, die Gregor auch in Konstantinopel täglich an seinem Tisch gespeist hatte, der Leibarzt des Kaisers, der Oberst der kaiserlichen Leibwache mit einigen Soldaten, Musikanten.

Die Menschen drängten sich um den Apokrisiar, dankten ihm und gaben ihm gute Wünsche mit auf den Weg. Gregor vergaß, wie ungern er nach Konstantinopel gekommen war und wie sehr er unter der selbstherrlichen Aufgeblasenheit dieser Stadt gelitten hatte. Die Zuneigung in den Augen der jungen Geistlichen, die er zu ihrer Berufung ermutigt hatte, rührte ihn. Lange ruhte sein Blick auf dem abgezehrten Gesicht des Patriarchen Johannes, dessen Frömmigkeit über alle Zweifel erhaben war. Nichts wies darauf hin, daß bald ein erbitterter Streit zwischen ihnen aufbrechen würde. Warm umfing ihn die wortlose Dankbarkeit der Armen. Der Patrizier Narses schüttelte ihm immer wieder die Hände, und als Gregor sich endlich von der Menge gelöst hatte, lief ihm der kaiserliche Leibarzt Theodorus noch bis zum Steg nach, um ihm eine Medizin gegen Seekrankheit zuzustecken. Von der Reling aus vermeinte er, abseits der Winkenden und Rufenden Theoktistas Gestalt zu erkennen. Den Kopf mit einem Tuch verhüllt, hob sie beide Arme zu einem letzten Gruß.

Das Schiff legte ab und gewann rasch an Fahrt. Vor Gregors Augen verschwammen die Konturen der Küste. Der Schmerz des Abschieds schüttelte ihn wie ein Fieber. Verdankte er der Stadt am Goldenen Horn nicht seinen Herzensfreund Leander und all die anderen Freunde, deren Vertrauen ihn getragen hatte? Er hatte ihre Kinder heranwachsen sehen, ihre Freuden und Kümmernisse geteilt, mit ihnen gebetet und gelacht. Er gedachte der Begegnungen mit geistlichen Brüdern aus den altehrwürdigen Patriarchaten von Jerusalem, Antiochia und

Alexandria, der guten Gespräche und hitzigen Dispute. Wie hatten die festlichen Zeremonien in der alle Begriffe übersteigenden Hagia Sophia und die stillen Gebetsstunden in der seinem Haus benachbarten Sergios-und-Bacchos-Kirche ihn ermutigt und gekräftigt! Zu jeder Jahreszeit beruhigte der Blick von der Anhöhe der Kaisergärten auf das offene Meer seine Sehnsucht nach Rom; aller Ballast fiel von ihm ab, es hob ihn empor, er konnte fliegen, wohin es ihn auch immer zog. Im gemeinsamen Suchen nach der göttlichen ewigen und unveränderlichen Wahrheit hatte sich ihm und den Freunden schon auf Erden der Himmel geöffnet. Klein und nichtig wurden da die Intrigen bei Hofe und unter den Geistlichen, die harthörigen Kaiser, die Bedrohung durch die Barbaren – alles ging vorüber, allein Gott blieb. Und hatte er nicht ständig die heilende belebende Gegenwart Theoktistas gespürt, deren Nähe ihn in einen Zustand schwebender Leichtigkeit versetzte? Wie sehr würde er all das vermissen!

Gregor zählte jetzt fünfundvierzig Jahre. Sechs Jahre davon hatte er in der Kaiserstadt und auf Reisen zugebracht. Nun, da die mächtige Kuppel der Hagia Sophia, der Große Kaiserpalast auf dem Hügel, die Kirchen und Klöster und endlich auch der Hafen im Morgendunst verschwanden und er der Ungewißheit entgegenfuhr, mochte er dankbar erkennen, daß er reich beladen mit Schätzen heimkehrte, unsichtbaren Schätzen, die man nicht wiegen, messen und zählen konnte. Daß sie als Mitgift für sein zukünftiges Amt gedacht waren, blieb ihm aus gutem Grund verborgen. Er hätte sonst vielleicht doch Rusticianas Drängen nachgegeben. Trotz seiner Sehnsucht nach Rom wäre er lieber als Mönch in Konstantinopel geblieben, denn in Rom Papst zu werden.

Gregor gehörte zu den Menschen, die mit Tränen pflügen und säen, denen es aber nicht vergönnt ist, die Früchte ihrer Arbeit zu ernten. Ob als Stadtpräfekt von Rom, als päpstlicher Apokrisiar und schließlich als Papst war es ihm bestimmt, in aussichtslosen Situationen Verantwortung übernehmen zu müssen, während er nichts sehnlicher wünschte als sich aus der Welt zurückzuziehen.

Als das Schiff die Dardanellen durchquert hatte und Kurs auf Italien nahm, richteten sich Gregors Gedanken nach vorn. Was ihn erwartete, war ungewiß, aber es gab ohnehin keine Sicherheit in diesem Leben. Jene scheinbare Sicherheit, in der Menschen sich gar zu gern wiegen, pflegt die Mutter der Fahrlässigkeit zu sein. Wenn er mit Gottes Hilfe Rom wohlbehalten erreichte, wollte er sein Kloster am Abhang des Caelius gegen keinen anderen Ort der Welt mehr tauschen.

Die Pest

Einst war er in seinem Kloster, dessen Abt er war, mit Schreiben beschäftigt. Da kam der Engel des Herrn in Gestalt eines Schiffbrüchigen zu ihm und bat unter Tränen, sich seiner zu erbarmen. Gregor ließ ihm sechs Silbermünzen bringen, und der andere ging wieder fort. Aber am gleichen Tage kehrte er zurück und erklärte, er habe viel verloren, aber nur wenig erhalten. So erhielt er von Gregor noch einmal sechs Silbermünzen. Da kehrte er aber ein drittes Mal zurück und begehrte mit lästigem Geschrei, man solle sich seiner erbarmen. Gregor mußte aber vom Verwalter seines Klosters erfahren, daß im Kloster nichts mehr vorhanden sei, das man hätte geben können, außer einer silbernen Schüssel, in der seine Mutter Gemüse zu schicken pflegte. Der Heilige ließ sie alsbald geben, der Bettler nahm sie und ging fröhlich fort. Es war aber der Engel des Herrn gewesen, der sich ihm später zu erkennen gab.

Jacobus de Voragine, „Legenda Aurea"

Rom hatte sich kaum verändert. Der erste Weg nach seiner Rückkehr führte Gregor zur Mutter. Er hatte sich oft bang gefragt, in welchem Zustand er sie wohl antreffen würde. Ihre kurzen Briefe waren gleichbleibend zuversichtlich gewesen, meistens bestanden sie aus Segenswünschen für den Sohn. Silvia schien in den vergangenen Jahren nicht gealtert zu sein. Ihr volles Haar wies nur wenige graue Strähnen auf, sie bewegte sich rasch und anmutig. Nach wie vor lebte sie in ihrer Klause auf dem Kleinen Aventin. Sie verrichtete alle Arbeiten in der Küche und im Gärtchen, speiste Arme, besuchte Kranke. In der Stadt nannte man sie den Engel der Armen.

Im Kloster empfing man ihn überschwenglich wie einen lange verlorengeglaubten Sohn. Einige Brüder hatten inzwischen das Zeitliche gesegnet, neu hinzugekommene Mönche begrüßten Gregor erwartungsvoll. Die Jugendfreunde Peter und Maximian wollten ihn lange nicht aus ihrer Umarmung freigeben. Er war endlich wieder zu Hause.

Nach der jahrelangen Abwesenheit fiel ihm der ruinöse Zustand Roms besonders schmerzlich auf. Doch die Einwohner schienen sich mit dem Niedergang abgefunden zu haben. Unbeeindruckt von der ständigen Bedrohung, unter der sie lebten, jagten sie nach dem täglichen Brot und hatten doch nicht verlernt, die Feste zu feiern, wie sie fielen. In ihren armseligen Kleidern unterschieden sich Einheimische und Flüchtlinge äußerlich kaum voneinander. Wenn Gregor am Ostufer des Tiber zwischen Marcellustheater, dem Fuß des Kapitols und entlang der heutigen Via Arenula durch jene Gegenden ging, auf die sich die Bevölkerung der Stadt konzentrierte, empfand er Wehmut und Zärtlichkeit. Hier gehörte er hin, nicht nach Konstantinopel. Ein Römer war er, wie der Bettler, der ihm die Hand entgegenstreckte, wie die Frau, die ihr Kind nährte, wie der Lastenträger am Hafen. Er war der Flüchtling aus Benevent, der Jude vor der Synagoge, der heimatlose Grieche, geborgen in dieser Stadt.

Die den Mönch aus dem Kloster Sankt Andreas noch nicht kannten, erfuhren schnell von anderen, wer er war: ein Mann, mit einem goldenen Löffel im Mund geboren, der freiwillig auf seinen Reichtum verzichtet hatte; weitgereist und doch in einer kargen Zelle lebend; ein Vertrauter des Bischofs, ein Knecht Gottes, ein Wohltäter, der den Menschen bis auf den Grund ihrer Seele schaute. Mit einem Blick unterschied er die wirklich Hilfsbedürftigen von jenen, die Bedürftigkeit nur vortäuschten. Der Mensch braucht ein Dach über dem Kopf, Nahrung, um seinen Körper zu erhalten, ein Gewand, das die Blöße des Leibes bedeckt und ihn vor Kälte schützt. Wer all dies besitzt, ist nicht arm. „Arm ist“, sagte Gregor, „wer Verlangen nach dem hat, was ihm fehlt. Und reich ist, wer das, was ihm fehlt, nicht zu erwerben wünscht. Armut besteht in einem geistigen Mangelbewußtsein, nicht in einem Mehr oder Weniger an Besitz. Wem die Armut willkommen ist, der ist nicht arm."

Wenn er Kranke tröstete und Verzweifelten Mut zusprach, erfuhr er, daß die einfachen Leute auf der Straße im tiefsten Inneren dieselben uralten Fragen beschäftigten wie seine wohlhabenden Freunde am Kaiserhof in Konstantinopel: Was ist der Sinn meines Lebens? Warum muß ich leiden? Gibt es etwas Bleibendes, das mich hält und trägt?

„Des Menschen Tage sind wie Gras, er blüht wie die Blume des Feldes. Fährt der Wind darüber, ist sie dahin, der Ort, wo sie stand, weiß von ihr nichts mehr", singt der Psalmist. Aber er spricht auch davon, daß vor Gott, der den Menschen aus Staub erschaffen hat und den er wieder zu Staub werden läßt, tausend Jahre wie ein Tag sind, der gestern vergangen ist. Seit Gott beschloß, als Mensch unter Menschen zu leben und für sie den schimpflichsten und schmerzhaftesten aller Tode auf sich nahm, weiß er um das Elend seiner Geschöpfe und öffnet ihnen den Himmel. Wonach wir uns jetzt sehnen – Gerechtigkeit und Schönheit – werden wir dann schauen von Angesicht zu Angesicht. Was gesät wird, ist verweslich, was auferweckt wird, unverweslich, wie der Völkerapostel Paulus nicht müde wurde zu verkünden. Du bist nicht allein, dein Leben ist nicht sinnlos, es ist von Gott gewollt, der dich liebt.

So oder ähnlich mag Gregor zu den Hilfsbedürftigen gesprochen haben, und wenn sie auch nicht immer den Sinn seiner Worte verstanden, so spürten sie doch in dem, was der Diakon für sie tat, seine tiefe Zuneigung. Der Mensch lebt nicht vom Brot allein, aber eben auch vom Brot.

In den Glanzzeiten Roms hatten die Herrscher um die Gunst des Volkes gebuhlt, indem sie es mit Brot und Spielen bei Laune hielten. Durch Jahrhunderte hindurch ließ sich ein beträchtlicher Teil der stadtrömischen Bevölkerung vom Staat versorgen, ohne zu arbeiten. Es reichte schon die Androhung einer Rebellion des Pöbels, sparsame Kaiser zu Wohltaten zu veranlassen. Doch nun gab es niemanden mehr, den man hätte erpressen können. Kaum einen der in der Stadt zurückgebliebenen Patrizier verlangte es nach einem Posten in der Stadtregierung, die byzantinischen Beamten auf dem Quirinalshügel blieben taub für Forderungen, und ein Aufstand hätte alles nur noch schlimmer gemacht. Denn vor den Mauern lauerten die Langobarden wie die Geier auf den Tod eines verendenden Tieres. Allein der Bischof von Rom und seine Diakone fühlten sich noch verantwortlich für die Hungernden, die Obdachlosen, die Kranken und die Gefangenen. Sie unterhielten Hospitäler, bettelten bei den wenigen Reichen um Lösegeld für Gefangene, sorgten dafür, daß Getreide und Öl von den Kirchengütern auf gefahrvollen Wegen die Stadt erreichten.

Der Verwalter Gregor mit seinem Sinn für das Mögliche und seinem Mut zum Unmöglichen war für Rom notwendig wie nie zuvor. Papst Pelagius hatte ihn mit offenen Armen und ohne ein Wort des Vorwurfs wegen der erfolglosen Mission empfangen. Er war nur noch ein Schatten jenes Mannes, den Gregor vor sechs Jahren verlassen hatte: gebeugt die hohe Gestalt, tief umschattet die Augen, der Gang schleppend. In Gregors Erschrecken hinein versuchte Pelagius zu scherzen: „Als Jesus sagte, mein Joch drückt nicht und meine Last ist leicht, dachte er nicht an die Langobarden, die es uns so schwermachen, das Volk zu beschützen und zu trösten. Aber deine Gegenwart gibt mir neue Zuversicht. Du wirst der Kirche fortan nicht nur als Diakon dienen, sondern auch als mein engster Berater."

Gregor zuckte zusammen. Aus der Traum, es könnte wieder so werden wie vor seiner Abreise nach Konstantinopel: ein streng geregeltes Leben im überschaubaren Bereich des Klosters, das tägliche Gebet mit den Brüdern, Lektüre, Meditation, Schreiben, Sorge für die Armen, die an die Pforte klopften. Er war krank, manche Tage konnte er sich kaum auf den Beinen halten. In Konstantinopel war er während eines Vortrags zum Buch Hiob zusammengebrochen. Sein griechischer Freund, der Arzt Theodor, Zeuge des Vorfalls, hatte ihn gründlich untersucht. Er führte die ständigen Schmerzen in den Gedärmen, den schwachen Magen, die Anfälle schleichenden Fiebers auf Überanstrengung und eine zu rigide Lebensweise zurück. Darüber hinaus besitze Gregor ohnehin eine zarte Konstitution und brauche mehr Schlaf und eine ausgewogene Nahrung. Folgsam nahm Gregor die Elixiere ein, die Theodor ihm bereitete. Manchmal besserten sich die Beschwerden, meistens aber nicht. Oft hatte Gregor mit Theodor darüber gesprochen, daß körperliche Gesundheit kein Wert an sich, sondern für etwas sei. Zweifellos gab es einen Zusammenhang zwischen Körper und Seele. Das hieß aber nicht unbedingt, daß leibliche Gebrechen in jedem Fall von einer kranken Seele verursacht wurden. Gregor konnte viele Beispiele von Kranken mit heiterer Seelenverfassung anführen, die ein Segen für ihre gesunden Mitmenschen waren. Der Arzt und der Apokrisiar hatten sich darauf geeinigt, daß man gehalten sei zu lindern und zu heilen, aber daß es nicht für jedes Leiden ein Kraut gab.

Mindestens so notwendig wie Schlaf und Essen war für Gregor die Zwiesprache mit Gott. Wie anders sollte er sich von der Niedergeschlagenheit befreien, in die ihn der Zustand der Welt versetzte? Er brauchte die Nachtwachen und das Fasten, um sich zu reinigen und die Dämonen in seinem Inneren auszutreiben. Als Stadtpräfekt und als Apokrisiar hatte er in einer Öffentlichkeit wirken müssen, die ihm nicht nur freundlich gesonnnen war. Mißgunst und Anfeindungen, Intrigen und Verleumdungen umwaberten ihn wie giftiger Nebel. Aber nicht das Böse, das er gleichsam einatmete, machte ihn zum Sünder, sondern seine eigene Schwäche. Stand nicht geschrieben: „Was aber aus dem Mund herauskommt, das kommt aus dem Herzen, und das macht den Menschen unrein. Denn aus dem Herzen kommen böse Gedanken, Mord, Ehebruch, Unzucht, Diebstahl, falsche Zeugenaussagen und Verleumdungen."

Er hatte den Mönchsstand gewählt, um Frieden in Gott zu finden. Lange genug war er der Welt mit ihren vielerlei Forderungen willfährig gewesen, zerrieben zwischen seinen Pflichten und der Sehnsucht nach Stille und Zurückgezogenheit. Magenkrämpfe und Fieber würden in einem geregelten Klosterleben allmählich verschwinden, hoffte Gregor. Wenige Jahre später, nun schon Papst, schrieb er: „Meine arme, von der Arbeitslast verwundete Seele denkt zurück, wie glücklich sie einst im Kloster war, wie alles Hinfällige weit unter ihr lag, wie sie alles Wandelbare hoch überragte, und wie sie, wenngleich im Körper zurückgehalten, dennoch die Grenzen des Fleisches in der Betrachtung überschritt."

Pelagius schüttelte den Kopf, als Gregor ihn inständig bat, endlich wieder ganz und gar Mönch sein zu dürfen. Er kenne das glühende Verlangen, in einem kontemplativen Leben das Angesicht des Schöpfers zu sehen, doch auch Jesus habe nur nachts beten können und am Tage den Menschen gedient. Jedermann in Rom schätze die Früchte von Gregors klösterlicher Askese: Selbsterkenntnis, Demut und der Sieg über die Begierden und Ängste des Fleisches. Er erwarte, daß Gregor sie den Menschen nicht vorenthalte. Man müsse die eigene Seelenruhe bisweilen zum Besten vieler hintansetzen.

„Warum ausgerechnet ich?" begehrte Gregor auf. Es gab genug Menschen, die nach nichts mehr verlangten, als in der Welt Ehren zu erwerben. Wenn man sie von weltlicher Geschäftigkeit fernhielt, flehten sie darum, dorthin zurückkehren zu dürfen, um sich diese Last wieder aufzubürden, weil sie meinten, Zurückgezogenheit bedeute eine ernste Gefahr für sie. Wohin das Verlangen sich wendet, dorthin ziehen auch die Gedanken. Er aber wollte nicht wieder mit byzantinischen Beamten taktieren und verhandeln wie einst als Präfekt und Apokrisiar, ausgedehnte Schriftwechsel führen, organisieren, erkunden, anordnen, bedrängt von den Eitelkeiten der Welt! Ihm lag nichts an Macht, Ehren und Anerkennung.

Zum Leben im Kloster, und nur dazu, fühlte sich Gregor berufen. Lange genug hatte er sich gegen diesen Ruf gewehrt, weil er sich in jungen Jahren nicht die Kraft zutraute, auf weltliche Güter verzichten und konsequent Christus nachfolgen zu können. Er unterschied sich darin nicht von dem reichen Jüngling in der Bibel, nicht von den meisten Menschen, denen Askese widernatürlich erscheint. Alles Liebgewordene aufzugeben und nicht zu wissen, ob und was man dafür empfängt, schreckt aus gutem Grund ab. Und dennoch zieht sich der Gedanke von Entsagung und stellvertretender Sühne durch die gesamte Menschheitsgeschichte. Immer wieder wagten und wagen Männer und Frauen den Sprung in die Selbstverleugnung um eines Größeren willen. „Leiden ist die höchste Form des Handelns … Leiden ist das Kennzeichen des Menschengeschlechts, nicht das Schwert“, lehrte Mahatma Gandhi, der Vater der indischen Unabhängigkeit. Keine Mutter würde, so versuchte er den Kritikern den Sinn von Fasten, Gebet und Keuschheit zu erklären, freiwillig auf der harten Erde schlafen; sie täte es aber, um ihrem Kind ein Bett zu verschaffen.

Eine Heilige des zwanzigsten Jahrhunderts, die Wissenschaftlerin und Ordensfrau Edith Stein, sprach aus eigenem Erleben von den Gefahren des Rückzugs aus der Welt, aber auch von der Seligkeit, in mystischer Schau Gott zu begegnen: „Wer zu dieser Höhe aufgestiegen ist (natürlich sind es keineswegs alle, die tatsächlich dem Ordensstand angehören), dem wird schon ein Vorgeschmack der ‚visio beatifica‘ zuteil; aber es gehört übernatürliche Geistes- und Seelenkraft dazu, um so entschieden sich vom Irdischen zu lösen und im Unsichtbaren zu leben.“

Als Gregor den Sprung in das so andere Leben gewagt hatte, wollte er um nichts in der Welt mehr davon lassen. Der Rhythmus von Gebet und Arbeit, Lektüre und Betrachtung, die Einfachheit im Umgang mit den Brüdern, die Konzentration auf das Wesentliche schenkten eine Freiheit, wie er sie zuvor nie erlebt hatte. Seine winzige Zelle schien ihm größer und reicher ausgestattet als jeder Palast. Gottesdienst und Weltdienst wurden eins. Die Stille des Klosters bewahrte vor den Reizen und Zumutungen einer aus den Fugen geratenen Welt. Nur in der Stille war Gottes Wort vernehmbar, nur aus ihr wuchs Kraft für die Welt.

Beredt bat Gregor um Verständnis, wenigstens um Aufschub. Pelagius blieb unnachgiebig. Es gebe kein Später, nur ein Jetzt. Er könne in seinen Tagesgeschäften nicht auf Gregor verzichten. Und wenn morgen die Welt an ihr Ende komme, sei die Kirche, der Leib Christi auf Erden, heute um so dringlicher gehalten, anmaßende Bischöfe auf den rechten Weg zurückzubringen, verirrte Seelen zu retten, den weltlichen Fürsten ins Gewissen zu reden, Wegweiser in Sturm und Finsternis zu sein.

„Wem viel geschenkt wurde, von dem wird viel gefordert. Du, Gregor, bist von Geburt an mit Gaben reich versehen. Zwar hast du viel getan, aber es wird mehr, viel mehr, von dir verlangt, nämlich gemäß deinem Namen Wächter der Kirche zu sein."

Gregor fügte sich, denn er stand unter seinem eigenen Wort. Es war noch gar nicht so lange her, daß er in Konstantinopel in seinen Kommentaren zum Buch Hiob gesagt hatte: „Wenn äußere Geschäfte nicht in verkehrter Liebe erstrebt werden, lassen sie sich auch in innerer Ausgeglichenheit und ohne Verwirrung der Seele erledigen. Heilige Männer erstreben solche Geschäfte nicht, seufzen vielmehr, daß sie ihnen durch verborgene Anordnung auferlegt sind. Und wenn sie diese Sorgen auch durch Ausrichtung auf Besseres fliehen, so werden sie diese doch mit ergebenem Sinn tragen ... und in der Erkenntnis, daß sie den höchsten Anordnungen folgen müssen, beugen sie den Nacken ihres Herzens unter die göttliche Vorsehung. Ist einer so gesinnt, dann wird keinerlei ihn äußerlich quälende Unruhe jemals bis zu seinem Innersten vordringen." Er hatte dabei an Männer wie Ambrosius und Augustinus gedacht. Auch sie waren von Zeit und Umständen unter das Joch öffentlicher Verpflichtungen gezwungen worden und hatten es willig getragen.

Zu Gregors Erleichterung gestattete Pelagius ihm, weiterhin bei seinen Brüdern im Kloster zu wohnen. Die Wege von dort zur Klause seiner Mutter und zum Sitz des Papstes im Lateran waren etwa gleich lang. Zu beiden brauchte es nicht mehr als eine Viertelstunde Fußweg.

Gregor beklagte sich bei der Mutter, Pelagius treibe nun schon zum zweiten Mal sein kleines Boot aus dem sicheren Hafen des Klosters ins tosende Meer. Dabei sei er doch wie Benedikt Mönch geworden, um in der Abgeschiedenheit von der Welt Gott zu suchen und zu finden. Er wolle in der nur noch kurzen Spanne seines Lebens den Schöpfer preisen wie ein Vogel im Morgen- und Abendlied. Zum Gesang einer Nachtigall reiche es zwar bei ihm nicht, aber Gott erfreue sich auch am Tschilpen der Sperlinge.

Er sei kein Vogel, erwiderte Silvia trocken, und der Vergleich mit Benedikt treffe auch nicht zu. Als der sich in die Berge zurückzog, habe Frieden in Rom geherrscht. Mit wenigen Worten, wie es ihre Art war, holte sie Gregor auf den Boden der Tatsachen zurück. Ihre Liebe litt nicht nur mit dem Sohn, sie ermutigte ihn auch, und wenn es sein mußte durch Widerspruch.

Insgeheim verglich er sie mit Theoktista. So sehr sich die beiden Frauen in Alter und Temperament unterschieden, sie glichen einander in ihrer selbstlosen Präsenz. Wo andere schnell mit Ratschlägen zur Stelle waren und es nur schwer verwanden, wenn diese nicht befolgt wurden, verwiesen sie ganz pragmatisch auf den Kern eines Problems und ließen ihn im übrigen wissen: Liebe, und tue, was du willst. Ihre unaufdringliche Zuneigung gab ihm Selbstvertrauen. Er war kein Mensch, der seine Gefühle offen zur Schau trug. In Gesprächen mit Fremden hielt er sich zurück und hörte lieber zu. Seine Äußerungen gegenüber Wichtigtuern fielen oft ironisch oder sarkastisch aus. Das schuf zwischen ihm und anderen eine Distanz, die er nicht wollte und unter der er zuweilen litt. Zu einfachen Leuten fand er hingegen leicht Zugang. Sie erzählten ihm, was sie bedrückte, er fragte, riet, half, wo immer möglich. Auf sein Wort konnten sie sich verlassen, sie schätzten und bewunderten ihn. Er war ihr Bruder in Christus und verhielt sich auch so. Eine leise Scheu vor dem geborenen Patrizier blieb dennoch.

Um so mehr brauchte Gregor den Umgang mit Vertrauten. Ihnen öffnete er sich ohne Vorbehalte. Er mochte tiefsinnige Gespräche und wich dem heiteren Schlagabtausch nicht aus. Ein Ja war ein Ja, und ein Nein auch ein Nein. Wirkliche Freundschaften sind zu allen Zeiten nicht reich gesät, und sie müssen gepflegt werden: durch Briefe, kurze Botschaften und Hilfe in Nöten aller Art. Auch als später das Amt des Bischofs von Rom und Krankheiten schwer auf ihm lasteten, sorgte sich Gregor um seine Freunde und ließ sie seine Anteilnahme spüren. Den intensiven geistigen Austausch mit seiner Mutter, Theoktista, Rusticiana und anderen Frauen mochte er nicht missen. Er schätzte ihre Sensibilität. Wo Männer viele Worte bemühten, hatten sie schon erspürt, worum es ging. Und waren sie ihnen nicht oft an moralischer Kraft, Opferbereitschaft, Mut und Ausdauer überlegen? Auf die Märtyrerinnen für den christlichen Glauben hinweisend, meinte er einmal: „Was sagen da wir bärtigen Schwächlinge, wenn wir zum himmlischen Reich Mädchen unter dem Schwert hindurchziehen sehen, wo uns schon

Zorn besiegt, Stolz aufbläht, Ehrgeiz in Unruhe stürzt, Unzucht besudelt?"

Wenn sich sein Traum von der Klosterzelle auch nicht so erfüllte, wie er ihn in Konstantinopel geträumt hatte, genoß es Gregor, wieder in der Heimat zu sein. Mochte die Welt auch auf ihr Ende zueilen, dieses heute ärmliche Rom, sein Rom, war auf ewigem Grund gebaut wie Jerusalem. Wiederholt schrieb Gregor der Freundin Rusticiana, sie möge in die Stadt ihrer Ahnen zurückkehren, die zwar leidgeprüft, aber vom Heiligen Geist auserwählt sei. Sie antwortete mit Ausflüchten und erinnerte ihn mit überschwenglichen Worten an die Schönheiten Konstantinopels. Ungehalten erwiderte er: „Wie jemand von Konstantinopel so entzückt sein kann und Rom so vergessen kann, verstehe ich nicht."

Viele Jahrhunderte hindurch war in den gebildeten Schichten Roms die Beherrschung des Griechischen ein absolutes Muß gewesen. Wer etwas auf sich hielt, beschäftigte in seinem Haushalt griechische Sklaven als Lehrer oder holte sich berühmte Philosophen und Künstler aus Griechenland. Obwohl Gregor einen griechischen Namen trug, obwohl er nach seinem Aufenthalt in Konstantinopel leidlich Griechisch verstand und die Schriften der östlichen Kirchenväter hochschätzte, stellte er die Sprache seiner Vorfahren und Landsleute, das Latein, über alles. Als ihm eine Dame des kaiserlichen Hofes nach Rom schrieb, teilte er einem Freund in Konstantinopel lapidar mit, er habe ihr nicht geantwortet, weil sie Griechisch geschrieben habe. Sie möge sich des Lateinischen, der Sprache des Römischen Reiches, bedienen. In einem Brief an den Freund Narses bald nach seiner Heimkehr ging er so weit zu behaupten: „Die Schriften der Römer sind viel wahrhaftiger als die der Griechen; es fehlen ihnen zwar eure Geistesblitze, dafür aber auch die Zweideutigkeiten."

Gregor konnte und wollte den Römer in sich nicht verleugnen. Aus seinen harschen Reaktionen sprach weniger der

Stolz auf eine ruhmvolle Vergangenheit als die Solidarität mit seinen Landsleuten. Ihm war der Hochmut der römischen Patrizier zuwider, die sich an die byzantinischen Fleischtöpfe geflüchtet hatten und nun verächtlich auf die ihrer Meinung nach ungebildeten Weströmer herabschauten. Rusticiana gehörte gewiß nicht zu ihnen. Sie mochten eher eine ängstliche Natur und Bequemlichkeit an Konstantinopel fesseln, aber es ärgerte Gregor, daß sie sich nicht offen zu diesen menschlichen Unzulänglichkeiten bekannte, sondern sie mit fadenscheinigen Gründen verbrämte. Rusticiana schickte immer wieder Geld nach Rom, um auf diese Weise ihre Verbundenheit mit der Heimat zu bekunden. „Wenigstens das", sagte sich Gregor, und kaufte damit Öl und Getreide für die Armen.

Gregors Ablehnung des Griechischen, wie sie in seinen Briefen immer wieder aufscheint, nahmen Historiker des neunzehnten Jahrhunderts zum Anlaß, ihm vorzuwerfen, er sei „unwissend, geistlos und geschmacklos" gewesen und habe weder Griechisch noch Latein richtig beherrscht. Seine Ignoranz sei so weit gegangen, daß er als Papst einem Bischof geraten habe, die Lektüre antiker Autoren nicht dem Studium der Heiligen Schrift und der Kirchenväter vorzuziehen.

Es gehört schon eine große Portion Voreingenommenheit dazu, einen Papst des sechsten Jahrhunderts als Feind klassischer Studien, wie sie im neunzehnten Jahrhundert an deutschen Gymnasien gelehrt wurden, zu bezeichnen, weil er Selbstverständliches von einem Bischof einforderte.

Wie jeder Gebildete seiner Zeit war Gregor mit der antiken Literatur und Philosophie vertraut. Daß er sich in seinen Predigten und Schriften nur sporadisch auf sie bezog, hat einen einfachen Grund. Ihm lag nicht daran, einen Nachweis seiner Kenntnisse zu erbringen oder gar Professoren späterer Jahrhunderte zu beeindrucken. Er wollte das Evangelium verkünden, nicht mehr und nicht weniger. Das Volk verlangte nach klaren Wegweisungen in einer chaotischen Zeit. Sich an

Gebildete und Ungebildete gleichermaßen wendend, bediente sich Gregor einer Sprache, die von den Zeitgenossen verstanden wurde.

Das in Rom gesprochene Latein in der zweiten Hälfte des sechsten Jahrhunderts unterschied sich deutlich von dem eines Cicero und auch noch eines Augustinus mit seinen reichen Bezügen zu vorchristlichen Bildern und Vorstellungsinhalten. Seit die Westgoten, Vandalen und Ostgoten über Rom hinweggezogen, die Eliten umgekommen oder geflohen, Bibliotheken und Bildungseinrichtungen zerstört waren, hatte sich in dem Gemisch aus Alteingesessenen und assimilierten Germanen eine neue Kultur herausgebildet. Sie war ebenso weit von klassisch-antikem Bildungsgut entfernt wie von den philosophischen und theologischen Gedankengängen der frühen Kirchenväter. Mochte Kaiser Theodosius auch hundertfünfzig Jahre zuvor das Christentum zur Staatsreligion erklärt und die heidnischen Tempel geschlossen haben, so lebte doch die Mehrzahl der römischen Einwohner in einem richtungslosen Schwebezustand. Viele praktizierten einen diffusen Glauben, durchsetzt von magischen Elementen und Resten heidnischer Riten. Die römische Kirche in der zweiten Hälfte des sechsten Jahrhunderts mußte sich um das physische Überleben der ihr anvertrauten Menschen kümmern und ihnen moralischen Halt geben. Das konnte nur in einer allgemeinverständlichen Sprache geschehen. Philosophische Höhenflüge und theologische Glanzstücke sind nicht gefragt, wo es um die nackte Existenz geht. Mochte sich Cassiodorus in seinem kalabresischen Kloster auch eine Oase antiker Bildung geschaffen haben, in Rom war dies unmöglich. Nicht nur durch die Gemächer des Papstes im Lateran, auch durch die Klöster der Siebenhügelstadt fuhr der rauhe Wind der ruhelosen Zeit.

Als Berater von Papst Pelagius II. mußte sich Gregor mit dem sogenannten Drei-Kapitel-Streit befassen, der zu einer Spaltung innerhalb der Kirche Westroms geführt hatte. Seit mehr als hundert Jahren schwelte die Auseinandersetzung zwischen den Monophysiten im ägyptischen Alexandria und den Dyophysiten im Westen des Römischen Reiches. Die ägyptischen Monophysiten bestanden darauf, daß Christus auch nach seiner Menschwerdung Gott geblieben und sein göttlicher Leib dem menschlichen nicht wesensgleich sei. Die westlichen Theologen, vor allem Papst Leo, hatten dagegen die Lehre von den zwei Naturen in Christus entwickelt, der göttlichen und der menschlichen Natur. Nach heftig geführten Disputen, in denen die Geistlichen auch vor Handgreiflichkeiten nicht zurückschreckten, bestätigte das Konzil zu Chalcedon 451 die Lehre von den zwei Naturen Christi. Doch damit kehrte noch immer keine Ruhe ein. Die Monophysiten bestanden weiter auf der allein göttlichen Natur des menschgewordenen Christus.

Theologische Diskussionen erregten damals noch den Mann auf der Straße, und die aufgeheizten Gemüter entluden sich leicht in einem spontanen Aufstand. Kaiser Justinian nahm die Sache ernst und suchte einen Ausweg, um den Streit beizulegen. Schließlich war Ägypten, die Hochburg der Monophysiten, auch die Kornkammer des Reiches. Solange dort die Geistlichen und das Volk ständig gegen den christlichen Kaiser und die von ihm bestätigte Lehre von den zwei Naturen Christi protestierten, gefährdeten Unruhen und Loslösungsbestrebungen die Getreidelieferungen. Also beschloß Justinian auf Drängen seiner Frau Theodora, den Monophysiten entgegenzukommen. Er ließ eine Reihe von Sätzen dreier Theologen, die den Monophysiten suspekt waren, in drei Kapiteln zusammenfassen und zu Irrlehren erklären. Per Edikt befahl er allen Bischöfen, dieses Schriftstück zu unterzeichnen. Die Orientalen gehorchten, doch die westlichen Bischöfe meinten, auf diese Weise werde der Monophysitismus entgegen den Beschlüssen des Konzils von Chalcedon wieder hoffähig gemacht, und verweigerten die Unterschrift. Kaiser Justinian zitierte den damals in Rom regierenden Papst Vigilius nach Konstantinopel. Dort zog sich der zwischen dem Kaiser und den Bischöfen des Westens unglücklich taktierende Vigilius den Zorn aller Parteien zu. Der Kaiser warf Vigilius kurzerhand ins Gefängnis und zwang ihn so zur Unterschrift. Der gebrochene Papst trat 555 die Rückreise in die von den Gotenkriegen verheerte Heimat an und starb unterwegs in Syrakus. Der Leichnam wurde zwar nach Rom gebracht, aber nicht in der Peterskirche beigesetzt. Dem Nachfolger Pelagius I. blieb nichts anderes übrig, als die Unterschrift des Vigilius unter die sogenannten Drei Kapitel förmlich anzuerkennen.

Wenn Kaiser Justinian gehofft hatte, die Streitigkeiten um die Natur Christi auf diese Weise dauerhaft beendet zu haben, sah er sich getäuscht. Im Osten, von Alexandria ausgehend, schwelte der Unmut unter der Decke weiter. Im Westen sagten sich die Bischöfe Nordafrikas, Norditaliens und Istriens vom Stuhl Petri los, weil der vorgeblich das Konzil von Chalcedon verraten habe. Bisher hatten sie dem Bischof von Rom einen Vorrang als primus inter pares zuerkannt, weil er der direkte Nachfolger von Petrus war, dem Fels, auf den Jesus Christus seine Kirche gegründet hatte. Seine Autorität, die auf freiwilliger Anerkennung durch die anderen Bischöfe beruhte, verbürgte die Einheit der Kirche.

Papst Pelagius II. stand nun wie seine Vorgänger Pelagius I., Johannes III. und Benedikt I. vor der Aufgabe, das in Konstantinopel zerschlagene Porzellan wieder zu kitten und die Einheit der Bischöfe wenigsten im Westen wiederherzustellen. Dazu brauchte er Gregors diplomatisches Geschick.

Im sechsten Jahrhundert ging es nicht anders zu als heute, wenn auch die Konflikte andere waren. Worüber wir erbittert streiten, werden Künftige so wenig nachvollziehen können wie wir so manche Themen jener Zeiten. Politische Interessen, wirtschaftliche Notwendigkeiten, persönliche Ambitionen, Eitelkeiten, Gekränktheiten, aufgeheizt durch Gerüchte und gegenseitige Anklagen, bilden immer ein explosives Gemisch, das den Kern des Problems verdeckt.

Wahrscheinlich hielt Gregor den Streit um die Drei Kapitel für absolut überflüssig. Er versuchte ihn zu entschärfen, indem er die Leidenschaften dämpfte und den Blick der widerständigen Bischöfe im Westen wieder auf das Wesentliche lenkte: Das Schriftstück war ein aus politischen Notwendigkeiten entstandener Kompromiß und widersprach in keiner Weise den Beschlüssen des Konzils von Chalcedon über die zwei Naturen Jesu Christi. Es gab keinen Grund, deswegen die brüderliche Verbundenheit mit dem Stuhl Petri aufzukündigen. In diesem Sinne verfaßte er im Auftrag des Papstes die Schreiben an die Bischöfe von Mailand, Aquileja und Karthago. Er versicherte sie des rechten Glaubens der römischen Kirche, lud sie nach Rom ein, damit sie sich persönlich davon überzeugten, bot an, Vertreter des römischen Stuhls nach Ravenna zu schicken, wenn sie nicht nach Rom kommen wollten. Er argumentierte, er bat, er mahnte: „Und welche Leiden, welche Trübsal hat die Kirche nicht erdulden müssen ob des Zerwürfnisses in ihr! Sind wir gleich unwürdig, wir vertrauen doch auf Gottes Barmherzigkeit, daß er, so nur einmal Einheit und Frieden unter uns herrschen, auch die öffentlichen Züchtigungen von uns hinwegnehmen wird … Schauet, schon naht das Ende, alles sinkt in Trümmer, ganze Landstriche sind vereinsamt, und ein Sturm gleich der Sintflut ergießt sich über die Erde, und ihr flieht die schützende Arche …“ Doch alles Werben blieb vergeblich. Die Bischöfe Norditaliens verweigerten sich jeglichen Verhandlungen.

Als wäre dieser Streit nicht genug, drohte aus Konstantinopel neues Ungemach. Der von Gregor hochgeschätzte Patriarch Johannes, wegen seines asketischen Lebenswandels „der Faster“ genannt, hatte sich den Titel „ökumenischer Patriarch“ zugelegt. Diese Nachricht traf in Rom auf eine wunde Stelle. Seit im zweiten Jahrhundert die Bischöfe in den Metropolen der Antike über eine lange Reihe von Vorgängern als direkte Nachfolger der Apostel galten, garantierten die jeweiligen Metropoliten von Rom, Alexandria, Antiochia, und Jerusalem die Kirchengemeinschaften mit den Ortskirchen unter ihrer Jurisdiktion. Keiner dieser vier beanspruchte die Vorherrschaft über die anderen. Allerdings kam Rom mit seinen Apostelgräbern ein Ehrenvorrang zu. Nachdem Kaiser Konstantin den vorher ziemlich unbedeutenden Ort Byzanz zu seiner Hauptstadt Konstantinopel ausgebaut hatte, beanspruchten die Kaiser für ihre dortige Kirche ebenfalls den Status einer Metropolitankirche. Man erklärte, der Apostel Andreas, der Bruder des Petrus, habe auch in Byzanz gewirkt, und ein Konzil bestätigte dies im Jahr 381. Seit der Regierung Kaiser Justinians in der ersten Hälfte des sechsten Jahrhunderts nannte man die nunmehr fünf Metropoliten Patriarchen. Sie waren ranggleich und standen zueinander in einer festen Ehrenordnung: 1. Rom, 2. Konstantinopel, 3. Alexandria, 4. Antiochia und 5. Jerusalem.

Aus guten Gründen hatten die römischen Bischöfe schon immer mißtrauisch nach Konstantinopel geblickt und durch massive Proteste zu verhindern gewußt, daß der neuen Hauptstadt des Reiches auch in religiösen Belangen der Vorzug vor Rom eingeräumt wurde. Nur schwer hatten sich die Römer mit dem Verlust des Regierungssitzes abgefunden. Um so empfindlicher reagierten sie auf jeden Versuch, nun auch noch dem Stuhl Petri den apostolischen Ehrenrang streitig zu machen. Die Gräber der Märtyrer, vor allem die Apostelgräber, waren der einzige Schatz der zur Provinz degradierten einstigen Metropole, und die Römer hatten ein besonders wachsames Auge auf christliche Grabräuber aus dem Osten, ausgeschickt, durch erbeutete Reliquien Machtansprüche zu begründen. Die anderen altehrwürdigen Patriarchate von Antiochia, Alexandria und Jerusalem mußten es sich dagegen gefallen lassen, Konstantinopel im Ehrenrang den Vortritt einzuräumen.

Jetzt schien man in Konstantinopel erneut versuchen zu wollen, den dortigen Bischofssitz aufzuwerten. Indem sich Patriarch Johannes als ökumenischer Patriarch titulieren ließ, beanspruchte er nach Meinung der Römer, als allgemeiner, universaler Bischof zu gelten. Nicht wie der Papst in Rom als Erster unter Gleichen, sondern als Oberster aller Patriarchate und Ortskirchen. Wehret den Anfängen, mögen Papst Pelagius und sein Berater Gregor gedacht haben, als sie geharnischte Proteste an den Kaiser und den Patriarchen formulierten. Auf die Frage von Pelagius, wer hinter diesem Angriff auf die Gleichrangigkeit aller Patriarchate stecke, der Kaiser oder der Patriarch von Konstantinopel, wußte Gregor keine Antwort. Schwer vorstellbar, daß Maurikios den Titel „ökumenischer Patriarch" ersonnen hatte. Der Kaiser mischte sich in Kirchenfragen nur so weit ein, wie es die Verwaltung des Reiches erforderte. Hatte Gregor sich so in Johannes getäuscht? Dieser fromme, gerechte Mann, dessen Liebe den Armen gehörte und der den Reichen die Wahrheit nicht schönte, sollte machtgierig und eitel sein? Es paßte einfach nicht zu ihm, sich einen so anmaßenden Titel zuzulegen. Keiner mußte besser wissen als der einstige Mönch Johannes, daß Ämter und Ehren vor Gott nichts galten und in der Welt nur Zwietracht auslösten. Noch glaubte Gregor an ein Mißverständnis, das sich durch Briefe auflösen lassen würde.

Die innerkirchlichen Konflikte, seine Tätigkeit als Diakon, die Sorge um die Armen, um das Kloster auf dem Caelius, die immer neuen Schreckensnachrichten vom Wüten der Langobardenhorden rings um Rom forderten Gregor. Kostbar und viel zu selten waren die Tage, da er sich ungestört Gebet und Meditation hingeben konnte. Immerhin fand er noch Zeit, seine Kommentare zum Buch Hiob zu überarbeiten, wie er es dem Freund Leander versprochen hatte. Aus Spanien kam dann auch die einzige freudige Nachricht dieser Tage. Zwar war der unglückliche Kronprinz Hermenigild auf Befehl seines Vaters Leovigild hingerichtet worden und der Vater kurz darauf gestorben. Aber Leander lebte! Und dessen Neffe Reccared, Hermenigilds Bruder, trug nun die Krone der Westgoten und war den Katholiken freundlich gesonnen.

Daß Leander auf sein Werk wartete, spornte Gregor an. Wenn er nächtens beim Schein der Öllampe über das Manuskript gebeugt saß, sprach er mit Leander, hörte sein Lachen und meinte, er müsse nur aus der Tür treten, um ihn zu treffen.

Auch Theoktista schrieb ihm, klug, beherrscht, doch voller Wärme. Gregor spannte die Flügel seines Geistes zu Theoktista im Osten und Leander im Westen aus und fühlte sich von ihnen getragen und mit ihnen emporgehoben zu den Verheißungen des Gottesreiches, nach dem er sich sehnte. Wenn etwas das Leben in dieser verworrenen Welt erträglich machte, dann war es die Freundschaft Gleichgesinnter.

„Zunächst werden die Herzen der Menschen und später die Elemente verwirrt, damit, wenn die Ordnung der materiellen Welt erschüttert wird, sich zeigt, aus welcher Vergeltung heraus dies nun geschieht", war Gregor überzeugt. Sein Jahrhundert, das mit dem Einzug des Ostgotenkönigs Theoderich in Rom und einer kurzen friedlichen Phase begonnen hatte, dann in einem jahrzehntelangen Krieg zwischen Goten und Byzantinern die Zerstörung Italiens erlebte und mit dem Einfall der Langobarden noch größeres Elend brachte, steigerte sich Ende der achtziger Jahre zu einem Furioso von Tod und Verderben.

Es begann im Herbst 589 mit heftigen Regenfällen. Ein Gewitter folgte dem nächsten, die Dunkelheit der Tage wurde nur von Blitzen erhellt. In Ligurien und Venetien und anderen Gegenden Italiens rissen die über die Ufer getretenen Flüsse Häuser, Menschen und Tiere in großer Zahl in den Tod. Die Landstraßen waren unpassierbar, Schlammlawinen verschütteten Dörfer und Wege. Im November ergoß der Tiber seine schmutziggelben Fluten mit unwiderstehlicher Gewalt über Rom. Der fränkische Diakon Agilulf, der sich im Auftrag des Bischofs Gregor von Tours um diese Zeit in Rom aufhielt, berichtete nach seiner Heimkehr, die Flut habe die Stadt dermaßen überschwemmt, daß viele Tempel aus dem Altertum einstürzten und die Vorratshäuser der Kirchen zerstört wurden, in denen einige tausend Scheffel Weizen zugrunde gingen. „Auch schwammen eine Menge von Schlangen mit einem Drachen, der so dick wie ein starker Balken war, durch den Fluß ins Meer, aber in den salzigen Fluten des stürmischen Meeres kamen die Tiere um und wurden ans Gestade geworfen." Die Stadt versank in Wasser und Schlamm. Die Prophezeiung des Mönchs Benedikt, Rom werde nicht von Kriegsvölkern zerstört werden, sondern, von Ungewittern, Blitzen, Stürmen und Erdbeben erschüttert, in sich selbst zusammensinken, schien sich nun zu erfüllen.

Seit jeher galten Tiberhochwasser als Vorboten noch schlimmerer Ereignisse: Erdbeben, Seuchen, politischer Umstürze ... So war es auch diesmal. Den abziehenden Fluten folgte die Pest. Nicht zum erstenmal in diesem Jahrhundert. Von Ägypten aus war die Beulenpest nach Nordosten gezogen und hatte in den Jahren 542 bis 544 in Konstantinopel dreihunderttausend Menschen das Leben gekostet. Auch Kaiser Justinian war erkrankt, hatte aber überlebt. 543, mitten in den Gotenkriegen, erreichte die Pest Italien und kehrte von da an regelmäßig wieder. An keine Jahreszeit gebunden, stürzte sie sich auf Menschen und Tiere. Die Kranken starben nach drei Tagen, vom Fieber verbrannt. Nicht alle Gegenden waren gleichmäßig betroffen. Häufig grassierte die Seuche zwei oder drei Jahre in einem Gebiet und schwächte sich dann wieder ab.

Die Pest, die Anfang des Jahres 590 nach einer sommerlichen Dürre und herbstlichen Überschwemmungen Rom heimsuchte, übertraf an Heftigkeit alle früheren Ausbrüche.

Sie kroch aus dem Wasser und aus der Erde, fiel vom Himmel herab, sie war allgegenwärtig.

Es schien, als solle sich die Vision des alttestamentarischen Propheten Ezechiel vom Strafgericht Gottes nun in Rom erfüllen: „Das Land ist voll Blutschuld, die Stadt ist voll Unrecht ... Alt und jung, Mädchen, Kinder und Frauen sollt ihr erschlagen und umbringen ... Beginnt in meinem Heiligtum!"

Denn die Pest begann in Gottes Heiligtum! Als einen der ersten raffte sie Papst Pelagius II. hinweg. Er starb am 8. Februar 590. Der Tod traf ihn so schnell und unvorbereitet, daß er keine Verfügungen mehr treffen konnte. Danach setzte ein Sterben ohnegleichen in der Stadt ein. Die Menschen fielen auf der Straße um, sie starben beim Essen, im Schlaf, sie starben bei dem, was sie gerade taten. Die Pest verschonte weder Arme noch Reiche, Fromme noch Ungläubige. Wer davonlaufen wollte, den holte sie ein, wer sich einschloß, zu dem verschaffte sie sich Zutritt. Auch im Kloster auf dem Caelius hielt der Tod Einzug. Ausführlich berichtet Gregor an verschiedenen Stellen seiner „Dialoge" von einem jungen Mönch, der, von der Seuche ergriffen, bis dahin ein ziemlich ungeistliches Leben geführt hatte und durch das Gebet der Brüder vor dem leiblichen und geistlichen Tode gerettet wurde.

Der Stuhl Petri war leer, die Stadt ohne Führung. Die Pest hielt zwar den Krieg von der Stadt fern, aber sie war schlimmer als die Langobarden. Waffen richteten nichts gegen sie aus. Bald machte in Volk und Geistlichkeit ein Name die Runde: Anicius Gregor. Nur einer kam für die Würde des Bischofs von Rom in Frage, nur einer konnte helfen: Gregor, der heiligmäßige Abt des Andreasklosters.

Die Mönche verbarrikadierten das Tor, als sich eine lärmende Menge dem Kloster näherte. Noch wußte niemand, was der Auflauf zu bedeuten hatte: Rebellion oder ein Raubüberfall. Wenn der Tod leibhaftig umgeht und reiche Ernte hält, verfallen die Menschen schnell in Panik. Alle Dämme, die Vernunft und Anstand vor dem Chaos errichtet haben, brechen im Ansturm der Angst.

Gregor schaute überrascht auf, als plötzlich die Tür zu seiner Zelle aufgerissen wurde. Peter war den Weg vom Lateran zum Clivus Scauri im Sturmschritt gelaufen, um den Freund auf das vorzubereiten, was sich gegen ihn zusammenbraute.

„Was wollen sie?“ fragte Gregor.

„Sie wollen dich als Bischof von Rom“, erwiderte Peter. Er öffnete das Fenster, und nun waren deutlich die Rufe zu hören: „Gregorius Papa!“ Gregorius Papst!

„Nein! Nein! Niemals!“ rief Gregor erschrocken. Er sprang auf und lief in der Zelle hin und her, als könne er sich so vor den Verfolgern in Sicherheit bringen.

„Sie werden nicht von der Stelle weichen, bis du vor ihnen erscheinst und das Amt annimmst“, sagte Peter.

„Niemals!“ wiederholte Gregor entschieden und setzte sich wieder. Er habe nicht den Präfektenmantel abgelegt, um das Bischofsgewand anzulegen. „Niemand ist weniger würdig als ich, die Nachfolge des Apostels Petrus anzutreten, und niemand unwilliger, sich den damit verbundenen Geschäften der Welt zu widmen. Ich bin nicht der Fels, auf den Christus seine Kirche bauen kann, sondern ein zerbrochenes Gefäß. Ich will in diesem Kloster leben und Gott dienen und sonst nichts.“ Er neigte den Kopf und flüsterte: „Komm mir zu Hilfe, Herr, in deiner Hand liegt mein Geschick; entreiß mich der Hand meiner Feinde und Verfolger!“

Das Getöse von draußen hatte die letzten Worte übertönt. Peter schloß das Fenster. Der Freund tat ihm leid, denn er wußte, wieviel ihm das mönchische Leben bedeutete. Andererseits konnte er sich keinen besseren Hausherrn im Lateran vorstellen als Gregor. Was sollte er raten? Hier war eine Macht am Werke, die ihn und ihrer beider Wünsche weit überstieg.

„Laß uns beten", sagte er und begann: „Pater noster qui es in caelis ...", Unser Vater im Himmel, geheiligt werde dein Name ... Mußten die Worte „fiat voluntas tua", dein Wille geschehe wie im Himmel so auf Erden, dem Freund nicht in den Ohren klingen, ins Herz dringen?

Doch Gregor schwieg. Die Unruhe der vor der Tür wartenden Mönche spornte Peter zu einem weiteren Versuch an: „Haben wir nicht in unseren Jugendtagen bei Seneca gelesen: ‚Crede mihi, sacra populi linguae est', glaube mir, heilig ist die Rede des Volkes? Spricht Gott nicht durch die bittenden, rufenden Menschen da draußen? Du darfst dich ihnen nicht verweigern."

Gregor schüttelte den Kopf: „Gott steckt nicht hinter jeder Forderung von Schreihälsen, das kann auch der Teufel sein, der die Menschen irreführt. Sag den Leuten, sie sollen nach Hause gehen und sich einen Besseren suchen. Wenn sie sich nicht trollen, verständigt den Stadtpräfekten, er möge für Ruhe sorgen. Und mich laßt allein."

Schon begann es zu dämmern. Die ersten Fackeln wurden entzündet. Selbst durch das geschlossene Fenster von Gregors Zelle drangen nun die Rufe der stetig wachsenden Menge: „Gregorius Papa!" Sie klangen fordernd und ungeduldig, aber das beeindruckte Gregor nicht. Alles wollte er auf sich nehmen, nur eines nicht: das Amt des Papstes.

Schließlich wußten sich die verängstigten Mönche nicht mehr anders zu helfen, als gegen das Gebot ihres Abtes in die Zelle einzudringen. Dort saß Gregor beim Schein der Öllampe und las, als ginge ihn das Geschehen ringsum nichts an.

„Die Menge wird das Kloster stürmen, alles kurz und klein schlagen, anzünden und uns bei lebendigem Leibe braten, wenn du nicht endlich zu den Leuten sprichst", rief Peter. Angesichts von Gregors stoischer Ruhe verlor er die Fassung und fuhr ihn an: „Wenn du schon mit denen da draußen kein Mitleid hast, dann doch wenigstens mit deinen Brüdern!"

Seufzend erhob sich Gregor. Dabei schaute er Peter vorwurfsvoll an, als wollte er sagen: Nicht einmal du, mein Freund, verstehst mich?

Als er mit den Mönchen vor das Tor trat, ebbte der Lärm mit einem Schlag ab. Gregor spürte, daß die Stille nur den Sturm ankündigte, der losbrechen würde, wenn er dem Verlangen der erregten Menge sein Nein entgegensetzte. Die Menschen waren verzweifelt, wütend auch, daß er sie so lange hatte warten lassen, und bereit, ihn notfalls mit Gewalt zu zwingen. Wie sollte er ihnen erklären, daß sie sich in ihm täuschten? Er konnte sie auch als ihr Bischof nicht vor der Pest retten, ebensowenig wie vor den Langobarden. Doch das wollten sie jetzt, in diesem Augenblick, nicht hören. Ein falsches Wort, und sie würden die Drohung, von der Peter gesprochen hatte, wahrmachen. In seiner Hilflosigkeit hob er beide Arme. Wie mit einer Stimme jubelte die Menge: „Gregorius Papa! Vivat Gregorius Papa!"

Es dauerte eine Weile, bis er sich Gehör verschaffen konnte. Ja, er werde die Geschäfte des Papstes übernehmen, aber nur so lange, bis sie einen Würdigeren an seiner Stelle gefunden hätten und dieser vom Kaiser in Konstantinopel bestätigt sei.

Ein dumpfes Grollen erhob sich. Jemand schrie, Gregor solle sie nicht hinhalten; ein anderer: „Rom stirbt, tu deine Pflicht, Mönch!" Die Menge rückte gegen das Tor vor, im Schein der Fackeln blitzten Äxte auf.

Der inzwischen herbeigeeilte Stadtpräfekt Germanus verständigte sich mit dem Magister Militium, dem Chef der Miliz, durch einen kurzen Blick. Männer der Bürgerwehr bahnten Germanus durch die aufgebrachte Menge einen Weg zu Gregor. Vom Pferd herab rief er: „Bürger, hört mir zu! Der Senat und das Volk von Rom kennen keinen besseren und würdigeren Mann als Gregor aus dem Geschlecht der Anicier."

Augenblicklich beruhigten sich die Menschen. Germanus fuhr fort: Wer Gregor als Bischof haben wolle, tue dies noch einmal in aller Form durch Zuruf und Handaufheben kund.

„Gregorius Papa, Gregorius Papa!" hallte es von allen Seiten, und unzählige Arme reckten sich in die Höhe.

Damit sei Abt Gregor vom römischen Volk ordentlich zum Papst gewählt, verkündete Germanus. Ein von den geistlichen und weltlichen Würdenträgern der Stadt unterschriebenes Dokument der Wahlhandlung gehe in den nächsten Tagen an Kaiser Maurikios. Sobald dessen Bestätigung in Rom eingetroffen sei, fände die Bischofsweihe Gregors am Grab des Apostels Petrus statt.

Die eben noch das Kloster hatten stürmen wollen, brachen in Hochrufe aus, schwenkten die Fackeln, tanzten. Römer lagen sich mit blonden Goten und schwarzhäutigen Afrikanern in den Armen. In diesem Augenblick dachte niemand mehr an die Pest; die Angst vor dem nächsten Tag verflüchtigte sich, Verzweiflung machte der Hoffnung Platz. Obwohl Männer von der Bürgerwehr einen schützenden Kreis um Gregor bildeten, gelang es den Menschen doch, zu ihm vorzudringen, seine Hände zu küssen, nach seinem Gewand zu greifen, damit die Berührung ihnen Glück bringe. Nun würde alles gut.

Die Mönche hatten Mühe, ihren Abt und sich selber vor der überschäumenden Zuneigung des Volkes in Sicherheit zu bringen. Wieder im Kloster, mußten sie ihn zu seiner Zelle tragen, heftige Magenkrämpfe und Erbrechen machten ihm das Gehen unmöglich. Peter bettete ihn auf sein Lager.

Die Nähe des Freundes und die endlich einkehrende Ruhe entspannten Gregor allmählich. Er gestand sich ein, daß der Stadtpräfekt Germanus das einzig Richtige getan hatte, um Schlimmeres zu verhüten. Aber um welchen Preis!

„Bete für mich", bat er Peter, „daß dieser Kelch an mir vorübergeht. Ich bin alt, fast fünfzig Jahre, verbraucht, krank. Der Herr weiß, daß ich ein schlechter Papst wäre. Die Kirche braucht in diesen Zeiten, da alles auf das Ende der Welt hindeutet, einen gesunden und kräftigen Hirten, um die Herde vor den reißenden Wölfen zu bewahren. Warum wollen die Römer ausgerechnet mich, den Versager? Nein, widersprich mir nicht. Was du vielleicht für übertriebene Demut hältst, ist nur die Erkenntnis meiner Grenzen. Als Präfekt konnte ich Rom nicht für die Verteidigung gegen die Langobarden zurüsten. Während der sechs langen Jahre in Konstantinopel habe ich nichts für Rom erreicht. Meine menschlichen Unzulänglichkeiten als Abt kennst du zur Genüge. Nein, Gott kann mich nicht als Hirten für seine Kirche wollen. Es ist alles ein großes Mißverständnis."

Peter hielt sich nicht damit auf, den Freund vom Gegenteil zu überzeugen. Er sagte nur, Jesus Christus habe den Fischer Petrus als Felsen, zum Fundament seiner Kirche, auserwählt. Dieser Petrus sei ein schwacher Mensch gewesen, auch er habe versagt. Gott bediene sich der Schwachen, um die Starken zu demütigen. „Er wird dir die Kraft verleihen, ein guter Papst zu sein. Wir werden dir nach unseren Kräften beistehen. Auch deinen Brüdern wird ja ein großes Opfer abverlangt. Sie müssen auf den geistlichen Führer ihres Klosters verzichten, den besten, den sie sich vorstellen können."

Gregor lächelte müde. Was sollte Peter auch anderes sagen. Aber er, Gregor, würde alles tun, um Gott und die Menschen davon zu überzeugen, daß er nicht zum Papst taugt. Noch in derselben Nacht schrieb er zwei Briefe, einen an Kaiser Maurikios und einen an den Patriarchen Johannes. Inständig beschwor er den Kaiser, die Wahl des Volkes nicht zu bestätigen, denn er sei unfähig, dieses Amt auszuüben und deshalb der Ehre nicht würdig. In seiner Panik sei das Volk in einen Irrtum verfallen, den der allergnädigste Kaiser in seiner Weisheit korrigieren möge. Gregor baute darauf, daß sein Wunsch Maurikios höchst gelegen kam. Es konnte nicht im Interesse des Kaisers liegen, im westlichen Teil seines Reiches einen sperrigen und widersetzlichen Mann wie den einstigen Apokrisiar in einer so verantwortlichen Stellung zu wissen.

Den Patriarchen bat er inständig, in diesem Sinne auf den Kaiser einzuwirken. Gregor erinnerte Johannes daran, wie er nach dem Tod des Patriarchen Eutychius aus aufrichtiger Demut heraus alles versucht hatte, dessen Nachfolge nicht antreten zu müssen. Wer sollte ihn besser verstehen als der einstige Mönch Johannes!

Nachdem Gregor die Briefe einem Boten übergeben hatte, schöpfte er neue Hoffnung, das Verhängnis doch noch aufhalten zu können. Er traute sich zu, einen ehrenhaften Nachfolger für Pelagius zu finden und das Volk und den Senat von Rom zu überzeugen, die Wahl des heutigen Tages für ungültig zu erklären.

Stadtpräfekt Germanus blieb wachsam, denn er wußte, daß Gregors Weigerung, den Stuhl Petri einzunehmen, bitterernst gemeint war. Er ließ das Kloster und die Stadttore scharf bewachen, und die Milizen taten ihren Dienst sehr gut, als sie erfuhren, worum es ging. Sie fingen Gregors Boten nach Konstantinopel ab. Germanus brauchte Gregors Schreiben an den Kaiser nicht zu lesen, um zu erfahren, welche Botschaft es enthielt. Mit dem unterzeichneten Wahldokument, einer inständigen Bitte an den Kaiser, die Wahl des Aniciers zum Bischof von Rom zu bestätigen, und Gregors Schreiben an den Patriarchen schickte er den Boten einige Tage später auf die Reise. Ein hoher Lohn sei ihm gewiß, wenn er so schnell wie möglich mit der kaiserlichen Bestätigung nach Rom zurückkehre, das Schicksal der Stadt liege in seiner Hand, schärfte Germanus ihm ein. Gregors Brief an den Kaiser hielt der Stadtpräfekt zurück.

Der Konsul Gottes

Da aber die Pest immer noch in Rom wütete, ordnete er an, es solle eine Prozession mit Litaneien abgehalten werden. In dieser Prozession ließ er das Bild der Jungfrau Maria vorantragen. Wie man sagt, befindet sich das Bild noch heute in Rom, und zwar in der Kirche, die S. Maria Maggiore heißt; der hl. Lukas, der ein vortrefflicher Arzt und Maler war, soll es gemalt haben. Und siehe da, die verpestete und verdorbene Luft wich völlig vor dem Bild und blieb hinter dem Bild in wunderbarer Weise klar und rein. Dann sah der hl. Gregor auf der Burg des Crescentius den Engel des Herrn stehen, der sein blutiges Schwert abwischte und wieder in die Scheide steckte. Daran erkannte Gregor, daß die Pest aufgehört hatte, und so kam es auch. Deshalb wurde von nun an jene Burg die Engelsburg genannt.

Jacobus de Voragine, „Legenda Aurea"

Peter behielt recht mit seiner Prophezeiung: Dem von häufigem Fieber, Magenbeschwerden und nächtlichen Wachen geschwächten Gregor wuchs neue Kraft zu. Seit er die Briefe an Kaiser Maurikios und den Patriarchen Johannes auf den Weg gebracht hatte, verschwendete er keinen Gedanken mehr an die drohende Berufung auf den Stuhl Petri. Er war sich sicher, daß Maurikios seine Wahl ablehnen würde. Nun fühlte er sich frei zu handeln, wie es die Situation von ihm verlangte. Dazu brauchte es kein Amt, denn er besaß beim Volk eine natürliche Autorität, ob als Stadtpräfekt, Mönch, Diakon, Papst oder Gregor aus dem Geschlecht der Anicier.

Wenn er aus dem kurzem Schlaf der Erschöpfung erwachte, meinte er, keine zehn Schritte weit gehen zu können, so zerschlagen und dem Tode nahe fühlte er sich. Im Laufe des Tages wurde sein Gang leichter, die Müdigkeit wich. Manche

Tage kam er kaum aus dem Sattel. Er besuchte die armseligen Behausungen in den Quartieren beidseitig des Tibers, er sprach den in den Kirchen Versammelten Mut zu, inspizierte die nach der Überschwemmung notdürftig instandgesetzten Lagerhäuser am Hafen, ritt die Stadtmauern ab. Nichts lenkte die Menschen besser von ihrer Angst ab als nützliche Arbeit. Sie mußte organisiert und entlohnt werden. Angetrieben von Gregors Tatkraft riß der Stadtpräfekt die römische Verwaltung aus ihrer Lethargie. Sein Wort ging in Rom von Mund zu Mund: Wenn wir etwas tun, werden wir vielleicht überleben; wenn wir nichts tun, sind wir schon verloren.

Obwohl die Zahl der Einwohner dramatisch abnahm, drohte eine Hungersnot. Nach der Dürre des vergangenen Sommers waren die Speicher ohnehin nur halb gefüllt gewesen, die Tiberflut im Spätherbst hatte viele Lagerhäuser zerstört und die wenigen Vorräte verdorben. Gregor wählte vertrauenswürdige Beamte aus und schickte sie nach Süditalien und Sizilien, damit sie auf den dortigen Kirchengütern Reserven aufspürten und sicher nach Rom brachten.

Da von den Römern nichts zu holen war als der Tod, zogen sich die Heere der Langobarden im Frühjahr 590 zurück und hielten vorerst respektvollen Abstand zur Stadt. So konnten auch auf dem Landweg Lebensmittel herangeschafft, zerstörte Wasserleitungen in der Campagna repariert und die Römer wieder mit gesundem Wasser versorgt werden.

Auf seinen Inspektionsritten überzeugte sich Gregor mit eigenen Augen, daß die zahllosen Leichen regelmäßig von den Straßen und aus den Häusern geborgen und in großen Gruben außerhalb der Stadtmauer beerdigt wurden. Wie zu seinen Zeiten als Stadtpräfekt war er stets genau informiert, behielt die Übersicht und handelte entschlossen. Seine zur Schau getragene Zuversicht übertrug sich auf die anderen. Doch von den Menschen, mit denen er eben noch gesprochen und sich für den nächsten Tag verabredet hatte, waren erschreckend viele dann schon nicht mehr am Leben. Die Römer starben wie die Fliegen am Ende des Sommers, auch viele von Gregors Freunden und Bekannten. Um ihn, den Kränkelnden, immer Erschöpften, aber machte die Seuche einen weiten Bogen. Er mußte erfahren, daß Gott niemanden abberuft, ehe er nicht seine irdische Aufgabe erfüllt hat.

Die Pest wütete das ganze Frühjahr hindurch, sie schien nicht enden zu wollen, ehe die Stadt gänzlich entvölkert war. Gregor und seine Getreuen, der Stadtpräfekt mit seiner Verwaltung, die kirchlichen Beamten im Lateran hatten alles Menschenmögliche getan, die Seuche einzudämmen: Quartiere säubern lassen, strenge Hygienevorschriften durchgesetzt, den Himmel mit Gebeten bestürmt. Unbeeindruckt ging der Tod weiterhin mitten durch die Familien; die einen verschonte er, die anderen nahm er mit sich nach einem Plan, den keiner durchschaute. Manche Stadtviertel sparte er aus, um nach Wochen plötzlich dort einzubrechen und alles Leben zu vernichten. Die Zurückbleibenden, entkräftet vom Hunger und der stetigen Angst, verloren schließlich jegliche Hoffnung und gaben sich selbst auf.

Nur Gott konnte noch helfen. Gregor rief die Römer in die Kirche Santa Sabina auf dem Aventin. Hier war heiliger Boden. Auf dem Aventin hatten Petrus und Paulus im Haus der Prisca gewohnt, hier war der Übersetzer der Heiligen Schrift ins Lateinische, der verdienstvolle Hieronymus, in den Häusern frommer Frauen aus und ein gegangen, und über dem Haus einer Märtyrerin für den christlichen Glauben hatte ein Priester aus Illyrien vor mehr als hundertfünfzig Jahren diese Basilika gebaut. Auch ein ganz praktischer Grund mag Gregor bewogen haben, die Römer gerade in dieser Kirche zu versammeln. Sie lag nahe bei den Wohnvierteln des Volkes und doch hoch über dem Tiber mit der schwülheißen Luft. Im Sommer herrschte in der Basilika angenehme Kühle. Das durch die Alabasterfenster einströmende Morgenlicht tauchte die kannelierten Säulen, die einst einen Tempel geziert hatten, in einen silbrigen Schimmer. Zwischen ihnen drängten sich die Menschen. Ihr Aussehen und die Worte, die sie zu hören bekamen, wollten so gar nicht zu der stillen Eleganz des Raumes passen.

Gregor hatte seine Rede sorgfältig vorbereitet. Nicht wohlfeiles Bedauern half den von allen Übeln geschlagenen Römern; er mußte ihnen etwas zumuten, um sie zu ermutigen. Und so sagte er:

„Die Strafe Gottes, geliebte Brüder, welche wir schon, als sie noch nicht über uns hereingebrochen war, zu fürchten hatten, erfüllt uns jetzt um so mehr mit Schrecken, da wir sie vor Augen haben. Diese Not soll uns den Weg zur Bekehrung weisen, und die Strafe, welche wir leiden, soll die Hartnäkkigkeit unseres Herzens erweichen, wie es beim Propheten heißt: Es geht das Schwert bis an die Seele. Siehe, das ganze Volk wird vom Schwerte des himmlischen Zorns getroffen, und einer nach dem anderen von einem plötzlichen Tode dahingerafft. Und es geht nicht ein langes Siechtum dem Tode voraus, sondern der Tod, wie ihr seht, ereilt die Menschen vor dem Siechtum. Wen die Seuche trifft, der wird dahingerafft, ehe er sich zu Reue und Buße bekehren kann. Bedenkt aber, wie der vor dem Throne des strengen Richters erscheinen wird, dem nicht einmal die Zeit bleibt, das zu beweinen, was er getan hat. Nicht nur ein Teil der Einwohner wird vom Tode dahingerafft, nein, sie sinken alle miteinander ins Grab, die Häuser bleiben leer, die Eltern sehen ihre Kinder zu Grabe tragen, und ihre Erben eilen ihnen im Tode voran. Ein jeder von uns wende sich also zur Buße und beklage seine Sünden, ehe ihn das Verderben ereilt. Wir wollen uns vor die Augen unseres Geistes alles, was wir gefehlt und gesündigt haben, stellen und uns unter Tränen strafen für alles, was wir Böses begangen haben. Laßt früh uns kommen vor sein Angesicht mit Dank. Erheben wir, wie der Prophet uns mahnt, unsere

Herzen samt den Händen empor zum Herrn im Himmel. Zu Gott die Herzen und die Hände erheben, das heißt, den Eifer unseres Gebetes durch das Verdienst guter Werke erhöhen. Es gibt uns aber in unserer Angst wahrlich, es gibt uns Vertrauen der, welcher durch den Propheten ruft: Nicht will ich den Tod des Frevlers, sondern daß sich bekehre der Frevler von seinem Wege und lebe. Niemand verzweifle also wegen der Größe seiner Versündigungen, denn auch die Sünden der Bewohner von Ninive tilgte die Buße dreier Tage, und der Schächer, der sich bekehrte, gewann den Lohn ewigen Lebens noch in der Todesstunde. Wir sollten uns darum bekehren in unserem Herzen und dann gewiß sein, daß wir schon besitzen, worum wir bitten ... Laßt uns daher, da das Schwert der göttlichen Strafe über uns schwebt, anhalten, mit Tränen und Gebet in Gott zu dringen. Denn die Dringlichkeit, die den Menschen nicht zu gefallen pflegt, gefällt wohl dem höchsten, wahrhaftigen Weltenrichter ... Denn so spricht er durch den Psalmisten: Rufe mich an am Tage der Drangsal; ich werde dich erretten, und du wirst mich ehren ...

Wir wollen uns daher, geliebte Brüder, zerknirschten Herzens und gebessert in unserem Wandel und demütigen Geistes unter Tränen bei der Morgenröte am Mittwoch in der Ordnung, die ich euch angeben werde, versammeln, um eine siebenfache Litanei zu halten, auf daß der gestrenge Richter, wenn er sieht, daß wir uns selbst für unsere Sünden strafen, von dem Spruch der Verdammnis, der über uns verhängt ist, absicht ..."

Menschliche Vermessenheit und Hartherzigkeit, daran bestand für Gregor und seine Zuhörer kein Zweifel, waren die tiefsten Ursachen allen Übels. Gott strafte seine Geschöpfe nicht aus Willkür und Grausamkeit. Um sie vor Unheil zu bewahren, hatte er Moses auf dem Berg Sinai die Gebote verkündet. Immer wieder aber hielten sich die Menschen für klüger und mißachteten diese Gebote. Aus ihren Lastern wie

Stolz, Habsucht, Neid, Zorn, Unkeuschheit, Unmäßigkeit und Trägheit erwuchsen eine Vielzahl von Krankheiten, Kriegen, Katastrophen aller Art. Die Schöpfung selbst empörte sich gegen jene, die Gott zu ihrem Hüter bestimmt hatte.

Gregor forderte das Volk zu Buße und Umkehr auf. Von sieben Kirchen aus sollten die Römer unter Gebeten zur Kirche Santa Maria Maggiore auf dem Esquilin pilgern: von der Kirche Santi Cosma e Damiano auf dem Forum Romanum; von der Kirche Santi Gervasio e Protasio; von den Kirchen Santi Giovanni e Paolo und Santo Stefano auf dem Caelius; von der Kirche der heiligen Euphemia und von der Kirche San Clemente unweit des Kolosseums. Seine Botschaft, gegen die sich die Römer vielleicht in besseren Zeiten gewehrt hätten, traf jetzt bei ihnen auf offene Ohren. Wer laufen konnte, fand sich in der Morgendämmerung des angegebenen Tages bei seiner Kirche ein: Kinder, Greise, schwarzverhüllte Witwen, Handwerker, Arme und Reiche, Priester, Nonnen und Mönche. Unter Gesängen und Kyrie-Rufen zogen sie zur großen Marienkirche auf dem Esquilin. Inbrünstiger war in Rom noch nie das Erbarmen Gottes angerufen worden. Allein innerhalb einer Stunde, so berichtet ein Augenzeuge, stürzten achtzig Menschen aus dem Zug der Betenden zu Boden und starben an der Pest. Man trug sie davon, die anderen gingen weiter, schlugen sich an die Brust, versprachen Umkehr und Besserung: „Herr, erbarme dich, Christus, erbarme dich!“ Da standen keine Gaffer oder Spötter am Straßenrand, hier ging es um Leben und Tod aller. Die Menschen spürten nicht mehr, wie sie liefen, hörten nicht, was sie murmelten, weinten, schrien, sie wurden zu Geist, zu wandelndem Gebet.

In unseren Tagen ist man schnell dabei, ein solches Tun zu belächeln und es dem Aberglauben ferner Zeiten zuzuschreiben. Doch meinen dies nur jene, die nie wirkliche Schrekken, Verzweiflung und Ohnmacht erlebt haben. Nach dem Völkersterben des Ersten Weltkriegs und vor dem alles an

Grauen übertreffenden Zweiten Weltkrieg beschwor der Dichter Reinhold Schneider 1936 die Deutschen: „Nur den Betern kann es noch gelingen / Das Schwert ob unsern Häuptern aufzuhalten/ Und diese Welt den richtenden Gewalten / Durch ein geheiligt Leben abzuringen. / ... / Jetzt ist die Zeit, da sich das Heil verbirgt, / Und Menschenhochmut auf dem Markte feiert, / Indes' im Dom die Beter sich verhüllen, / Bis Gott aus unser'n Opfern Segen wirkt, / Und in den Tiefen, die kein Aug' entschleiert, / Die trock'nen Brunnen wieder sich mit Leben füllen."

Der Gebetssturm blieb aus, weil die Menschen nicht mehr viel vom Beten hielten und sich in trügerischer Sicherheit wiegten. Beten lernten sie erst wieder in den Bombennächten, auf Schlachtfeldern und zwischen rauchenden Trümmern.

In Santa Maria Maggiore trafen die sieben Prozessionen aufeinander. Nach dem gemeinsamen Gebet formierten sich die Menschen zu einem einzigen Zug. An der Spitze schritt Gregor. Gewandet in seine Mönchskutte und barfüßig, trug er das Gnadenbild der Madonna, Salus populi romani, vor sich her. Seit mehr als zweihundert Jahren verehrten die Christen Roms in Santa Maria Maggiore dieses Bildnis der Gottesmutter als Helferin in allen Nöten. Man nahm an, der heilige Lukas habe es gemalt, und es sei auf unerklärliche Weise in die Kirche gelangt.

Unter Gesängen, Gebeten und Anrufungen schob sich die Prozession durch das Marsfeld in Richtung Petersbasilika. Als sie die Brücke erreichte, die auf der Höhe des Hadriansmausoleums den Tiber überspannte, riß plötzlich der bedeckte Himmel auf. Ein Beben ging durch die Menge, dann brach ein Schrei der Verwunderung aus vielen Kehlen. In den Wolkengebilden vermeinte man, einen Engel zu sehen, den Erzengel Michael, der ein blutiges Schwert in die Scheide steckte. Das sei ein Zeichen der Versöhnung, stammelten, riefen, weinten die erschöpften Pilger. Sie sanken auf die Knie, fielen sich in die Arme. „Die Pest ist am Ende! Gott hat unsere Gebete erhört!“

Gregor warf nur einen kurzen Blick auf die Erscheinung und setzte dann den Weg fort. Die Menschen sahen, was sie sehen wollten. Aber er wäre der Letzte gewesen, dieses Zeichen nicht als Verheißung zu deuten. Noch lauter, noch inniger wurden die Litaneien. „Heilige Maria, Mutter Gottes, bitte für uns, heiliger Erzengel Michael, bitte für uns ...“

Als die Römer nach der Messe am Petersgrab und Gregors Zuspruch in ihre Quartiere jenseits des Tibers zurückkehrten, lag Hoffnung auf allen Gesichtern. Sie hatten die Nacht durchwacht und sich fastend und betend im Morgengrauen zusammengefunden. In Sack und Asche wie einst die Bewohner von Ninive waren sie stundenlang durch die Straßen Roms gezogen. Sie hatten dem Tod ringsum, der allgegenwärtigen Angst und ihrer eigenen Verzweiflung die Stirn geboten. Gott würde sie erhören und Gnade vor Recht ergehen lassen. Die Römer vertrauten auf das Zeichen des Himmels und auf Gregor.

Ihre Hoffnung erfüllte sich. Das Sterben hörte auf.

Seit der spontanen Papstwahl vor dem Andreaskloster waren sechs Monate ins Land gegangen. Mit jedem Tag, da keine Nachricht vom Kaiser in Konstantinopel eintraf, wuchs Gregors Zuversicht, Maurikios würde die überstürzte Akklamation des Volkes nicht gutheißen. Mit der Ungnade des kaiserlichen Hofes wollte er gern leben. Gregor drängte die Geistlichen und die Stadtbeamten, nach einem neuen Kandidaten Ausschau zu halten, empfahl diesen und jenen, denn es war nicht gut, wenn der Stuhl Petri so lange unbesetzt blieb. Auch sehnte er sich danach, endlich wieder zum Klosteralltag zurückzukehren. Seine Wünsche trafen auf taube Ohren. Er sei ordentlich gewählt, das Volk verehre ihn, und die schriftliche Zustimmung des Kaisers würde über kurz oder lang die Stadt erreichen. Wolle er etwa dem Kaiser zumuten, seinen

Entschluß zu revidieren, weil der Kandidat die päpstliche Würde nicht zu verdienen glaubte?

Selbst bei seiner Mutter fand Gregor keinen Zuspruch. Silvia war in den letzten beiden Jahren gebrechlich geworden, dennoch hatte sie es sich nicht nehmen lassen, an der Bittprozession von Santa Maria Maggiore zur Peterskirche teilzunehmen. Warum sollte eine alte Frau wie sie den Tod fürchten? Sie betete und hoffte mit den Römern, bestaunte wie sie die Lichterscheinung am Himmel über dem Mausoleum des Hadrian. Den tiefsten Eindruck aber hatte Gregor auf sie gemacht, und sicher nicht auf sie allein. War das noch ihr Sohn, den sie geboren und in den Armen gewiegt hatte? Der von vielerlei Beschwerden und von Selbstzweifeln gebeutelte Mann? Wie ein abgerissener Pilger von weither schritt er dem Zug voran, das Gesicht, in dem sich nur die Lippen im Gebet bewegten, von einer fremdartigen Schönheit, gleichsam aus Elfenbein geschnitzt. Obwohl er die ganze Zeit das Marienbild vor sich her trug, erlahmten seine Arme nicht, und sein Gang blieb leicht, fast beschwingt. Eine große Ruhe ging von ihm aus, ein unbedingtes Gottvertrauen, das nichts und niemand erschüttern konnte und das sich auf die Menschen, die ihm folgten, übertrug. Er ist wirklich ein Fels, auf den Jesus Christus seine Kirche bauen kann, hatte Silvia bei seinem Anblick gedacht.

Doch als er ihr in dem Gärtchen der Klause auf dem Kleinen Aventin gegenübersaß, erinnerte nichts mehr an den Gregor, wie sie ihn zuletzt gesehen. Seine innere Zerrissenheit war ihm ins Gesicht geschrieben: Zweifel, Furcht, Hilflosigkeit. In Rom kursierten Gerüchte, ein Bote mit der kaiserlichen Bestätigung der Papstwahl sei unterwegs und würde in den nächsten Tagen eintreffen.

Er habe sich im letzten halben Jahr nicht geschont und gehofft, Gott würde ihn zu sich nehmen und von einer Bürde verschonen, die er nicht tragen könne, klagte Gregor. Er sei zu schwach und des hohen Amtes nicht würdig, vor dem selbst der Apostel Petrus zu fliehen versucht hatte.

Gezeichnet von Krankheit, in sich zusammengesunken, die Wangen von tiefen Furchen durchzogen, schaute der Sohn die Mutter bittend an. Wie einst den kleinen Jungen hätte sie ihn am liebsten in die Arme genommen und vor der bösen Welt beschützt. Er brauchte Ruhe, Pflege, Liebe, nicht neue Kämpfe und Anfeindungen, wie es dieses Amt mit sich brachte. Aber Gregor gehörte nicht ihr, nicht einmal sich selbst.

„Ein Anicier“, erwiderte sie, „läuft nicht vor der Aufgabe davon, die ihm gestellt wird. Der dich für sie bestimmt hat, wird dir auch helfen, sie zu vollbringen. Auf dir ruhen die Erwartungen der Römer. Du kannst und wirst sie nicht enttäuschen.“

„Woher willst du wissen, daß Gott mich zum Papst bestimmt hat, und nicht der Satan, um mich zu versuchen? Du weißt, wie sehr ich zeitlebens um Demut gerungen habe, um den Stolz in mir zu bezwingen, das Erbteil meines Geschlechts. Dieses so weltliche Amt macht all meine Kämpfe und Siege über mich wieder zunichte.“

„Selbst wenn das dir zugedachte Amt eine Versuchung wäre“, erwiderte Silvia, „auch dann käme es letztlich von Gott, damit du dem Hochmut widerstehst und zu größerer Vollkommenheit gelangst. Und sei gewiß: Gott wird dich nicht über deine Kräfte hinaus versuchen lassen. Wie sagt doch der Apostel Paulus: Ich vermag alles in dem, der mich stärkt. Tue, was du kannst, bitte um das, was du nicht kannst, und dir wird geholfen werden.“

Gregor lächelte. In der Kenntnis der Heiligen Schrift nahm es Silvia mit jedem Theologen auf. Doch er ging ungetröstet.

Den Römern war bekannt, daß Gregor aus Demut das Amt des Papstes nicht übernehmen wollte. Das bestärkte sie nur noch in ihrem Wunsch, ihn und keinen anderen auf den Bischofsstuhl zu erheben. Während sie auf die kaiserliche Bestätigung der Wahl warteten, behielten sie ihn wachsam im Auge. Ihre Befürchtung, er könne sich ihnen durch Flucht entziehen, fand in folgender Legende ihren Niederschlag:

„Nach Abhaltung der Prozession wollte er (Gregor) fliehen, doch war ihm das nicht möglich, denn seinetwegen paßten Tag und Nacht Wächter an den Toren der Stadt auf. Schließlich wechselte er sein Kleid und erreichte von einigen Händlern, daß sie ihn, in einem Faß versteckt, auf einem Wagen aus der Stadt brachten. Darauf lief er gleich in einen Wald, suchte das Versteck einer Höhle auf und blieb dort drei Tage verborgen. Als man in großer Sorge nach ihm suchte, erschien eine leuchtend helle Säule, die vom Himmel her über der Stelle hing, wo er sich versteckt hielt, und ein Einsiedler konnte sehen, wie in dieser Säule Engel auf- und niederstiegen. Bald aber hatte ihn das Volk ergriffen, zog ihn mit sich fort und weihte ihn zum Papst."

Gregor hat in einem Brief selbst eingestanden, daß er zu fliehen versucht hatte. Ob sich seine Flucht so zugetragen hat, wie es die aus dem neunten Jahrhundert überlieferte Legende erzählt, wissen wir nicht. Jedenfalls vereitelten die Römer seine Absicht, sich irgendwo in den Bergen oder in einer Höhle zu verkriechen. Auf einen Mann, der im rechten Augenblick das Richtige zu tun fähig war, und der so offensichtlich Gehör bei Gott fand, konnten sie in dieser Zeit höchster Not nicht verzichten. Sobald der Bote mit der kaiserlichen Zustimmung zur Wahl eingetroffen war, bemächtigte sich die Menge des Widerstrebenden und führte ihn im Triumphzug zur Peterskirche, wo er ohne große Umstände am Grab des Apostels zum römischen Bischof geweiht wurde. Das war am 3. September 590.

Seit Februar übte Gregor faktisch das Amt des Papstes aus, bedroht und in allen seinen Handlungen bestimmt von der Pest, die einem Drittel aller Römer das Leben kostete. Hatte er in dieser Zeit noch hoffen dürfen, durch Gott in die Ewigkeit abberufen zu werden oder in sein Kloster am Caelius zurückzukehren, waren ihm nach der Weihe zum römischen Bischof alle Auswege versperrt. Er mußte sich fügen und sein Fiat, es möge geschehen nach Gottes Willen, sprechen. Das Refugium in Sankt Andreas war für immer verloren. Im Lateran, dem Sitz der Bischöfe von Rom, würde er sein Leben beschließen.

Er wußte nur zu gut, was ihn erwartete. Als Berater von Papst Pelagius hatte er in den vergangenen Jahren tiefe Einblicke in die Lage der weströmischen Kirche gewonnen. Jetzt ging es nicht mehr nur darum, Rom mit den Vollmachten des Kaisers zu verwalten, wie schwierig schon allein das gewesen war. Als Patriarch des Abendlandes mußte er sich um die durch Ämterkauf und Mißwirtschaft verdorbene Kirche Galliens kümmern, um die am Drei-Kapitel-Streit festhaltenden Bischöfe Norditaliens und Istriens, um die in sich zerstrittene Kirche von Karthago, um undisziplinierte Priester in Sardinien und Neapel, um die Bekehrung der Heiden.

Es stand nicht zum besten um die abendländische Kirche. Die ihr von den Kaisern zugedachte Rolle als Ordnungsmacht im Staat bekam ihr nicht. Einflußreiche und oft gut dotierte Ämter an der Spitze der Diözesen zogen Ehrgeizlinge an, denen Macht, Besitz und gesellschaftliche Anerkennung oft mehr bedeuteten als die evangelischen Räte Armut, Keuschheit und Gehorsam. Sie sahen in der Kirche nur noch eine Institution und nicht mehr den mystischen Leib, dessen Haupt Jesus Christus war. „Ihr aber seid der Leib Christi, und jeder einzelne ist ein Glied an ihm“, hatte der Völkerapostel Paulus die Christen gelehrt. Wenn ein Glied erkrankte, litt der ganze Körper mit. Egoismen und Spaltungen quälten den Leib der Kirche.

Gregor kannte die Menschen. Sie hatten sich nicht verändert, seit Jesus von Nazareth zu ihnen gekommen war, um sie aus ihrem selbstverschuldeten Unglück herauszuführen.

Gott hatte sein Geschöpf als Ebenbild geschaffen, nicht als Sklaven, und es deshalb mit einem freien Willen ausgestattet. Diesen seinen freien Willen mißbrauchte der Mensch aus Trägheit und Egoismus oft, zu oft, zum Bösen. Die Männer der Kirche machten da keine Ausnahme. Sie waren selbstlos oder egoistisch, asketisch oder besitzgierig, tiefsinnig oder oberflächlich, demütig oder ruhmsüchtig oder alles zusammen. Die schlechten Hirten, von denen der Prophet Ezechiel spricht, gab es zu Gregors wie zu allen Zeiten: „Müssen die Hirten nicht die Herde weiden? Ihr trinkt die Milch, nehmt die Wolle für eure Kleidung und schlachtet die fetten Tiere, aber die Herde führt ihr nicht auf die Weide. Die schwachen Tiere stärkt ihr nicht, die kranken heilt ihr nicht, die verletzten verbindet ihr nicht, die verscheuchten holt ihr nicht zurück ... Darum, ihr Hirten, hört das Wort des Herrn ... Die Hirten sollen nicht länger nur sich selbst weiden: Ich reiße meine Schafe aus ihrem Rachen, sie sollen nicht länger ihr Fraß sein."

Jesus hatte dem Apostel Petrus aufgetragen: „Weide meine Schafe!" Gregor mußte also den Wölfen wehren und die Hirten stärken. Doch seine Stellung erhob ihn nicht über die anderen. Klar und eindeutig lautete Jesu Weisung: „Wer der Erste sein will, soll der Letzte von allen und der Diener aller sein." Gregor hatte nicht der Erste sein wollen. Aber da er nun unausweichlich berufen war, die Kirche zu leiten, geboten ihm Pflicht und Verantwortungsgefühl, seine ganze Kraft in den ihm aufgetragenen Dienst zu stellen. „Diener der Diener Gottes" nannte er sich fortan. Dieses Wort wurde zum Programm seines Pontifikats, und bis zum heutigen Tag hat es sich als Titel für die Päpste erhalten.

Doch sein Amt würde sich nicht darin erschöpfen, den Priestern und Gläubigen geistliche Wegweisung zu geben. Dem Hungernden erscheint Gott zuerst als Brot, dem Nackten als Bekleidung, dem Kranken als Trost, dem Gefangenen als Befreiung. Was wäre der Glaube ohne Werke!

Die Kirchengüter in Sizilien und Kampanien mußten so verwaltet werden, daß die Pächter und Kolonen, die sie bearbeiteten, menschenwürdig behandelt wurden und der Ertrag ihrer Arbeit ungeschmälert den Armen zugute kam. Nach dem Ende der Pest würden die Langobarden wieder vor den Toren Roms stehen, die Umgebung verwüsten, Gefangene in die Sklaverei führen. Vom Kaiser in Konstantinopel war keine Hilfe zu erwarten, aber die Römer, die Italiener erwarteten von ihrem Papst, daß er sie vor den wilden Horden beschütze.

Gregors erste Predigt in Sankt Peter hat uns eine Schilderung der römischen Zustände und der Stimmung im Volk jener Tage hinterlassen. In seiner Sorge um Rom und die Kirche ersparte der neue Papst den dicht gedrängt stehenden Zuhörern nichts:

„Unser Herr will uns bereit finden und zeigt uns das Elend der ergrauten Welt, damit wir uns von der Liebe zu ihr abwenden. Er enthüllt, welch gewaltige Erschütterungen ihrem nahenden Ende vorausgehen werden, damit, wenn wir Gott schon nicht in friedvoller Ruhe fürchten wollen, wir zumindest durch Erschütterungen zermürbt sein nahes Gericht fürchten. Denn dieser Lesung des heiligen Evangeliums (Lukas 21,25–33), die ihr, meine Brüder, soeben gehört habt, schickte der Herr kurz zuvor voraus: ‚Volk wird sich gegen Volk erheben und Reich gegen Reich; und starke Erdbeben wird es überall geben, Pest und Hungersnot … Es wird Zeichen geben an Sonne, Mond und Sternen, und auf Erden wird Verwirrung unter den Menschen herrschen angesichts des Brausens des Meeres und der Wogen.‘ Von all dem sehen wir, wie es zum Teil schon eingetreten ist, von anderen fürchten wir, daß es in naher Zukunft hereinbrechen wird. Denn daß sich Volk gegen Volk erhebt und deren Drangsal die Erde heimsucht, nehmen wir in unseren Zeiten schon mehr wahr, als wir es in Büchern lesen. Ihr wißt, wie wir häufig schon aus anderen Gegenden vernahmen, daß ein Erdbeben zahllose Städte einstürzen läßt. Unaufhörlich müssen wir Pestepidemien erdulden. Zwar sehen wir bislang noch keinerlei Zeichen an Sonne, Mond und Sternen, doch daß dies nicht mehr allzuweit entfernt ist, können wir aus klimatischen Veränderungen schließen. Immerhin haben wir, bevor Italien dem heidnischen Schwert der Langobarden ausgeliefert wurde, am Himmel feurige Schlachtreihen erblickt, sogar funkelndes Blut, welches später als das der Menschheit vergossen wurde. Ein außergewöhnliches Aufbrausen des Meeres und der Wogen ist bislang nicht eingetreten. Da sich aber viel Angekündigtes schon erfüllt hat, besteht kein Zweifel, daß auch das Wenige, das noch aussteht, folgt, bietet doch das Eintreten der vergangenen Ereignisse die Gewähr für das noch Kommende. Wir sagen dies, geliebte Brüder, damit euer Sinn wachsam werde im Bemühen um die Vorsicht, damit er nicht aus Sorglosigkeit schläfrig, nicht aus Unwissenheit nachlässig werde, sondern ihn stets Furcht besorgt mache und die Sorgsamkeit ihn im Tun des Guten festige …

Seht, meine Brüder, schon schauen wir, was wir gehört haben. Täglich wird die Welt von neuen und stets größeren Übeln bedrängt. Ihr seht, wie wenige aus dem zahlreichen Volk übriggeblieben sind; dennoch bedrängen uns noch täglich Heimsuchungen, brechen plötzliche Unglücksfälle herein, treffen uns neue und unvorhergesehene Katastrophen. Wie nämlich in der Jugend der Körper voller Kraft ist, die Brust stark und gesund, der Nacken fest, die Bronchien voll, jedoch im Greisenalter die Gestalt gebeugt ist, der Nacken sich kraftlos neigt, häufige Atemnot die Brust beklemmt, die Kraft nachläßt, die Worte des Sprechenden von Kurzatmigkeit unterbrochen werden – mag auch Siechtum noch fehlen, oft bedeutet für Greise schon das Leben Krankheit –, ebenso stand die Welt in früheren Jahren sozusagen voller Jugendkraft, war stark genug, daß sich die Menschheit fortpflanzte, war voll blühenden Lebens und durch allseitigen Überfluß wohlauf. Nun jedoch wird sie durch ihr Greisenalter niedergedrückt und sozusagen durch zunehmende Beschwerden zum nahen Tod gedrängt ... Vorgestern, meine Brüder, habt ihr erlebt, wie durch einen plötzlichen Wirbelsturm bejahrte Bäume entwurzelt, Häuser zerstört und Kirchen von ihren Fundamenten gestürzt wurden. Wie viele, die am Abend gesund und unversehrt meinten, am kommenden Tage noch etwas unternehmen zu können, sind aber in derselben Nacht, von plötzlichem Tod dahingerafft, in der Schlinge des Untergangs gefangen worden ...

Können wir aber den Schrecken, den wir sehen, anders bezeichnen als Vorboten des kommenden Zornes? Daher gilt es zu bedenken, daß die gegenwärtigen Drangsale so verschieden sind wie die Gestalt eines Herolds von der Macht eines Richters. Geliebte Brüder, richtet also eure Aufmerksamkeit auf jenen Tag (des göttlichen Gerichts), bessert euer Leben, ändert euren Lebenswandel, überwindet die versucherischen Übel, die begangenen aber ahndet mit Tränen. Der Ankunft des ewigen Richters werdet ihr einmal um so zuversichtlicher entgegengehen, je mehr ihr jetzt seiner Strenge durch Furcht zuvorkommt."

Dem heutigen Leser dieser Predigt, der sich unter Jüngstem Gericht und ewiger Verdammnis nichts mehr vorstellen kann und unter Gott höchstens eine nebelhafte Wesenheit oder ein Dienstleistungsunternehmen versteht, mögen Gregors Worte wie eine „Drohbotschaft" vorkommen. Räumt er doch den Begriffen Furcht und Zorn einen breiten Raum ein. Gottesfurcht bedeutet jedoch nicht sklavische Furcht, sondern Ehrfurcht vor einem Gott, der die Welt geschaffen hat und in Liebe regiert. Seuchen, Krankheiten, Naturkatastrophen galten Gregor und seinen Zeitgenossen als letztes Mittel Gottes, uneinsichtige Menschen zur Vernunft zu bringen und sie von ihrer Hybris zu heilen. Das langsame Sterben des römischen Imperiums, das als bevorstehendes Ende der Welt erlebt wurde, war nach Gregors Verständnis Folge einer Geisteshaltung, die meinte, ungestraft gegen göttliche Gesetze verstoßen zu können, indem sie hemmungslos die Natur ausbeutete und auf Kosten anderer lebte. Die Römer des sechsten Jahrhunderts zahlten nun den Preis für das egoistische Verhalten ihrer Vorfahren. Doch Gregor warnte vor dem Selbstmitleid, sich allein als schuldlose Opfer früherer Generationen und marodierender Germanenstämme zu sehen. Wenn die Römer nicht zur Einsicht eigener Fehler gelangten und ihr Verhalten änderten, würden sie neues Unglück für sich und das Gemeinwesen heraufbeschwören. Helfer und Vollstrecker des Bösen seien auch jene, die sich selbstgefällig für gut und gerecht hielten und immer nur andere für das allgemeine Elend verantwortlich machten. „Denn der Mensch ist Gottes Werk, das Laster das Werk des Menschen. Wir müssen also wohl unterscheiden, was Gott geschaffen und was der Mensch gemacht hat, und dürfen weder um der Fehler willen den Menschen hassen noch den Fehler lieben wegen des Menschen."

Reue über eigene Verfehlungen und die anderer, Askese, Gebet, das wußte Gregor so gut wie ein gläubiger Christ von heute, haben keinen Einfluß auf Gottes Pläne mit seiner Schöpfung. Gott kann weder genötigt noch betrogen werden. Aber er liebt sein Geschöpf und hat Mitleid wie ein Vater mit dem verlorenen Sohn, der, durch bittere Erfahrungen klug geworden, auf den rechten Weg zurückkehrt. Gebet und gute Werke verändern jenen, der sie übt. Sie klären die Atmosphäre, heilen die verwundete Natur, befreien die Seele.

Dies zu verkünden, wurde Gregor nicht müde. Die meisten Menschen waren nicht böse, sondern nur schwach. „Ohne Anteilnahme", erkannte Gregor, „kann die Seele niemals sein; sie liebt darum entweder das Höchste oder das Unterste … Nimmt die Liebe zu Gott ab, so verirrt sich die Seele ins Materielle und wird unruhig wie das schrankenlose Meer. Ausruhen kann unser Herz nur in der Liebe zu Gott."

Wie Gregor einst seine Residenz in Konstantinopel in ein Kloster umgewandelt hatte, so ging er zum Mißfallen nicht weniger Kleriker nach seiner Weihe daran, aus dem Lateran alle weltlichen Gepflogenheiten zu verbannen. Zweimal hatte Papst Pelagius ihn seinem Kloster am Caelius entrissen, zuerst auf Zeit und dann durch seinen frühen Tod für immer. Doch Gregor wollte auch als Papst nicht darauf verzichten, Mönch zu sein und nach mönchischen Regeln zu leben. Um die Überfülle seiner Aufgaben bewältigen zu können, brauchte er in seiner nächsten Umgebung Menschen, denen er vertrauen konnte und vor denen er sich nicht verstellen mußte, Brüder im Geiste eben. Einige der Freunde, mit denen zusammen er dem weltlichen Leben entsagt hatte, waren von der Pest hinweggerafft worden. Der getreue Jugendfreund Peter, der schon Papst Pelagius gedient hatte, erwartete ihn im Lateran. Maximianus, Marinianus, Aemilianus und Paterius, Laurentius, Exhilaratus blieben ihm als Priester und Diakone, als Notare und Sekretäre, als Emissäre und Verwalter eng verbunden. Der Freund Probus folgte Gregor als Abt im Kloster am Caelius nach, in das mehr Bewerber denn je drängten.

Der regelmäßige Rhythmus von Gebet und Arbeit, die Zeiten des Schweigens und die menschliche Nähe Gleichgesinnter schirmten Gregor nicht nur von der lärmenden Welt ab, sie gaben ihm auch die Kraft, sich ihr zuzuwenden. Daß er mitunter Mühe hatte, die heilsamen Klosterregeln einzuhalten, bezeugt sein Eingeständnis, er habe eine Schwäche fürs Plaudern.

Nach und nach trafen aus der Ferne die Glückwünsche von Freunden und Bischöfen zur Erhebung Gregors auf den Stuhl Petri ein. Er nahm sie mit gemischten Gefühlen entgegen, und in den Antworten an nahe Freunde beklagte er sein Schicksal. An die Freundin Theoktista schrieb er: „Mit welcher Ergebenheit Euch mein Herz verehrt, kann ich mit Worten nicht ausdrücken, auch bemühe ich mich nicht, dies kundzugeben; denn auch wenn ich schweige, könnt Ihr in Eurer eigenen Seele lesen, was Ihr von meiner Ergebenheit zu halten habt. Ich wundere mich aber, daß Ihr Eure längst bewiesene Gunst für mich gerade bei der Übernahme des Hirtenamts verschwendet habt, wodurch ich doch nur unter dem Vorwand der bischöflichen Würde in die Welt zurückgeführt und mit so vielen irdischen Sorgen belastet worden bin, wie ich sie als Laie nie gehabt zu haben mich erinnere. Denn ich habe die erhabenen Freuden meiner Einsamkeit verloren und, innerlich in Verfall geraten, scheine ich nur nach außen gekommen zu sein. Deshalb beweine ich mich als vom Antlitz des Schöpfers vertrieben." Und er schloß den langen Brief mit der drastischen Bemerkung: „Sieh, der allergnädigste Herr und Kaiser hat befohlen, daß der Affe ein Löwe sein soll. Nun kann man freilich nach seinem Befehl den Affen einen Löwen heißen, aber er kann kein Löwe werden. Deshalb muß er alle meine Fehler und Nachlässigkeiten nicht mir, sondern seiner Güte zuschreiben, da er das Amt der Stärke einem Schwachen übertragen hat."

Dem Patriarchen von Konstantinopel, Johannes, warf er vor, daß er Kaiser Maurikios nicht davon abgebracht habe, die Papstwahl zu bestätigen: „Wenn zur Tugend der Liebe auch die Nächstenliebe wesentlich gehört, wenn uns befohlen ist, den Nächsten zu lieben wie uns selbst, wie kommt es, daß Eure Heiligkeit mich nicht liebt wie sich selbst? Denn ich weiß, mit welch glühendem Eifer Ihr der Last der Bischofswürde entkommen wolltet; und doch habt Ihr kein Hindernis in den Weg gelegt, daß mir die gleiche Last aufgebürdet wurde. Daraus sehe ich, daß Ihr mich nicht liebt wie Euch selbst, weil Ihr wolltet, daß ich die Last trage, die Ihr Euch nicht wolltet aufladen lassen. Aber weil nun ich Unwürdiger und Schwacher ein altes und von den Wellen arg mitgenommenes Schiff übernommen habe (von allen Seiten dringen ja die Wellen ein, und vom täglichen, heftigen Sturm gepeitscht, ächzen schiffbrüchig die morschen Bretter), so bitte ich beim allmächtigen Gott, daß Ihr mir in dieser Gefahr die Hilfe Eures Gebetes zukommen laßt."

Dem Freund Leander schüttete er sein Herz ein halbes Jahr nach seiner Bischofsweihe mit den Worten aus: „Wie gerne hätte ich auf Deine Briefe geantwortet, wenn mich nicht die Mühseligkeit des Hirtenamtes so sehr in Anspruch genommen hätte, daß mir das Weinen näher steht als das Reden. Du magst dies sogleich an der Form dieses Briefes erkennen, da ich mich so nachlässig gegen denjenigen ausdrücke, den ich so sehr liebe. So sehr werde ich in meiner gegenwärtigen Stellung von den Fluten dieser Welt hin und her gestoßen, daß ich mich außerstande sehe, das alte und morsche Schiff, das ich nach Gottes verborgenen Ratschluß übernommen habe, zum Hafen zu führen. Jetzt stürzen die Wogen gerade auf mich zu, jetzt bäumen sich mir zur Seite die schäumenden Meereswellen, jetzt bedroht mich ein Gewitter im Rücken. Bei all dem muß ich verwirrten Sinnes bald das Steuerruder gegen den Sturm lenken, bald den drohenden Fluten mit seitwärts gelenktem Schiff durch eine Wendung auszuweichen suchen. Ich seufze, weil ich bemerke, daß durch meine Nachlässigkeit das Bodenwasser der Laster zunimmt und bei der Heftigkeit des Sturmes schon die Bretter schiffbrüchig ächzen. Weinend gedenke ich des freundlichen Gestades meiner Ruhe, das mir entschwunden, und sehe seufzend das Land, das ich bei dem Gegenwind der Verhältnisse nicht zu erreichen imstande bin. Wenn Du mich also liebst, teuerster Bruder, so reiche mir in diesen Wogen mit Deinem Gebet die Hand, damit Du, weil Du mir bei meiner Mühseligkeit zur Seite stehst, zu gerechtem Lohn dafür auch Kraft in Deinen eigenen Arbeiten empfängst."

Seine Klage und die Bilder, in die Gregor sie kleidet, lassen an Augustinus denken, sein großes Vorbild. Zweihundert

Jahre zuvor hatte Augustinus nach seiner erzwungenen Weihe zum Bischof von Hippo in Nordafrika geschrieben: „Ich fühle mich wie jemand, der nicht rudern kann und doch zum zweiten Steuermann ernannt worden ist. Das war auch der Grund, weshalb ich im stillen bei meiner Weihe geweint habe."

Gregors Briefe könnten die Vermutung nahelegen, Gregor sei ein zögerlicher, zum Kleinmut neigender Mensch gewesen. Doch seine Taten bezeugen einen entschlußfreudigen und durchsetzungsfähigen Mann, ob in den Ämtern als Stadtpräfekt, Apokrisiar und Diakon, ob im Umgang mit Pest und Hungersnot. Deshalb hatten ihn die Römer ja auf den Bischofsstuhl gehoben. Nicht Furcht oder gar der Wunsch nach Bequemlichkeit diktierten Gregors Worte, sondern das Wissen um die katastrophale Lage Roms und der Kirche, die jede Vorstellungskraft seiner Briefpartner überstieg. Der Papst besaß keine Truppen, keine Macht, kein Geld, er konnte Anordnungen selbst innerhalb der Kirche nicht durchsetzen, wenn die Bischöfe in romfernen Gegenden sie nicht einmal zur Kenntnis nahmen. Als Untertan des Kaisers wiederum war er gehalten, dessen Interessen zu vertreten, die gar zu oft dem bischöflichen Amt, wie Gregor es verstand, widersprachen.

Alles wies auf das Ende der Zeiten hin, alles Tun war wie das Schöpfen von Wasser mit einem Sieb. Gregor war überzeugt, daß nur Beten noch helfen konnte, und eben vom Beten, von der Versenkung in die Gottesschau, hielten ihn unzählige Verpflichtungen ab. In den Briefen an seine Freunde atmete er den Schmerz aus, den er im Tagesgeschäft verdrängen mußte. Denn er konnte gar nicht anders, als die ihm auferlegte Last zu schultern. Zu Disziplin, Verantwortung für das Gemeinwesen, Pflichtbewußtsein war er erzogen worden; Nächstenliebe und Barmherzigkeit geboten ihm zu handeln, wenn man nach seiner Hilfe rief. Aber er wußte um seine Schwächen und Unvollkommenheiten besser als jeder andere.

Einige Geistliche verübelten Gregor, daß er vor einem Amt zurückschreckte, das als das ehrenvollste in der Christenheit galt, und sie sparten nicht mit Vorwürfen. Er erwiderte darauf bald nach der Bischofsweihe mit einer Schrift, in der er darlegte, wie nach seiner Meinung Bischöfe und Priester beschaffen sein müßten, um ihrer Berufung würdig nachzukommen. Dieses Werk ging als „Pastoralregel" in die Geschichte ein und hat bis in die Gegenwart seine Wirkung nicht eingebüßt. Mit der Klarheit und Scharfkantigkeit eines Diamanten, wie ein heutiger Historiker bemerkt, und mit einer Menschenkenntnis, die jedem Verantwortlichen in Politik und Wirtschaft zur Ehre gereichen würde, empfiehlt Gregor, wie umzugehen sei mit: Untergebenen und Vorgesetzten, Knechten und Herren, Weisen und Stumpfsinnigen, Unverschämten und Schüchternen, Hochmütigen und Kleinmütigen, Geduldigen und Ungeduldigen, Wohlwollenden und Neidischen, Unaufrichtigen und Aufrichtigen, Gesunden und Kranken, Schweigsamen und Redelustigen, Demütigen und Stolzen, Eßgierigen und Enthaltsamen, Barmherzigen und Unbarmherzigen, Streitsüchtigen und Friedfertigen …

Nicht allen helfen die gleichen Ermahnungen und Heilmittel. „Jenen müssen wir Trost in der Trübsal, diesen Furcht als Gegenmittel gegen den Stolz beibringen; jene sollen erkennen, daß sie Reichtümer besitzen, die sie nicht sehen, diese aber wissen, daß sie Reichtümer, die sie vor Augen haben, nicht behalten können." Immer wieder verdeutlicht er das Gemeinte durch Beispiele aus dem alltäglichen Leben: „Dieselben Kräuter, welche bestimmten Tieren zum Futter dienen, sind anderen tödlich, und leises Zischen besänftigt die Pferde, junge Hunde werden dadurch gereizt."

Wer Menschen leiten wolle, müsse über große Erfahrung verfügen. Die Berufung auf einen leitenden Posten sei ein Glücksfall, den man fürchten müsse, warnt Gregor. Denn wenn man unzeitig auf sich nehme, was die eigenen Kräfte übersteige, mache man sich unfähig zu dem, was man einmal zur rechten Zeit hätte leisten können. Denn „die Jungen der Vögel, wenn sie fliegen wollen, ehe ihnen die Flügel gewachsen sind, stürzen gerade dann in die Tiefe, wenn sie sich in die Höhe schwingen wollen."

Häufig würden sich jene, die das Amt eines Bischofs anstrebten, auf die Worte des Apostels Paulus berufen: „Wenn jemand das Vorsteheramt verlangt, so verlangt er ein gutes Werk." Gregor erinnert die Karrieristen daran, „daß dies zu einer Zeit ausgesprochen wurde, wo jeder Vorsteher der Gläubigen als der erste zum Martertod geschleppt zu werden pflegte."

Ohne das Geschick zur Leitung von Seelen tauge niemand zum Bischof. Die Strenge gegenüber böswillig Uneinsichtigen müsse sich in ihm mit der Milde gegen die Schwächen der ihm Anvertrauten verbinden. Von ihm werde verlangt, sich auf die Ebene eines jeden Menschen begeben zu können, ein mitfühlendes Herz und ein hochentwickeltes Unterscheidungsvermögen zu besitzen. Nur dann rechtfertige er die Autorität seines Amtes, wenn er so auf die Seelen einwirke, daß er dadurch das Gemeinwohl fördere und die Gläubigen für die Liebe Gottes empfänglich mache. Eine solche Autorität könne niemals mit Gewalt errungen werden. Die Männer der Kirche müßten also wissen, wie sie zu regieren hätten und zu welchem Ende sie regierten. Denn regieren mußten sie in den Wirren dieser Zeit!

Mühelos wechselt die „Pastoralregel" zwischen den Höhen mystischer Betrachtung und der Beurteilung von Alltäglichkeiten und gewinnt auf diese Weise eine zeitlose Lebendigkeit. Gregor dachte bescheiden von seinem Werk, das er unter dem Druck der Ereignisse und zur Selbstverteidigung in kurzer Zeit verfaßt hatte. An seinen Subdiakon Johannes in Ravenna schrieb er, dieser habe ihn durch seinen Tadel an der versuchten Flucht vor dem römischen Bischofsamt gezwungen zu zeigen, wie ein Hirte beschaffen sein müsse, und so habe er als häßlicher Maler einen schönen Mann gezeichnet. „Andere weise ich an das Gestade der Vollkommenheit, der ich noch selbst mit den Wogen der Sünde kämpfe. Aber ich bitte dich, komm mir zu Hilfe in dem Schiffbruch des Lebens durch das rettende Brett deines Gebets, damit die Hand deines Verdienstes mich hebe, wenn meine eigene Last mich abwärtszieht." Als ihm später gemeldet wurde, der Kaiser lese die griechische Übersetzung mit großem Vergnügen, äußerte er sich unzufrieden. „Mir mißfällt sehr, daß man sich mit minderen Schriften abgibt, da doch weit bessere zuhanden sind."

Auch kritische Stimmen erreichten ihn. Der Bischof Licinianus von Cartagena meinte, auf die hohen Anforderungen der „Pastoralregel" hinweisend: „Siehe, man soll deinen Vorschriften gehorchen und nur solche weihen, denen die apostolische Würde geziemt. Solche Leute jedoch findet man nicht ..." Was Gregor darauf antwortete, ist leider nicht überliefert.

Während seines ganzen Pontifikates sah er seine wichtigste Aufgabe darin, Priester und Bischöfe geistlich zu stärken, denn von ihnen hing es ab, ob und wie die Kirche ihren göttlichen Auftrag erfüllte: zu helfen, zu heilen, zu retten. Doch ihm waren enge Grenzen gesetzt: „Wie kann ich überlegen, was meine Mitbrüder nötig haben, und dafür sorgen, daß die Stadt vor den Schwertern des Feindes beschützt wird, Vorsichtsmaßregeln treffen, damit das Volk nicht durch einen plötzlichen Angriff vernichtet wird, und trotzdem gleichzeitig das ermahnende Wort zum Heil der Seelen voll und ganz verkünden? Um von Gott zu reden, brauchen wir inneren Frieden und müssen frei von Sorgen sein ... Seit ich die Bürde des Hirtenamtes übernommen habe, kann sich meine Seele nicht mehr mit Leichtigkeit sammeln, denn sie befindet sich unter einer Menge von Sorgen zerstreut. Ich bin gezwungen, mich einmal mit den Angelegenheiten der verschiedenen Kirchen oder mit den Bedürfnissen von Klöstern zu befassen, dann wieder das Verhalten des einen oder anderen Menschen zu überprüfen. Es gibt Zeiten, da ich mich mit weltlichen Angelegenheiten befassen, den durch die Barbareneinfälle verursachten Schaden beheben und versuchen muß, die Wölfe daran zu hindern, die mir anvertraute Herde zu vernichten … Zu Zeiten muß ich mit Leuten, die mir als Plünderer bekannt sind, Nachsicht haben, damit die Nächstenliebe bewahrt wird."

Aus der Kraft des Geistes

Wieder einmal von Schmerzen geplagt, diktierte Gregor seine Auslegung der letzten Vision des Propheten Ezechiel vom Bett aus. Ein Vorhang trennte ihn von seinem Freund und Schreiber, dem Diakon Peter. Da Gregor oft lange Pausen zwischen dem Sprechen eintreten ließ, während derer völlige Stille herrschte, bohrte Peter mit der Spitze des eisernen Griffels ein kleines Loch in den Vorhang. Er sah, wie eine leuchtende Taube über Gregor schwebte und dann ihren Schnabel an seinen Mund legte. Die Taube erhob sich, und Gregor setzte sein Diktat fort. Wieder schwieg der Papst, und Peter beobachtete, wie Gregor betend Hand und Aug zum Himmel emporhob, bis die Taube wiederkam. Als Gregor auf den unwillkommenen Zeugen aufmerksam wurde, nahm er ihm das heilige Versprechen ab, während seiner Lebenszeit Stillschweigen darüber zu bewahren.

Paulus Diaconus, „Vita Gregorii"

Während ihm Traurigkeit und vielerlei Beschwerden zusetzten, bewältigte der neue Papst ein Arbeitspensum, das selbst jene erstaunte, die seine Energie kannten. Gregor wußte, daß er keine Zeit hatte. Noch ehe die schlimmsten Schäden der furchtbaren Überschwemmung beseitigt waren und sich der Pestgeruch aus der Stadt verzogen hatte, würden die Langobarden wieder mit Mord und Totschlag in römisches Gebiet einfallen. Bis dahin mußten die Vorratshäuser am Tiber gefüllt, die Verwaltung der Kirchengüter reformiert, ermordete und gestorbene Priester und Bischöfe ersetzt werden. Gregor kümmerte sich persönlich um Kornlieferungen für das ausgehungerte Rom, mahnte die Beamten zur Erhaltung der Aquädukte, beriet mit militärischen Befehlshabern über die nächsten Schritte zur Verteidigung nicht nur Roms, sondern auch

Perugias und anderer Städte, schickte den Truppen in Neapel einen Tribun, der sie aufmuntern und ermutigen sollte.

In vielen Gebieten hatten die Schwerter der Feinde und Krankheiten reiche Ernte unter den Geistlichen gehalten. So manche unter den Einheimischen hatten die Gunst der Stunde genutzt, die verwaisten Kirchen zu plündern und sich widerrechtlich Land anzueignen. Gregor ließ den Kirchenbesitz inventarisieren und Entwendetes zurückfordern. Der Verwalter in ihm drängte auf Ordnung, denn wer in kleinen Dingen unkorrekt war, würde es auch in den großen sein. Auf der anderen Seite ließ er die Armen reichlich aus dem Kirchenschatz versorgen, kümmerte sich um den Loskauf von Gefangenen und ordnete den Verkauf von kostbaren Kirchengeräten an, wenn es an Lösegeld fehlte.

Ständig verließen Boten mit Briefen Gregors den Lateran in alle Himmelsrichtungen und kehrten mit Botschaften und Berichten, Bitten und Anfragen zurück. Man schätzt, daß Gregor in seiner vierzehnjährigen Amtszeit etwa zwanzigtausend Briefe auf den Weg gebracht hat, mehr als achthundert haben sich bis heute erhalten. Er schien seine Ohren überall zu haben, denn oft begannen seine Briefe, in denen er verlangte, Mißstände abzustellen, mit den Worten: „Man hat mir berichtet ...“ oder: „Mir ist zu Ohren gekommen ...“ Seine Ermahnungen galten hartherzigen Bischöfen: „Bischöfe sind Hirten, nicht Schergen“, und Priestern, die sich ihre Dienste von den Gläubigen mit Geld und Abgaben bezahlen ließen. Er sorgte sich um Pächter und Bauern auf kirchlichen Gütern, die von kaiserlichen Beamten mit erdrückenden Steuern belastet wurden; um mittellose Frauen, die von ihren Männern verlassen worden waren ... Unter Mönchen, Priestern, Soldaten, Bauern, Sklaven, Witwen, Waisen im Einflußbereich der römischen Kirche sprach sich schnell herum, daß auf dem Stuhl Petri ein Mann saß, von dem man Gerechtigkeit erhoffen konnte. Selbst byzantinische Beamte, die sich vom

Hof in Konstantinopel ungerecht behandelt fühlten, wandten sich hilfesuchend an Gregor. Er ließ keine Klage ungeprüft. Zu gut kannte er die Menschen, um nicht zu wissen, daß so mancher im Namen der Gerechtigkeit nur seinen eigenen Vorteil suchte.

In unserem Zeitalter weltumspannender Kommunikationsmittel fällt es schwer sich vorzustellen, wie Gregor unter den Bedingungen des sechsten Jahrhunderts eine solche Fülle von Informationen einholen, verarbeiten und in eine effiziente Verwaltung umsetzen konnte. Trotz Pest, Naturkatastrophen, marodierenden Langobarden kamen viele Pilger nach Rom, um an den Apostelgräbern und den Stätten der Märtyrer zu beten. Sie brachten Informationen und Botschaften aus Nordafrika, von der Iberischen Halbinsel, aus Gallien, Irland, den Balkanländern, Konstantinopel und natürlich aus allen Teilen Italiens. Wenn Rom auch auf das Niveau einer Provinzstadt herabgesunken war, so lebte es doch in der Erinnerung der Völker als das magische Zentrum des alten Imperiums, und die Gläubigen sahen in ihm die Hauptstadt der Christenheit. Wer nicht zu den heiligen Stätten in Jerusalem reisen konnte, wollte wenigstens in Rom heiligen Boden betreten.

Eine Vielzahl von Schreibern nahm Gregors Diktate in Kurzschrift auf und brachte sie dann in Form. Sekretäre kümmerten sich um den Vollzug von Anweisungen und sorgten für eine mustergültige Ordnung in der päpstlichen Kanzlei. Der einstige Stadtpräfekt stützte sich auf eine jahrhundertealte Tradition römischer Verwaltung und setzte sie gekonnt ein. Aber beschriebenes Pergament allein läßt Anordnungen nicht zu Taten werden. Ohne die vertrauten Freunde und jene, die sich ihm im Glauben und in seinen Zielen eng verbunden fühlten, wäre Gregor nicht imstande gewesen, diese Last zu schultern. So sehr er ihrer Nähe bedurfte, er mußte sie in die Welt schicken, damit sie an seiner Stelle notwendige Entscheidungen vor Ort umsetzten. Noch so überzeugende Denkmodelle und Strukturen bleiben wirkungslos, wenn nicht Menschen mit Verstand und Gefühl hinter ihnen stehen.

Sorgfältig ausgewählte Emissäre reisten zum Kaiser nach Konstantinopel, nach Ravenna zum Exarchen, nach Mailand. Die engsten Freunde Peter und Maximian entsandte Gregor nach Sizilien, den einen, damit er sich um die Kirchengüter, den anderen, damit er sich um die dortige Kirche kümmere. In seinen Vorgaben sparte er nicht mit deutlichen Worten, wie folgender Brief an Peter zeigt und der in seiner Art für viele steht:

„Die Anweisung, die ich Dir bei Deiner Abreise nach Sizilien mitgegeben habe, mußt Du fleißig und oft lesen, denn mit größter Sorgfalt ist darüber zu wachen, daß sich die Bischöfe nicht mehr in zeitliche Angelegenheiten einlassen, als es die Not und der Schutz der Armen erfordert … Außerdem habe ich vernommen, daß seit zehn Jahren viele Leute durch die Verwalter des römischen Kirchengutes gewaltsames Unrecht erlitten hätten, so daß sie öffentlich klagten, man sei in ihren Besitz gewaltsam eingedrungen, habe ihre Sklaven fortgeschleppt, auch bewegliche Gegenstände ohne irgendeinen Urteilsspruch weggenommen. Hinsichtlich all dieser Punkte ist es mein Wille, daß Du gemäß Deiner Erfahrung sorgfältig nachforschst, und wenn Du findest, daß seit diesen zehn Jahren irgend etwas mit Gewalt entrissen worden sei oder ungerechterweise im Namen der Kirche vorenthalten werde, so gib es dem, den Du als Eigentümer erkennst, in Kraft gegenwärtiger Anordnung zurück. Denn es soll der Geschädigte nicht genötigt sein, zu mir zu kommen und die Mühe einer so weiten Reise auf sich zu nehmen, besonders da die Wahrheit seiner Aussage hier doch nicht festgestellt werden kann. Im Hinblick also auf die Majestät des kommenden Richters gib alles zurück, was mit Sünde genommen worden ist, und wisse, daß Du mir großen Gewinn verschaffst, wenn Du eher Verdienste als Reichtümer sammelst …

Wenn Du aber auch siehst, daß die Kirche etwas mit Recht beanspruchen könne, so hüte Dich doch bei der Verteidigung des Rechts jemals Gewalt anzuwenden, besonders, weil ich ein Gesetz mit Bannesandrohung erlassen habe, daß niemals von unserer Kirche auf einem Stadt- oder Landgut Eigentumszeichen errichtet werden dürfen; sondern was mit Recht den Armen gehört, das muß auch mit Recht verteidigt werden, damit nicht durch schlechte Führung einer guten Sache uns vor dem allmächtigen Gott als Ungerechtigkeit angerechnet werde, was an sich mit Gerechtigkeit von uns hätte beansprucht werden dürfen. Ich wünsche, daß der Mann von Adel und Verdienst Dich wegen Deiner Demut liebe, nicht wegen Stolzes verabscheue. Und doch, wenn Du sie etwa gegen Arme eine Ungerechtigkeit verüben siehst, so erhebe Dich von Deiner Demut schnell in die Höhe, so daß Du ihnen unterwürfig bist, so lange sie recht handeln, aber ihr Gegner, wenn sie Böses tun. Handle so, daß Deine Demut nie als Schwäche, Deine Autorität nie als Härte erscheine. Denn Deine Demut muß gewürzt sein durch Gerechtigkeitsliebe, und diese muß durch die Demut liebenswürdig gemacht werden.

Obwohl es sonst Sitte war, daß die Bischöfe am Geburtstag des Papstes eine Zusammenkunft hielten, so verhindere dies doch am Tage meiner Weihe, weil mir das übertriebene Wesen mit seiner Torheit und Eitelkeit keine Freude macht …“

In einem weiteren ausführlichen Brief an Peter gibt er genaue Anweisungen, wie auf den Gütern verfahren werden soll und tadelt den Freund: „Lies dies alles mit Bedachtsamkeit und setze jene Nachlässigkeit ganz beiseite, der Du Dich nicht ungern hingibst. Laß die Schreiben, die ich an alle Landbewohner gerichtet habe, auf allen Landgütern verlesen, damit sie wissen, wie sie sich gegen Gewalttätigkeit durch Berufung auf Unsere Autorität verteidigen können …“

Ein andermal beschwert er sich ganz nebenbei: „Übrigens hast Du uns ein schlechtes Pferd und fünf gute Esel geschickt.

Auf dem Pferd kann ich nicht reiten, weil es schlecht ist, und auf den guten Eseln nicht, weil sie Esel sind. Wir bitten, uns etwas Brauchbares zu schicken, wenn Du mich zufriedenstellen willst."

In seinen Briefen befaßt er sich bis in Einzelheiten damit, wie man die Ernteerträge steigern könnte, erwägt Transportmöglichkeiten, vergleicht Verkaufspreise, macht Vorschläge zur Tierzucht, erörtert das Steuersystem und immer wieder die soziale Lage der Landbewohner. Man sieht geradezu den versierten Gutsherrn von einst vor sich, der sich um jedes Detail seines Betriebes kümmert. Innerhalb von zwei Jahren gelang es Gregor mit Peters Hilfe, die Verwaltung der Kirchengüter auf Sizilien so zu reformieren, daß sie den Zweck erfüllen konnten, zu dem sie einst eingerichtet worden waren: unter menschenwürdigen Bedingungen ausreichend Nahrungsmittel für die Bedürftigen in Rom und anderswo zu produzieren. Aber auch auf den kirchlichen Latifundien, die verstreut im übrigen weströmischen Reich lagen, in Dalmatien, Gallien und Nordafrika, ging Gregor energisch gegen Schlamperei und Veruntreuung an und ordnete ihre Verwaltung neu. An die Stelle der Pächter setzte er eigene Beamte, sogenannte Rektoren, die ihm genaueste Rechenschaft über Einnahmen und Ausgaben und über die Behandlung der Bauern geben mußten. Die Einnahmen aus dem „Patrimonium Petri" verwendete Gregor für die Armenpflege, für die Befestigung Roms und zum Schutz der Bevölkerung gegen die Langobarden. Auf diese Weise schuf er erstmals eine zentrale Verwaltung der durch Schenkungen an die Kirche gefallenen Ländereien und legte damit den Grundstein für den späteren Kirchenstaat.

Peter kehrte nach vollbrachter Aufgabe nach Rom zurück, der Freund Maximian blieb auf Sizilien. Man hatte ihn zum Bischof von Syrakus gewählt. Wirtschaftliche Unternehmen ließen sich, genau wie heute, schneller reformieren als politische und geistliche Institutionen. Gregor begrüßte es, daß Maximian sein Werk in Sizilien fortsetzte und vermißte ihn doch, wie auch andere Gefährten, schmerzlich in Rom.

Nach dem Abklingen der Pest bewegte sich ein Heer des Langobardenherzogs Ariulf von Spoleto unaufhaltsam auf die Stadt zu. Mit dem Magister Militium, dem Befehlshaber der zusammengeschmolzenen, erbärmlich ausgerüsteten Bürgerwehr, brütete Gregor stundenlang über Karten, erwog und verwarf Möglichkeiten der Verteidigung. Auf seine Ankündigung, wehrfähige Freiwillige aus dem Kirchengut zu entlohnen, meldeten sich ein paar hundert Männer. Doch wie Gregor und die Mitglieder des Kriegsrates es auch drehten und wendeten, das Bett blieb zu kurz, um sich auszustrecken, die Decke zu schmal, um sich darin einzuhüllen. Die Soldaten reichten nicht einmal aus, um die Stadttore und die schadhaften Mauern zu sichern. Nachdem das Menschenmögliche getan worden war, konnte nur noch ein Wunder das drohende Verhängnis abwenden.

Und es geschah so etwas wie ein Wunder. Gregor hatte dem Magister Militium vorgeschlagen, die angeworbenen Männer tagsüber auf den Mauerkronen exerzieren zu lassen und nachts dort Feuer zu entzünden, um Stärke vorzutäuschen. Nichts fürchtete der Langobardenherzog mehr als eine langwierige Belagerung. Die List gelang. Ariulf traute seiner eigenen Übermacht nicht und hielt den Angriff auf Rom für verfrüht. Er bot einen Waffenstillstand an. Mittelsmänner handelten ein Abkommen aus. Wenn die Kirche auch hohe Kontributionen an Ariulf entrichten mußte, stimmte Gregor erleichtert zu. Der Preis war nicht zu hoch für eine Atempause, die kostbare Menschenleben rettete.

Der Vertreter des Kaisers in Ravenna, der byzantinische Exarch Romanus, protestierte heftig, als er davon erfuhr. Dem Bischof von Rom stünde es nicht zu, mit den Langobarden zu verhandeln. Der Vertrag sei ungültig, und er,

Romanus, behalte sich vor, die Langobarden weiterhin anzugreifen, wann und wo und wie er es für richtig halte. Gregor mußte es hinnehmen, daß weitab im sicheren Ravenna ein aufgeblasener Mann Krieg spielte, den er niemals gewinnen konnte, und dem Kaiser einredete, die Römer seien ehrlose Feiglinge. Der Frieden würde nicht dauern, weder der mit Ariulf, noch der mit Kaiser Maurikios. Rom lief Gefahr, zwischen zwei Mühlrädern zermahlen zu werden.

In jener Zeit neigte sich Silvias Leben dem Ende zu. Sie wurde zusehends schwächer, doch ihr Geist blieb ungetrübt. So oft Gregor es ermöglichen konnte, ritt er zu ihrer Klause auf dem Kleinen Aventin. Er hatte sie überreden können, die Hilfe einer jungen Nonne in Anspruch zu nehmen. Sie wollte niemandem zur Last fallen, am wenigsten ihm. Bei jedem seiner Besuche fragte sie ihn, wie es um Rom stünde. Immer war sie die Stärkere gewesen, nun mußte er es sein. Er versicherte ihr, daß es ihm gutging, daß Rom zwar in Bedrängnis sei, mit Gottes Hilfe aber von den Langobarden verschont würde. Da man sie nicht besiegen könne, müsse man versuchen, mit ihnen Frieden zu schließen.

„Stilicho, denk an Stilicho“, flüsterte sie, und dann etwas lauter: „Sei wachsam, mein Gregor.“ Er verstand, was sie meinte. Die Mutter warnte ihn nicht vor den Barbaren, sondern vor den eigenen Leuten, vor dem Kaiser.

Stilicho, der Sohn eines Vandalen und einer Römerin, vor zweihundert Jahren römischer Heerführer und Reichsverweser in Westrom, hatte mit dem Westgotenkönig Alarich verhandelt, um ihn von Rom fernzuhalten. Daraufhin redeten Intriganten dem Kaiser Honorius ein, Stilicho sei ein Verräter, und unter dieser falschen Anklage hatte man den Reichsverweser in Ravenna hingerichtet. Auf diese Weise des einzigen ernstzunehmenden Gegners entledigt, fiel Alarich nur Monate später über Rom her. Die seit siebenhundert Jahren von feindlichen Angriffen verschonte Stadt wurde erbarmungslos von den Westgoten ausgeplündert, was Stilicho durch Verhandlungen auf gutem Wege gewesen war zu verhindern.

„Sorge dich nicht, Mutter“, erwiderte Gregor und nahm ihre Hände in die seinen. „Ich weiß, daß zwischen den Frommen des Herrn das Unkraut des Bösen wuchert. Der Satan haßt den Frieden. Gott wird mir beistehen.“

Wie alltäglich der Tod in den letzten Jahren auch geworden war, der Verlust der Mutter traf Gregor mitten ins Herz. Ihr verdankte er alles. Sie hatte ihm das Leben geschenkt, ihn begleitet, durch ihr Beispiel unterwiesen, ihn ohne Worte verstanden, ihn gefordert und ermutigt. Wohin sollte er auf dieser Welt noch gehen, wenn er mutlos und verzweifelt war? Niemand merkte Gregor an, wie verlassen er sich nach der Beisetzung der Mutter fühlte. Die Fülle der Aufgaben gönnte ihm keine Ruhepause. Seine Entscheidungen fällte er wie immer rasch und eindeutig, allen Ratsuchenden begegnete er unverändert freundlich und aufmerksam. Doch dann ergriff ihn ein Fieber, das alle bisherigen Anfälle an Heftigkeit übertraf. In seinen Träumen sah er sich von zerlumpten Frauen umringt, die nach Brot schrien, von Flüchtlingen, die Obdach verlangten. Er hörte das Klirren von Schwertern, Ströme von Blut flossen auf ihn zu. Der Kaiser zitierte ihn vor seinen Thron und warf ihm vor, sein Reich zu verschleudern. Priester zerrissen unter höhnischem Gelächter seine Schriften. Dann erwachte er schweißgebadet und flüsterte: „Mach ein Ende, Herr, mach ein Ende.“

Man fürchtete um sein Leben. Schon vor dem Fieberanfall war Gregor nur noch Haut und Knochen gewesen. Konnte es nicht schon als Wunder gelten, daß er die Pest überlebt hatte und all die darauf folgenden Strapazen? Er schlief kaum, Nahrung vertrug er wegen seines Magenleidens wenig. Was hatte er den Dämonen, die ihn quälten, noch entgegenzusetzen, was dem Tod?

Die Römer versammelten sich vor dem Lateran, der Stadtpräfekt ließ sich stündlich vom Zustand des Papstes berichten, in den Kirchen lagen die Gläubigen auf den Knien und beteten für Gregor. Was sollte aus Rom werden, wenn der Einzige, der die Stadt retten konnte, starb?

Die in Rom verbliebenen Freunde wichen nicht von Gregors Seite. Sie wechselten sich an seinem Lager ab, und jeder pflegte ihn wie eine Mutter ihr krankes Kind, flößte ihm mit Wasser verdünnten Wein ein, wusch ihn, betete, las ihm aus der Heiligen Schrift vor, wenn er bei Bewußtsein war.

Nach Wochen des Bangens und Hoffens trafen sie Gregor eines Morgens in aller Frühe angezogen am Tisch sitzen und schreiben. Noch am Abend zuvor hatte der Kranke im Delirium um sich geschlagen, der Arzt war mit sorgenvollem Gesicht gegangen, nachdem er ihm ein Beruhigungsmittel gegeben hatte.

„Wir wollen wieder an die Arbeit gehen", sagte Gregor. Auf die inständigen Bitten, er möge sich noch schonen, ein Rückfall könne ihn das Leben kosten, verwies Gregor auf den zweiten Brief des Apostels Paulus an die Korinther: „Von allen Seiten werden wir in die Enge getrieben und finden doch noch Raum; wir wissen weder aus noch ein und verzweifeln dennoch nicht; wir werden gehetzt und sind doch nicht verlassen; wir werden niedergestreckt und doch nicht vernichtet. Wohin wir auch kommen, immer tragen wir das Todesleiden Jesu an unserem Leib, damit auch das Leben Jesu an unserem Leib sichtbar wird."

Mit Mühe brachten sie ihn dazu, die Zahl derer, die den Papst in einem Anliegen zu sprechen wünschten, wenigstens noch für einige Tage zu reduzieren. Ihm die inzwischen eingetroffenen Briefe vorzuenthalten, wagte keiner. Und so stöhnten bald die Schreiber und Kopisten im Lateran unter der Flut von Gregors Diktaten.

Auch die Predigten zu Texten aus dem Evangelium, die er seit seiner Wahl zum Papst in regelmäßigen Abständen in verschiedenen römischen Kirchen hielt, nahm er wieder auf. Körperliche Schwäche hatte ihn mehrmals gezwungen, die Ansprachen von Priestern oder Diakonen verlesen zu lassen. Seine Stimme trug nicht weit. Doch die Menschen erwarteten, daß er selbst ihnen das Wort Gottes verkündigte und ihnen Wegweisung gab.

„In zahlreichen Lesungen, geliebte Brüder", begann er eine seiner Predigten in Santa Maria Maggiore, „habe ich gewöhnlich durch Diktat zu euch gesprochen. Doch beobachte ich, wie einige von euch weniger gern zuhören, weil ich, infolge einer Magenschwäche, nicht selbst vorlesen kann, was ich diktierte. Daher will ich mir nun gegen meine Gewohnheit abverlangen, daß ich während der heiligen Meßfeier die Lesung des heiligen Evangeliums nicht durch Diktat, sondern durch persönliche Ansprache erläutere. Und es soll so aufgenommen werden, wie wir es sagen, da die Stimme einer persönlichen Ansprache die trägen Herzen mehr als eine verlesene Rede antreibt und sie sozusagen mit sorgender Hand aufrüttelt, damit sie erwachen. Zwar sehe ich nicht, daß ich dieser Aufgabe gewachsen bin, doch verleiht Liebe die Kräfte, die die Unerfahrenheit versagt."

Ein Jahr später bittet er um Verständnis bei den Zuhörern in der Laterankirche: „Der von anhaltenden Beschwerden geschwächte Magen hat mich lange gehindert, zu euch über die Auslegung der Evangelienlesung zu sprechen. Die Stimme selbst nämlich versagt in der Kraft zu lautem Sprechen, und da ich von vielen nicht gehört werden kann, scheue ich mich, wie ich gestehe, inmitten vieler zu reden. Doch tadle ich auch selbst diese Scheu in mir. Was nun? Soll ich etwa, wenn ich nicht vielen nutzen kann, auch nicht für wenige sprechen? Und wenn ich bei der Ernte nicht viele Garben einbringen kann, muß ich etwa mit leeren Händen zur Tenne zurückkehren? Wenngleich ich nun nicht so viele zu bringen vermag, wie ich müßte, so werde ich gewiß einige wenige oder gewiß zwei oder auch nur eine Garbe bringen. Denn in der Schwäche besitzt schon die Absicht selbst die Gewißheit des Lohnes."

Welch großes Talent Gregor auch für Verwaltung und Diplomatie besaß und wieviel Kraft und Zeit er dafür auch aufwenden mußte, wirklich wichtig war ihm in seinem Amt als Papst nur die Verkündigung. Die Herzen der Menschen wollte er erreichen, ihnen mitteilen, was sich ihm in langen Nächten beim Studium der Heiligen Schrift und der Kirchenväter, in Gebet und Betrachtung offenbart hatte: Nicht eine gut funktionierende Verwaltung, nicht Ämter und weltliche Würden machen glücklich, nicht Reichtum oder tugendstolz zur Schau getragene freiwillige Armut, sondern nur die Einsicht, ein freies, von Gott nach seinem Ebenbild geschaffenes Wesen zu sein. Wer sich von Gott geliebt weiß, dem strömen Kraft, Selbstbewußtsein und Freude in Fülle zu. Die Predigten sollten die Römer ermutigen, denn nur freie und mutige Menschen waren imstande, innere und äußere Feinde zu besiegen. Und so wurde er nicht müde, seine Zuhörer zu ermahnen:

„Bewahren wir im Lebenswandel unsere Würde. Keine Unzucht möge uns besudeln, kein schändlicher Gedanke anklagen, keine Bosheit am Herzen nagen, kein Rost von Neid an uns fressen, kein Hochmut uns aufblähen, keine Gier nach irdischen Vergnügungen uns zerreißen und kein Zorn entflammen. Denn ‚Götter' wurden die Menschen genannt. Verteidige dir also, Mensch, gegen die Laster deine göttliche Würde, denn um deinetwillen ist Gott Mensch geworden."

„Niemand vernachlässige es, Sorge für sich selber zu tragen", rief er den Gläubigen zu. Jeder habe irgendein Talent empfangen, mit dem er anderen nützlich sein könne. „Wer also Einsicht besitzt, sorge dafür, nicht völlig zu schweigen; wer äußeren Überfluß besitzt, achte darauf, nicht in großzügiger Barmherzigkeit müde zu werden; wer sein Handwerk versteht, bemühe sich entschieden, dessen Ausnützung und Nutzen dem Nächsten zuteil werden zu lassen; wer eine Stellung innehat, um bei einem Reichen ein Wort einzulegen, fürchte, das Talent zurückgehalten zu haben, wenn er bei jenen nicht Fürsprache für die Armen einlegt, obwohl er es könnte."

„Achtet nicht darauf, was ihr besitzt, sondern was ihr seid", redete er den Vermögenden ins Gewissen. „Ich möchte euch ermahnen, alles zu verlassen, doch wage ich es nicht. Wenn ihr nicht alles Weltliche verlassen könnt, dann haltet an dem, was der Welt gehört, in der Weise fest, daß ihr dadurch dennoch nicht in der Welt festgehalten werdet … Etwas Zeitliches werde also gebraucht, etwas Ewiges werde ersehnt; das Zeitliche werde für die Reise genutzt, das Ewige werde als Ziel ersehnt … Wir wagen also nicht, Brüder, euch zu sagen, daß ihr alles verlassen sollt; doch könnt ihr, sofern ihr wollt, alles verlassen, auch wenn ihr es behaltet, wenn ihr mit dem Zeitlichen in der Weise umgeht, daß ihr dennoch mit ganzer Seele nach dem Ewigen strebt."

Den Armen begegnete er mit Zuneigung, auch jenen unter ihnen, die aus Not oder aus Abstumpfung durch Diebstahl, Mord, Plünderung gegen die göttlichen Gebote verstießen: „Wenn der Arme also tadelnswert erscheint, soll man ihn ermahnen, aber nicht verachten. Wenn er jedoch keinen Anlaß zum Tadel gibt, soll man ihn als Fürsprecher hoch verehren. Doch seht, viele erblicken wir, bei denen wir nicht um Schuld und Verdienst wissen. Also müssen alle verehrt werden, und man muß sich vor allen in dem Maße demütigen, als man nicht weiß, wer von ihnen Christus ist."

Die Verantwortung für die Ärmsten der Armen nahm Gregor so ernst wie kaum ein Papst vor oder nach ihm. Er sorgte für die Einrichtung von Spitälern und Herbergen für bedürftige Alte und Kranke. Als ihm berichtet wurde, ein Bettler sei auf der Straße verhungert aufgefunden worden, trat er mehrere Tage nicht zur Feier der Messe an den Altar, weil er sich an dessen Tod schuldig fühlte.

Die Demut dieses Papstes aus altem senatorischen Adel muß schon die Zeitgenossen so verblüfft haben, daß sie viele Zeugnisse seiner Selbstverleugnung aufzeichneten. Oft wird Demut mit sklavischer Unterwürfigkeit verwechselt und Würde mit Hochmut. Gerade den heutigen Leser von Gregors Briefen und Schriften fasziniert immer wieder, wie sich bei ihm tiefste Bescheidenheit und höchste Autorität nicht nur nicht widersprechen, sondern einander geradezu bedingen. Gefühlsseligkeit wird man bei ihm nirgendwo finden, dafür immer Unterscheidungsvermögen und einen klaren Sinn für die Realität.

Wenn er rät: „Niemand erhebe sich gegen erfahrene Schmähungen, niemand erwidere Beschimpfung durch Beschimpfung. In der Nachahmung Gottes ist es nämlich ruhmvoller, Unrecht stillschweigend zu fliehen, als durch Erwiderung zu besiegen", gibt er gleichzeitig zu bedenken: „Am Mitgefühl der Seele haftet häufig insgeheim falsche Güte, die dazu führt, sich der Laster verständnisvoll anzunehmen, während man gegenüber Vergehen kein Mitgefühl, sondern Entschiedenheit zu üben hat." Immer solle man das Gute im Menschen, zu dem er erschaffen ist, lieben, doch das Böse, das er begangen hat, bestrafen.

Gregor predigte gegen das seit Jesu Zeiten bis in unsere Tage dauernde Mißverständnis an, die Kirche verstehe sich als eine Ansammlung vollkommener Menschen. Das Gegenteil sei der Fall. Hatte Jesus nicht verkündet: „Barmherzigkeit will ich, nicht Opfer. Denn ich bin gekommen, um die Sünder zu rufen, nicht die Gerechten"?

In der Kirche gebe es viele Böse und wenige Gute, denn schwach sei der Mensch und vielerlei Versuchungen ausgesetzt. Und doch erfüllten auch die Bösen wichtige Aufgaben, denn „das Eisen unserer Seele erreicht keinesfalls feinste

Schärfe, wenn dies nicht die Feile fremder Schlechtigkeit abgeschliffen hat". Die Guten wiederum bekämen die Gelegenheit, durch ihr Beispiel die Schlechten zu bessern. Wo dagegen keine Besserung in Sicht sei, „müssen die Bösen um so mehr ertragen werden, je zahlreicher sie sind, da es auch beim Dreschen auf der Tenne wenige Körner sind, die man in die Scheunen einbringt, und die Masse an Spreu, die im Feuer verbrannt wird, groß ist."

Hart ging Gregor mit Bischöfen ins Gericht, die sich mehr um ihr eigenes Wohlergehen kümmerten als um die ihnen anvertrauten Gläubigen, die sich bereicherten, nach Ruhm und Ehren strebten und sich in weltlichen Aktivitäten gefielen. Die Bischöfe mögen seine Ermahnungen nicht gern gehört haben. „Seht, die Städte sind entvölkert, die Festungen vernichtet, Kirchen und Klöster zerstört und dem Erdboden gleich gemacht. Doch wir sind dem untergehenden Volk die Urheber des Todes, die wir Führer zum Leben hätten sein müssen. Aufgrund unserer Sünde liegt nämlich das Volk darnieder, denn durch unsere Nachlässigkeit ist es nicht zum Leben unterwiesen worden ... Kaum einmal weisen wir jemanden aufgrund seiner Schuld freimütig zurecht. Und was noch schlimmer ist, wenn es einmal um eine einflußreiche Persönlichkeit dieser Welt geht, werden ihre Vergehen womöglich noch gelobt, damit sie nicht, wenn sich Widerspruch erhebt, aus Unmut die Gaben zurückzieht, die sie gewährte ... Wir sind nämlich völlig äußeren Beschäftigungen verfallen ... Wir geben den Dienst der Verkündigung auf, und zu unserer Strafe, wie ich es sehe, lassen wir uns Bischöfe nennen, die wir nur den Ehrentitel, nicht aber die entsprechende Vollkommenheit besitzen. Denn die uns Anvertrauten verlassen Gott, wir aber schweigen. Im schlimmen Tun liegen sie darnieder, wir aber reichen nicht die Hand zur Besserung. Täglich richten sie sich durch vielerlei Unrecht zugrunde, wir aber schauen tatenlos zu, wie sie auf dem Weg zur Hölle sind ..."

Gregor bezog sich selbst in diese Kritik ein. Sein „wir“ war keine rhetorische Formel. Er dachte wirklich gering von sich, aber hoch von seinem Amt als römischer Bischof und Papst. Einst würde er vor Christus Rechenschaft ablegen müssen, wie er dessen Auftrag erfüllt hatte: „Weide meine Schafe!“ Hatte er sie vor Feinden beschützt, sich um ihre leibliche und seelische Gesundheit gekümmert? Vor dem göttlichen Gericht würde es ihm nicht helfen, die Schuld für die Misere Roms und die desolate Lage der westeuropäischen Kirche den Langobarden und dem Kaiser in Konstantinopel zuzuschieben. Die bösen Taten anderer wuschen nicht von eigenen Versäumnissen rein. Zum Besseren wenden konnte nur, wer sich selbst veränderte, indem er eigene Schuld erkannte, und diese war um so größer, je mehr Verantwortung er trug. Die Verantwortlichen der Kirche, die Bischöfe, mußten Vorbild in der Nachfolge Christi sein, Salz der Erde. Doch wenn das Salz seinen Geschmack verliert, womit kann man es wieder salzig machen? Es taugt zu nichts mehr; es wird weggeworfen und von den Leuten zertreten.

Gregor hielt seine Predigten nicht nur in den Kirchen innerhalb der Stadtmauern, sondern auch vor den Toren der Stadt, wenn es die Belagerung durch die Langobarden zuließ: in San Lorenzo, Sant' Agnese, San Sebastiano. Die christlichen Gotteshäuser, erbaut in den letzten zweihundert Jahren, nahmen sich noch immer wie Fremdkörper neben den zahllosen, jetzt verschlossenen Heidentempeln aus. Allmählich verschwanden die Namen der orientalischen Gottheiten aus dem Gedächtnis der Bewohner. Da die Tempel nach wie vor in kaiserlichem Besitz waren und der Stadt die Mittel fehlten, die Bauwerke zu erhalten, verfielen sie. Erst Gregors Nachfolger Bonifatius gelang es, vom Kaiser das Pantheon übertragen zu bekommen und es zur Marienkirche zu weihen. Auf diese Weise entging das Pantheon dem Schicksal vieler antiker Tempel, von den Römern als Steinbruch genutzt zu werden.

Gregor besaß für den Bau neuer Kirchen weder die Mittel noch die Kraft. Ihm war es ohnehin wichtiger, durch die Verkündigung des Evangeliums Menschen zu lebendigen Tempeln Gottes zu machen und sie kraft des Geistes so zu stärken, damit sie Rom gegen die Langobarden verteidigen konnten. Das eine wie das andere schien so aussichtslos wie jegliches Menschenvermögen übersteigend. Der klarblickende Gregor wußte das, er wußte aber auch, daß der Glaube Berge versetzt. Am eigenen Leibe hatte er wieder und wieder sein Ungenügen erfahren, seine Zerbrechlichkeit und Hilflosigkeit. Aber auch, welche Kraft ihm zufloß, wenn er sich ganz in Gottes Hände gab. Wer nur sich selbst vertraut, zerbricht über kurz oder lang an seinen Schwächen, wird ein leichtes Opfer von Panik und Mutlosigkeit; wer sich nach Gott ausstreckt, wächst über sich selbst hinaus. Diese Botschaft beseelte Gregors leidenschaftliche und zugleich nüchterne Verkündigung.

Doch wie viele erreichte er durch sein Wort, wenn er, von mittelgroßer schmächtiger Statur, in den Basiliken predigte? Mag auch das Gehör der Menschen damals besser gewesen sein als heute, mehr als die vordersten Reihen der Kopf an Kopf stehenden Menschen erreichte er mit seiner Stimme nicht. Warum kamen sie dennoch in Scharen? Da war kein siegreicher Kriegsheld zu bestaunen, kein berühmter Schauspieler oder Wagenlenker. Das Geheimnis von Gregors Anziehungskraft lag wohl darin, daß er sagte, was er dachte, und tat, was er sagte. Die Römer vertrauten ihm. Seine Worte, aufgeladen mit der Energie und dem Geist seiner Persönlichkeit und weitergesagt von Mund zu Mund, erreichten auch die Fernstehenden. Menschen hören nicht nur mit den Ohren, sondern mit allen Sinnen des Leibes und des Herzens. Wer hören will, versteht.

Gregors Gabe, schwierige Texte der Bibel zu erklären und in Bezug zur Gegenwart zu setzen, brachte seine Freunde auf den Gedanken, er möge ihnen und allen Interessierten die

Visionen des alttestamentarischen Buches Ezechiel deuten. Darin erzählt der Prophet Ezechiel, der während der babylonischen Gefangenschaft des Volkes Israel und der Zerstörung des Tempels in Jerusalem lebte, von Schuld, Gericht und Umkehr, von göttlichem Erbarmen und menschlicher Verantwortung. Erging es den Römern denn nicht wie dem Volk Israel unter dem Strafgericht Gottes? Zerstörte Städte und Kirchen, verheerende Seuchen, Mord und Totschlag ohne Ende. Wo gab es noch Hoffnung auf ein Nachlassen der Plagen oder gar die Verheißung eines Neubeginns? Nicht so sehr Trost erhofften sich die Zuhörer von Gregor, wie schonungslose Wahrheit. Der Prophet Ezechiel hatte nach all den Schrecknissen Gottes rettendes Eingreifen und die Wiederherstellung des Volkes um den neu erbauten Tempel prophezeit. Konnten die Geschehnisse von vor mehr als tausend Jahren nicht als ein Gleichnis auf die römischen Zustände gelesen werden? Vor Gott sind tausend Jahre wie ein Tag. Wenn die Heilige Schrift ein Brief Gottes an seine Geschöpfe aller Zeiten war, wie Gregor immer wieder betonte, was wollte er dann den Römern durch den Mund seines Propheten Ezechiel sagen?

Die Auslegung des Buches Ezechiel erforderte viel Zeit und Kraft, über die der von Krankheiten geplagte und von vielfältigen Aufgaben überlastete Gregor eigentlich nicht verfügte. Aber es mochte ihn auch drängen, im Licht dieser biblischen Texte auf seine Zeit zu schauen und sie zu durchdringen. Im dritten Jahr seines Pontifikats hielt er zweiundzwanzig Predigten zum Buch Ezechiel. Anspruchsvoll, tiefsinnig und gelehrt, waren sie nicht so praxisnah und rein von der Seelsorge bestimmt wie seine Volkspredigten zu Evangelientexten. Doch auch sie kamen kraftvoll, bildhaft, mit kühnen Vergleichen und ohne jegliche Eitelkeit daher. Nicht nur Mönche und Geistliche füllten die Kirche, auch viel Volk hörte zu, wenn Gregor fragte, ob die Römer nicht den harthörigen Kindern des Hauses Israels glichen, die „aus der Eiseskälte der

Erstarrung in die Finsternis der Unwissenheit gerieten und bei der Niedertracht der Verfolgung endeten." Richteten sich des Propheten Worte nicht an sie, „die wir angefochten, belagert und eingeschlossen sind und sämtliche Güter, die wir in dieser Welt besaßen, verloren haben. Wir sehen zerstörte Städte, vernichtete Lager, vom Einsturz bedrohte Kirchen, und trotzdem folgen wir unseren Vorfahren immer noch im Bösen, lassen nicht ab von deren Überheblichkeit, die wir doch sehen! Jene sündigten in frohen Zeiten, wir aber, was schlimmer ist, sündigen unter Züchtigungen."

„Da die Schlechten nie darauf achten, was sie tun, eilen sie ins Verderben und freuen sich noch über ihre verkehrten Handlungen. Der Gerechte, der sie sieht, weint oft über sie, sie aber ergehen sich in lautem Wehgeschrei nach der Art der Verrückten – und lachen!"

„Die Reden der Mitmenschen nehmen wir durch tägliches Anhören so im Geiste auf, wie wir uns die Luft durch das Ein- und Ausatmen körperlich aneignen. Und wie schlechte Luft durch ständiges Einatmen den Körper vergiftet, so vergiftet das ständige Anhören schamloser Reden die Seele der Schwachen, so daß sie durch das Vergnügen an verkehrtem Tun und durch andauerndes schlechtes Reden allmählich verkommt."

Das Wort Ezechiels „Menschensohn, ich habe dich zum Wächter bestellt über das Haus Israel" nahm Gregor zum Anlaß, sich selbst zu befragen. Ein schlechter Wächter sei er, bekannte er, auf seinen Namen und sein Amt anspielend. „Oft verliere ich mich in müßiges Geschwätz und vernachlässige, unachtsam und träge, die Ermahnung und Erbauung der Mitmenschen ... Ja, als ich noch im Kloster war, da konnte ich meine Zunge vor unnützen Reden zurückhalten und den Geist fast ununterbrochen in Gebetshaltung bewahren. Aber nachdem ich die Bürde der Seelsorge den Schultern des Herzens aufgeladen habe, vermag sich die Seele nicht immerfort in sich selbst zu sammeln, weil sie in so vielerlei geteilt ist. Ich sehe mich genötigt, bald Streitfragen von Kirchen, bald die von Klöstern zu schlichten, oft auch mich um die Lebensumstände und Tätigkeiten einzelner zu kümmern. Ein andermal ist es die Sorge um die Anliegen der Bürger, die Schrecken der hereinbrechenden Schwerter der Barbaren, die Angst vor den Wölfen, die der anvertrauten Herde nachstellen. Dann wieder habe ich darauf zu achten, daß denen, die die öffentliche Ordnung aufrechterhalten, die nötige Unterstützung nicht fehle, muß Plünderer gleichmütig ertragen beziehungsweise ihnen unter Einhaltung der gebotenen Liebe entgegentreten ... Weil ich aufgrund meines Amtes oft mit Weltleuten zu tun habe, lockere ich manchmal die Zügel meiner Zunge. Halte ich mich mit dem gebotenen Eifer an meine Amtsgeschäfte, bin ich mir bewußt, daß ich mich den Schwächeren entziehe und sie nie zu dem bringe, was ich im Sinne habe. So kommt es, daß ich ihr müßiges Gerede oft geduldig anhöre. Und da ich selber auch schwach bin, werde ich unmerklich in nutzlose Gespräche hineingezogen und beginne selber gern zu sagen, was ich zunächst widerwillig angehört habe, und wo es mich vor dem Fall ekelte, da liege ich nun selber gar nicht so ungern. Welcher oder was für ein Wächter bin ich, der ich nicht auf dem Berg des rechten Tuns stehe, sondern noch im Graben der Schwachheit liege?“

Gregor war kein auf Effekte bedachter Prediger. Er machte keine Zugeständnisse an die Zuhörer, er scheute nicht Wiederholungen, um etwas zu verdeutlichen. Selbst einem Propheten ähnlich, redete er in der archaischen Sprache des Alten Testaments und traf doch ganz die Nöte seiner Zeit. Es erstaunt, wie Gregor vor tausendvierhundert Jahren die Fragen aufgriff, die uns auch heute noch beschäftigen, wenn auch in anderen kulturellen Zusammenhängen. Immer ging es ihm um das Wesentliche der menschlichen Existenz. Die eigene Vergänglichkeit, die selbstverschuldete Unmündigkeit und den drohenden Untergang der römischen Zivilisation vor Augen, spannte er alle Kräfte an, die Menschen zur Freiheit durch Gott zu führen. Er kannte ihre Schwächen, ihre Ängste, ihre Verzweiflung, denn es waren auch die seinen. Und so fand er immer neue Gleichnisse, um ihre verzagten Herzen der Freude und der Verheißung des Glaubens zu öffnen. Denn kurz waren der Menschen Tage, ein Aufblitzen nur gegen die Ewigkeit, in der sie ernten würden, was sie in ihrem irdischen Dasein gesät hatten.

Viele Menschen, konstatierte Gregor, glauben nur an das, was sie sehen, und bezweifeln das ihren Augen Unsichtbare. Adam habe sich noch an das Paradies erinnern können, aus dem er und Eva vertrieben worden seien. Doch ihren Nachgeborenen bliebe nur, an das glauben, was ihnen überliefert worden sei. „Wie wenn eine schwangere Frau, in den Kerker gesetzt, einen Knaben gebäre, der dort aufgezogen würde und heranwüchse, und dem die Mutter etwa die Sonne, den Mond, die Sterne, die Berge und Felder, die fliegenden Vögel, die rennenden Pferde mit Namen nennen würde. Der Knabe aber, im Kerker aufgezogen, wüßte von nichts anderem als dessen Finsternis. Zwar hörte er, daß es solche Dinge gäbe, wäre aber mißtrauisch, ob sie in Wirklichkeit vorhanden sind, weil er sie nicht durch Erfahrung kennt. Ebenso sind auch die in ihrer gegenwärtigen Blindheit der Verbannung geborenen Menschen mißtrauisch, wenn sie hören, daß es die erhabensten und unsichtbaren Dinge gibt, weil sie allein jene niedrigen und sichtbaren Dinge kennen, in denen sie geboren sind.“

Mit solchen Gleichnissen wollte Gregor den Gefangenen ihrer selbst die Augen des Herzens öffnen. Unentwegt mahnte er: Kehrt um, bessert euch, befolgt Gottes Gebote, seid weitherzig, großzügig und versucht, einander zu lieben.

Die Wirkung seiner Worte auf die Zuhörer und Leser seiner Predigten muß immens gewesen sein, und sie hielt in den folgenden Jahrhunderten an. Man konnte sich dies nur durch ein Wunder erklären, und so entstand bald die Legende, der Heilige Geist in Gestalt einer Taube habe Gregor seine Worte diktiert. Seither wird er auf allen Bildnissen mit einer Taube dargestellt, die ihm die göttliche Weisheit ins Ohr flüstert.

Übermäßige Anstrengungen waren dem Papst in den zwei Jahren seit seiner Amtsübernahme abverlangt worden. Tapfer und ohne sich zu schonen hatte er die Last geschultert und Übermenschliches geleistet. Doch es zeichnete sich keine Entspannung der Situation ab. Ende des Jahres 592 standen die Heere des Langobardenherzogs Ariulf unmittelbar vor den Toren Roms. Gregor mußte den Predigtzyklus zum Buch Ezechiel abbrechen. Seine Worte spiegeln das ganze Ausmaß seiner Verzweiflung über das Schicksal Roms wider. Den Zuhörern in der halbdunklen Kirche mag vor Entsetzen das Blut in den Adern geronnen sein, als der Mann, auf den sie ihre ganze Hoffnung setzten, mit brüchiger Stimme sagte:

„Niemand nehme es mir übel, wenn ich nach dieser Predigt aufhöre. Denn meine Trübsale haben, wie ihr alle seht, überhandgenommen: ringsum sind wir von Schwertern bedrängt, ringsum quält uns die Angst vor der drohenden Todesgefahr. Die einen kehren mit abgeschlagenen Händen zu uns zurück, andere werden als gefangen, wieder andere als getötet gemeldet. Ich sehe mich außerstande, meine Ausführungen fortzusetzen, denn meine Seele ekelt es ob meines Lebens. Niemand möge von mir fernerhin ein Studium der Heiligen Schrift erwarten, denn meine Zither hat sich zum Trauerlied gewendet und meine Schalmei zu Wehklagen … Wem aber zu leben nicht mehr vergönnt ist, wie soll der über den mystischen Sinn der Heiligen Schrift reden? Täglich werde ich genötigt, Bitteres zu trinken, wie kann ich da Süßes zu trinken geben? Was bleibt übrig, als daß wir unter den Geißelhieben, die wir um unserer Übeltaten willen erleiden, mit Tränen Dank sagen?“

Langobarden vor Rom

Der Langobardenherzog Ariulf zog vor die Tore Roms, um die Stadt zu zerstören. Gregor ging vor die Tore und sprach mit ihm. Er erhielt sein Versprechen, daß er, solange Gregor Papst blieb, sein Heer nie wieder gegen Rom führen würde. Später, als er erkrankte, schickte der Herrscher um Rat zu Gregor. Der Papst verschrieb ihm eine Milchdiät, womit er sich erholte.

Vita von Withby

Rom hatte sich nur langsam von dem Aderlaß durch den jahrzehntelangen Gotenkrieg in der ersten Hälfte des Jahrhunderts erholt. Um 560 lebten in der einstigen Millionenstadt noch etwa dreißigtausend Menschen. Seuchen, Überschwemmungen und Erdbeben sorgten dafür, daß die Zahl der Einwohner in der Folgezeit kaum zunahm. Doch als die Pest von 590 Rom aus ihrem tödlichen Griff entlassen hatte, strömten Flüchtlinge in nie gekannter Zahl in die Stadt. Bauern und Handwerker, Nonnen und Mönche, ganze Dorfgemeinschaften. Sie kamen mit Fuhrwerken, trieben das Vieh vor sich her, schleppten ihre Kinder und ihre Habe auf dem Rücken, viele aber hatten nur das nackte Leben retten können. Ihnen voran eilte der Schreckensruf: Die Langobarden kommen! Innerhalb weniger Monate stieg die Einwohnerzahl Roms auf neunzigtausend. Allein dreitausend Nonnen suchten Zuflucht im Lateran und seiner Umgebung. Schreckliche Geschichten erzählten die Flüchtlinge: Wer sich nicht freiwillig in Sklaverei begab, wurde niedergemacht. Häuser und Kirchen gingen in Flammen auf. Frauen wurden zur billigen Beute der kriegerischen Horden.

Seit nunmehr fast einem Vierteljahrhundert zogen die Langobarden ihre blutigen Spuren durch Italien, belagerten und eroberten Städte und Dörfer, wichen zurück, griffen erneut an, verwüsteten ganze Landstriche. Ungleich den Ostgoten vor ihnen galten sie als wild und undiszipliniert, unfähig und unwillig, sich auf die Kultur des Landes einzulassen, das sie in großen Teilen beherrschten. Ihr Aussehen, das auf die Römer so furchteinflößend wirkte, schilderte später der Mönch und Geschichtsschreiber Paulus Diaconus, selbst ein Langobarde, folgendermaßen:

„Nacken und Hinterkopf hatten sie glattgeschoren, die anderen Haare hingen ihnen über die Wangen bis zum Mund herab und waren in der Mitte der Stirn gescheitelt. Ihre Kleidung war weit und meist aus Leinen, wie sie die Angelsachsen tragen, zum Schmuck mit breiten Streifen von anderer Farbe verbrämt. Ihre Schuhe waren oben fast bis zum großen Zeh offen und durch herübergezogene lederne Riemen zusammengehalten."

Nach der Ermordung König Alboins 572 und seines Nachfolgers Kleph 574 durch die eigenen Leute hatten sich mehr als dreißig Langobardenherzöge um die italienische Beute gestritten. Sie bekriegten einander und die Byzantiner, unternahmen Vorstöße auf Rom, behinderten sich dabei aber gegenseitig, so daß die relative Sicherheit der Stadt auf der Zwietracht der Langobarden beruhte. Erst 584 gelang es Klephs Sohn Authari, sich in Pavia zum König auszurufen. Zu dieser Zeit hatte Kaiser Maurikios in Konstantinopel, vom päpstlichen Apokrisiar Gregor gedrängt, gegen die Eindringlinge aus dem Nordosten vorzugehen, die Franken mit Geldversprechen zum Kampf gegen die Langobarden animiert. Einige Zeit sah es so aus, als ginge des Kaisers Plan auf. Die Franken fielen in Italien ein, der kaiserliche Exarch in Ravenna mobilisierte seine Truppen, die uneinigen Langobarden mußten Verluste hinnehmen und gerieten in die Defensive. In dieser bedrohlichen Situation widersetzten sich die Langobardenherzöge nicht länger einer Königswahl und unterstellten sich Autharis Führung. Diesem gelang es, das byzantinisch-fränkische Bündnis zu zerschlagen und seine Herrschaft zu befestigen. So hatte letztlich das Gold des Kaisers die Langobarden vereint und Authari auf den Thron gehoben.

Um die Franken von weiterer Gegnerschaft abzuhalten, hielt der junge Authari um die Schwester des Frankenkönigs Childebert an. Der nahm die Brautgeschenke zwar entgegen, verheiratete seine Schwester aber dann doch lieber mit dem inzwischen katholisch gewordenen Westgotenkönig Reccared in Spanien. Nun schickte der abgewiesene Authari seine Brautwerber nach Regensburg an den Hof des bayrischen Herzogs Garibald. Dort wurden sie freundlich empfangen und kehrten bald mit dem Versprechen Garibalds zurück, dem Langobardenkönig die Tochter Theodelinde zur Frau zu geben. Ursprünglich hatte Theodelinde den Frankenkönig Childebert ehelichen sollen, aber aus irgendeinem Grunde war das Heiratsprojekt noch nicht zustande gekommen. Authari mag der Gedanke gefallen haben, sich an König Childebert für die Zurückweisung zu rächen, indem er ihm die versprochene Braut ausspannte. Neugierig geworden durch die Berichte seiner Gesandten, die Anmut und Schönheit der jungen Regensburgerin überschwenglich priesen, beschloß Authari, Theodelinde selbst in Augenschein zu nehmen. Im Mai 589 reiste er inkognito mit einigen seiner Männer nach Regensburg und gab dort vor, sein König habe ihm aufgetragen, ihm Aussehen und Gestalt der künftigen Herrin der Langobarden zu schildern. Paulus Diaconus berichtet von dieser ersten Begegnung der Brautleute:

„Als Garibald das hörte, ließ er seine Tochter holen, und als nun Authari sie schweigend angeschaut hatte, wie schön sie war, und sie ihm in allem sehr wohl gefiel, so sprach er zu Garibald: ‚Da uns die Gestalt deiner Tochter wohlgefällt und wir sie darum zu unserer Königin wünschen, so möchten wir, falls es eurer Herrlichkeit beliebt, einen Becher Wein aus ihrer Hand entgegennehmen, wie sie uns ihn später reichen wird.' Als Garibald einwilligte, daß es so geschehe, reichte Theodelinde zuerst jenem den Becher mit Wein, der das Haupt (der Gesandten) zu sein schien, und hierauf dem Authari, von dem sie nicht wußte, daß er ihr Bräutigam sei. Als dieser getrunken hatte und ihr nun den Becher zurückgab, so berührte er, ohne daß es jemand bemerkte, ihre Hand mit dem Finger und strich ihr mit seiner Rechten von der Stirne über die Nase und Wangen herab. Ganz schamrot erzählte das Theodelinde ihrer Amme; da sagte diese zu ihr: ‚Wenn dieser Mann nicht selbst der König und dein Bräutigam wäre, so hätte er auf keinen Fall dich zu berühren gewagt. Laß uns aber einstweilen stille sein, damit dein Vater nichts davon erfährt. Denn wahrlich, es ist ein Mann, der es wohl verdiente, König zu sein und mit dir vermählt zu werden.' Es blühte aber damals Authari in jugendlichem Mannesalter, war von edler Gestalt und wallendem hellen Haar und sehr würdigem Aussehen."

Als die Franken erfuhren, der Langobardenkönig wolle die Tochter des bayrischen Herzogs heiraten, rüsteten sie zu einem Angriff auf Regensburg, um die Hochzeit zu verhindern. Zu spät. Der schlaue Garibald hatte seine Tochter, begleitet von ihrem Bruder Gunduald, rechtzeitig auf den Weg nach Süden geschickt. Die Reise glich eher einer Flucht, denn sie mußten immer wieder fränkischen Spähern und Trupps ausweichen. König Authari ritt der Braut entgegen und traf sie oberhalb von Verona. Unter großem Jubel der Langobarden feierten sie am 15. Mai 589 in der Stadt an der Etsch ihre Hochzeit.

Das eheliche Glück währte nicht lange. Schon im September 590 starb Authari in seiner Hauptstadt Pavia, vermutlich an einer Vergiftung. Seine Witwe bewies nun, aus welchem Holz sie geschnitzt war. Die junge Frau, nicht einmal zwanzig Jahre alt, noch immer recht fremd an einem Hof, wo rauhe Sitten herrschten, Auseinandersetzungen mit Schwertern und Giftanschlägen ausgetragen wurden, zeigte sich der Situation gewachsen. Schließlich war ihre Mutter Walderada die Tochter des einstigen Langobardenkönigs Wacho und mit zwei Frankenkönigen verheiratet gewesen, ehe sie nach dem Tod des einen und nach kirchlicher Scheidung von dem anderen mit dem Bayernherzog vermählt worden war. Theodelindes Vater Garibald hatte immer viel Geschick aufbringen müssen, zwischen den Franken und den Langobarden, die sein Herzogtum bedrohten, nicht aufgerieben zu werden. Die wertvollste elterliche Mitgift Theodelindes bestand in ihrer Fähigkeit zur Selbstbehauptung. In dem einen Jahr ihrer Ehe hatte sie viel von Authari gelernt. Und er scheint ihr bereitwillig von seinem Wissen und seinen Erfahrungen mitgeteilt zu haben. Bald kannte sie alle Herzöge nicht nur beim Namen, sondern auch ihre Vorlieben und Schwächen. Sie deutete das Mienenspiel der bärtigen Gesichter ebenso sicher wie die Atmosphäre einer Zusammenkunft. Ihr war klar, daß die Langobarden sehr schnell einen neuen König brauchten, um ihre Eroberungen der letzten Jahrzehnte in Italien behaupten zu können. Mit ihrer Jugend, einem freundlichen Wesen und scheinbarer Arglosigkeit hatte sie als Gemahlin des Königs die Zuneigung vieler Herzöge gewonnen, auf die sie sich nun als Witwe stützen konnte. Die Langobarden erlaubten der Prinzessin aus Bayern, die Königswürde zu behalten, und rieten ihr, sich einen Mann zu wählen, der das Volk als König führen konnte. Theodelindes Wahl fiel auf Agilulf, den Herzog von Turin, einen entfernten Verwandten Autharis. Wieder hatten die Langobarden allen Grund, die Klugheit ihrer jungen Königin zu preisen, denn Agilulf genoß weithin großes Ansehen. Nur zwei Monate nach Autharis Tod ehelichte Theodelinde im November 590 den Herzog von Turin und machte ihn damit zum König. In Mailand versammelte sich eine große Zahl von Herzögen, um dem neuen Herrscher die Krone der Langobarden aufs Haupt zu setzen und ihm Treue zu schwören.

Diese Nachricht löste beim Kaiser in Konstantinopel und seinem Exarchen in Ravenna, bei Papst Gregor in Rom und auch bei den Franken hohe Besorgnis aus. Agilulfs Ruf als harter machtbewußter Herzog ließ befürchten, daß er die eigenwilligen Langobardenherzöge mit eiserner Faust zwingen und der byzantinischen Herrschaft in Italien mit List und Gewalt ein Ende bereiten würde. Seine Entschlossenheit stellte er auch sofort unter Beweis. Widerspenstige Herzöge ließ er belagern, gefangennehmen, töten, und wem er Gnade gewährte, mußte erneut den Treueeid schwören. Er schickte seine Gesandten nach allen Himmelrichtungen mit Friedensangeboten aus – zu den Awaren, den Franken und auch zum byzantinischen Exarchen Romanus in Ravenna. Der ebenso ehrgeizige wie eitle Romanus hielt das Angebot für ein Zeichen der Schwäche und ließ König Agilulf wissen, er denke nicht daran, mit hergelaufenen Barbaren zu verhandeln. Das Reich der Cäsaren werde sich niemals einer Bande von Dieben und Mördern beugen.

Nach dem Abklingen der Pest reiste Romanus nach Rom, um Papst Gregor auf seine Politik einzuschwören. Gregor hatte von dem Exarchen eine sachliche Bestandsaufnahme von Kräften und Möglichkeiten erwartet, ein gemeinsames Nachdenken, wie der gefährlichen Situation wirksam begegnet und die Bevölkerung geschützt werden könne. Doch Romanus ignorierte seine Vorschläge. Gregor mußte sich sagen lassen, als Priester verstünde er nichts von Politik, und im übrigen habe er seinen Anweisungen, die zugleich die des Kaisers seien, widerspruchslos zu folgen. Es sei höchst verwerflich, an Friedensgespräche mit den Langobarden auch nur zu denken. Die Barbaren müßten aus Italien verschwinden, und er, Romanus, würde dafür sorgen.

Gregor wußte nicht, ob ihn die Dummheit oder die Arroganz des byzantinischen Beamten mehr entsetzte. In welcher Welt lebte dieser Mann? Er hielt sich für bedeutender als der

Gotenbezwinger Narses und war doch nur ein aufgeblasener Tropf, der Italien ins Unglück ritt. Mühsam bezwang Gregor seinen Unmut. Er prophezeite, die Langobarden würden über kurz oder lang Rom einkreisen und es aushungern, wenn der Exarch bei seiner Meinung bliebe. Romanus würdigte ihn keines Wortes mehr und reiste ab. Mit sich nahm er die letzten byzantinischen Truppen, die noch in der Stadt lagen, und entblößte Rom damit von jeglicher Verteidigung.

Dieses Geschehen veranlaßte Gregor in seiner letzten Predigt zum Buch Ezechiel zu der Bemerkung, er werde täglich genötigt, Bitteres zu trinken, und seine Seele ekle sich ob dieses Lebens. Er war der geistliche Hirt seiner Herde, aber er war auch ein Römer aus altem Geschlecht, dem zugemutet wurde, tatenlos dem Untergang seiner Stadt zuzusehen. An einen befreundeten Bischof im Osten schrieb der gepeinigte Papst, nur Verhandlungen könnten den Krieg beenden, nicht die strategischen Spielchen und das Waffenrasseln des Romanus. Aber der Kaiser vertraue unbeirrt seinem unfähigen Exarchen Romanus. Auf Gregors Briefe nach Konstantinopel, in denen er die Lage in Italien und in Rom schilderte, kamen nichtssagende oder gar keine Antworten.

Nicht zu herrschen, oblag der Kirche, sondern zu dienen. Und dennoch zwang die Situation Gregor, Ansehen und Vermögen der Kirche für die Interessen des Reiches einzusetzen. Ihm lag nichts daran, die päpstliche Autorität zur weltlichen Macht auszuweiten, im Gegenteil, ihm widerstrebten die weltlichen Geschäfte, hielten sie ihn doch von seiner eigentlichen Aufgabe ab – der Sorge um das Seelenheil der ihm Anvertrauten.

Zwar residierten auf dem Palatin Reichsbeamte, besaß Rom einen Präfekten und einen Magister Militium, um die Stadt zu verwalten und im Notfall zu verteidigen. Aber der Kaiser war weit, zwischen dem byzantinischen Regierungssitz Ravenna und Rom standen die Langobarden – ohne Befehle aus

Konstantinopel wagten die Beamten nicht zu handeln. Das Reich zahlte keinen Sold für die Soldaten, die Beamten blieben ohne Lohn, und für die Versorgung mit Nahrungsmitteln fühlte sich keiner zuständig als die Kirche. Die Römer, und nicht nur sie, schauten hilfesuchend auf Gregor. In den noch unter byzantinischer Verwaltung verbliebenen Gebieten von Kampanien, Korsika und Sardinien wurden zwar kaiserliche Steuern eingetrieben, aber wie die von den Byzantinern ausgeplünderten und von den Langobarden bedrohten Bewohner überleben sollten, kümmerte in Konstantinopel und Ravenna niemanden. Wo die weltliche Macht versagte, mußte der römische Bischof einspringen. Gregor blieb nichts anderes übrig, als sich um den Nachschub von Lebensmitteln zu kümmern, die Besoldung der Truppen in Neapel sicherzustellen und Geld für den Loskauf von Gefangenen aufzutreiben. Die Klöster forderte er auf, Männer für die Bewachung der Stadtmauern zu stellen. Mit Generälen besprach er die Durchführung militärischer Aktionen, ernannte einstweilige Befehlshaber in besonders gefährdeten Regionen, erteilte Ratschläge für Verteidigungsmaßnahmen. Informanten versorgten ihn ständig mit den letzten Nachrichten. Gregors phänomenalem Gedächtnis waren selbst Kleinigkeiten präsent. Auf Notrufe reagierte er mit präzisen Anweisungen und übernahm die Verantwortung für die Folgen.

Zunehmend verschlimmerte sich die Lage. Herzog Ariulf stand erneut vor Rom. Seine Soldaten brachen nach Belieben in die wehrlos liegende Stadt ein und machten Beute und Gefangene. Von Norden her näherte sich König Agilulf und verwüstete alles Land auf seinem Weg. Der Exarch Romanus hatte wie angekündigt Verhandlungen ausgeschlagen und mit den aus Rom abgezogenen byzantinischen Truppen einige langobardische Gebiete zurückerobert. Der wütende Agilulf holte sie sich nun zurück und drohte, an Rom Vergeltung zu üben. Alle bisherigen Versuche Gregors, die Stadt zu retten, waren fehlgeschlagen. Nun wagte er einen letzten Einsatz – den seines Lebens.

Eine Serie klarblauer milder Junitage neigte sich dem Ende zu. Die scharf umrissenen Konturen der Berge rings um Rom verhießen einen Wetterumschwung. Gregor schaute von seinem Arbeitszimmer im Lateran hinüber zu den Albaner Bergen, seine Lippen bewegten sich im tonlosen Gebet. Er wartete auf Abt Probus vom Kloster auf dem Caelius, seine Sekretäre und Freunde Aemilianus, Paterius und Johannes. Sie würden ihn von seinem Plan abbringen wollen, doch er brauchte ihre Hilfe. Gern hätte er auch den getreuen Peter bei sich gehabt, aber der befand sich noch auf dem Rückweg von Sizilien. Gregor fühlte sich schwach. Wenig später sollte er einem Freund schreiben: „In dem Augenblick, da Ariulf vor den Toren Roms wütete und mordete, wurde ich von einer derartigen Schwermut ergriffen, daß ich einen Anfall von Gallenfieber erlitt.“ Aber seit er seinen Entschluß gefaßt hatte, ging es ihm besser. Nur das Magenleiden quälte ihn, und zunehmend die Gicht. An manchen Tagen konnte er sich nur unter Schmerzen von seinem Lager erheben. Die Ärzte rieten ihm, weniger zu fasten und körperliche Anstrengungen zu meiden, verschrieben ihm Diäten und behandelten ihn mit Salben und Kräutern. Sie gaben sich viel Mühe mit ihm, und er befolgte ihre Ratschläge, soweit das möglich war. Helfen konnten sie ihm nicht, denn gegen die Ursache seiner körperlichen Beschwerden waren sie ebenso ohnmächtig wie er selbst: eine heillose Welt, die sich ihrem Ende und dem Gericht zuneigte. Gregor sehnte sich danach, wieder Mönch im Kloster Sankt Andreas zu sein, zum Wesentlichen zurückzukehren: dem unaufhörlichen Gebet. Der Caelius war sein Berg Sinai gewesen und sein Berg Tabor. Dort war er Gott begegnet. Das Wort, das die ewige Wahrheit, Jesus Christus, an Petrus gerichtet hatte, kam Gregor in den Sinn: „Als du noch jung warst, hast du dich selbst gegürtet und konntest gehen, wohin du wolltest. Wenn du aber alt geworden bist, wirst du deine Hände ausstrecken, und ein anderer wird dich gürten und dich führen, wohin du nicht willst.“

Das geschah auch ihm, Gregor, und vielleicht allen Menschen, selbst jenen, die in der von ihm ersehnten Verborgenheit leben durften. Auf Sinai und Tabor folgte Golgotha. Es führte kein Weg zurück oder daran vorbei. Auch Jesus war ihn gegangen. Und er hatte Mitleid mit den Menschen empfunden, selbst mit denen, die ihn ob seiner scheinbaren Ohnmacht verhöhnten. Seit mehr als fünfhundert Jahren schleppte er sich unter der Last des Kreuzes den Berg hinauf, so lange schon rief er zur Umkehr und verhieß Auferstehung und ewiges Leben. Doch noch immer beharrten so viele Menschen taub und blind auf ihrem Elend. Sie lebten, als hätten sie keine Seele oder als ginge sie das Heil dieser Seele nichts an.

Gregor fühlte sich gerufen, ihnen die Augen zu öffnen für die unsichtbare Welt und ihre Wunder, für die kurze Spanne des irdischen und die Wirklichkeit des ewigen Lebens. Er wollte sie herausreißen aus Hoffnungslosigkeit, Angst und Resignation, ihnen sagen: Ein Sinn liegt in dem, was uns widerfährt, und alles, was wir denken, reden und tun, hat Folgen, in dieser und in jener Welt. Stolpert nicht taub für Gottes wegweisendes und befreiendes Wort durch die Dunkelheiten der Gegenwart und beschwört so immer neue Katastrophen herauf. Das Reich des Friedens liegt in euch. Zerstört es nicht selbst durch Verstocktheit und Selbstmitleid. Sie aber antworteten: Was wir auf Erden haben, wissen wir, was nach dem Tod kommt, interessiert uns nicht!

Mehr als Spott und Gleichgültigkeit focht ihn das eigene Unvermögen an, diese Unglücklichen für die Wahrheit zu gewinnen, daß sie mehr waren als eine zum Futtertrog drängende Herde – jeder von ihnen einzigartig und von Gott geliebt. Es fehlte ihm an Zeit und Kraft. Für all die ihm anvertrauten und in die Irre gehenden Seelen würde er dereinst Rechenschaft ablegen müssen.

Im Kloster hatte er die Nähe des liebenden Gottes gespürt, in Gebet und Meditation war ihm das göttliche Gesicht während unbeschreiblicher Glücksmomente aufgeschienen. „Warum, o Herr“, haderte Gregor, „hast du mich zurückgestoßen in eine Welt, die mit dir im Krieg lebt, mich, einen müden alten kranken Mann, zu schwach, zu tun, was du mir aufgetragen hast …“

Das Geräusch sich nähernder Schritte riß ihn aus seinen Gedanken. Er schalt sich selbstmitleidig. Gott hatte dem Völkerapostel Paulus auf sein Flehen, ihn von seinen körperlichen Anfechtungen zu befreien, geantwortet: Meine Gnade genügt dir; denn sie erweist ihre Kraft in der Schwachheit.

Aemilianus und Paterius hoben entsetzt die Hände, als Gregor ihnen eröffnete, er werde vor die Stadtmauern reiten und das Gespräch mit Ariulf suchen.

Das bedeute den sicheren Tod, riefen sie wie aus einem Munde. Die Langobarden würden ihn und seine Begleittruppe schon am Tor zusammenhauen. Die Bürgermiliz sei gar nicht imstande, ihn zu schützen. „Denk an die Menschen, die dich brauchen, denk an Rom“, beschwor ihn Aemilianus.

„Ich denke unausgesetzt an sie“, erwiderte Gregor. „Wenn aber der Wächter, so spricht der Prophet Ezechiel, das Schwert kommen sieht und nicht in das Widderhorn bläst und das Volk nicht gewarnt wird, und wenn das Schwert kommt und irgendeinen dahinrafft, dann wird dieser zwar wegen seiner eigenen Schuld dahingerafft, aber ich fordere für sein Blut Rechenschaft von dem Wächter. Soll ich, der Wächter, dem Verhängnis stumm und tatenlos entgegensehen?“

Aemilianus widersprach heftig. Mit seinem Vorhaben halte er die Langobarden nicht auf und setze sein Leben und das von Jünglingen und Familienvätern aufs Spiel.

„Von der Bürgermiliz war nicht die Rede", entgegnete Gregor. „Ich reite allein und unbewaffnet, aber unter dem Schutz des Herrn."

Den Freunden verschlug es die Sprache. Gregor sagte so etwas nicht leichthin, er meinte es ernst. Kein noch so überzeugendes Argument würde ihn von seinem Entschluß abbringen. Wenn er aber sein Leben verlor, was wurde dann aus Rom?

Gregor brach das beklommene Schweigen mit den Worten: „Auch die wilden Langobarden sind Geschöpfe Gottes, sie werden einen wehrlosen alten Mann, der in Friedensabsichten zu ihnen kommt, nicht einfach niedermetzeln."

„Wenn es denn dein Wille ist, so soll es geschehen", sagte Abt Probus schließlich. „Aber ich möchte dich begleiten."

„Ich auch, ich auch", stimmten die anderen ein.

Gregor schüttelte den Kopf. Das Angebot von Probus nähme er gern an, denn der Abt verstünde ein wenig die Sprache der Langobarden, auch habe er bereits Erfahrungen im Umgang mit ihnen. Die anderen sollten für ihn und seine Mission beten. Den Notar Johannes bat er, einen erfahrenen Boten auszuwählen, der Ariulf das päpstliche Schreiben mit der Bitte um eine baldige Unterredung, möglichst schon am nächsten Tag, überbringen konnte.

Schweren Herzens fügten sich die Freunde und Mitarbeiter in Gregors unabänderlichen Entschluß. Kniend empfingen sie seinen Segen, dann verließen sie ihn. Ihre Mienen hellten sich auch nicht auf, als Probus, froh darüber, Gregor begleiten zu dürfen, selbstironisch über die Ängstlichkeit der einst so kriegserprobten Römer scherzte.

In der folgenden Nacht fand Gregor nur wenig Schlaf. Die meiste Zeit verbrachte er im Gebet. Er fürchtete den Tod nicht. Alles war besser, als weiterhin in Lähmung zu verharren wie das Kaninchen vor der Schlange. Bei Gott lag es, sein Leben zu beenden, wenn die ihm bestimmte Zeit gekommen war, nicht bei den Schwertern der Langobarden.

Die Mönche des Klosters Sankt Andreas beteten die ganze Nacht für den Bischof von Rom. In den Kirchen auf dem Aventin und dem Esquilin, dem Caelius und am Forum Romanum versammelten sich die Gläubigen. Es wachten die Nonnen und Mönche in allen Klöstern der Stadt.

Wie ein Lauffeuer hatte sich Gregors Vorhaben in der Stadt herumgesprochen. Die Hartgesottenen zuckten mit den Schultern: Ob Goten, Byzantiner oder Langobarden sie ausplünderten und umbrachten, was machte das für einen Unterschied? Einige spotteten, Gregor ersehne schon seit langem das Martyrium, da käme ihm der heidnische Langobardenherzog gerade recht.

Neugierige, Spötter und Beter erwarteten den Papst am nächsten Morgen vor dem Lateran. Wortlos segnete er die Menschen mit dem Kreuzeszeichen, dann bestieg er schwerfällig sein Pferd. Abt Probus erschrak über das fahle, von Schmerzen gezeichnete Gesicht, aber er hütete sich vor Worten des Mitleids oder des Trostes. Gregor würde nur gereizt reagieren wie immer, wenn er litt. Denn ihm, der so gut trösten konnte, half selber kein Zuspruch.

Gregor hatte ihm einmal erklärt, warum. „Wenn es mir richtig schlechtgeht, Probus", hatte er gesagt, „und es kommt einer, mich wort- und gestenreich zu trösten, dann fühle ich mich gezwungen zu versichern, es sei alles nicht so schlimm und es gehe mir dank seiner Anteilnahme schon wieder besser. Das kostet mich Kraft, die ich nicht habe, und gelogen ist es außerdem. Es hilft mir schon die Zuneigung, die ich in deinen Augen lese, mehr braucht es nicht."

Ohne sich noch einmal nach der am Stadttor zurückbleibenden Menge umzuwenden, ritten Gregor und Probus hinaus in die Campagna. Sie nahmen den Weg an der Cestius-Pyramide vorbei in Richtung Ostia. Der Bote, den der Notar Johannes ausgeschickt hatte, war unbeschadet und mit der Nachricht Ariulfs zurückgekehrt, der Langobardenherzog erwarte den Papst unweit von Sankt Paul vor den Mauern.

Die Kirche, die Kaiser Konstantin über dem Grab des Apostels Paulus außerhalb der römischen Stadtmauer hatte errichten lassen, verfiel seit Jahrzehnten. Die Heere der Goten, der Byzantiner und nun der Langobarden waren über sie hinweggezogen, sie diente als Unterkunft für Soldaten und Pferde und als Vorratslager. In der Kirche lagen einige von Gregors Vorfahren begraben. Ariulf hatte diesen Ort der Zusammenkunft offensichtlich mit der Absicht gewählt, den Bischof von Rom zu demütigen und ihm zu drohen: In dieser Gegend ist Paulus von den heidnischen Römern mit dem Schwert hingerichtet worden; sieh dich vor, Priester, so ergeht es jedem, der gegen eine Übermacht antritt.

Wenn Ariulf wirklich diese Absicht hegte, hätte er Gregor damit einen großen Gefallen getan. Der Völkerapostel Paulus hatte an die römische Gemeinde geschrieben: „Was kann uns scheiden von der Liebe Christi? Bedrängnis oder Not oder Verfolgung, Hunger oder Kälte, Gefahr oder Schwert? Doch all das überwinden wir durch den, der uns geliebt hat", und diese Worte mit seinem Blut besiegelt. Der Geist, der Paulus beseelt hatte, lag über diesem Ort. Es überstieg weit Ariulfs Macht, den Bischof von Rom, den Diener Gottes und der Menschen, zu demütigen. Wen der Tod nicht schreckt, dem kann man mit dem Schwert nicht drohen.

Es war merkwürdig still, kein Mensch weit und breit. Suchten die Langobarden vor der aufkommenden Schwüle den Schutz von Senken und Büschen? Dunst verhüllte die fernen Berge. Hin und wieder riß der bedeckte Himmel auf, und Sonnenstrahlen trafen die Ruine eines verlassenen Bauerngehöfts oder ließen das Laub von Olivenbäumen silbrig aufschimmern.

Wir brauchen mehr Licht in den Kirchen, dachte Gregor und nahm sich vor, Ariulf zu bitten, die Olivenplantagen der

Kirche zu verschonen, damit wieder Öl für die Lampen nach Rom geliefert werden konnte. Er lächelte über seinen Einfall. Als ob es nicht um Wichtigeres ginge!

Schweigend ritten Bischof und Abt nebeneinander her. Was sie auch erwartete, Erfolg oder Niederlage, Gefangenschaft oder Tod, es lag alles in Gottes Hand. Er würde ihnen eingeben, was sie zu tun und zu lassen hatten, damit sie vor dem göttlichen Richterstuhl bestehen konnten.

Wie aus dem Nichts tauchte vor ihnen plötzlich eine Kavalkade langobardischer Reiter auf. Langbärtig, auf den rasierten Schädeln spitzzulaufende Lamellenhelme, die Schilde auf den Rücken, die Lanzen nach vorn gerichtet, hielten sie auf die beiden Männer zu. Gregors Pferd scheute. Der Anführer der Truppe griff in die Zügel und bedeutete den Soldaten, die Römer in die Mitte zu nehmen. Gregor und Probus wußten nicht, ob sie in Gefangenschaft geraten waren oder von Ariulfs Leuten eskortiert wurden. Alle Versuche, sich mit dem Anführer zu verständigen, mißlangen. Er würdigte sie keines Wortes. Seine finstere Miene ließ Schlimmes befürchten. Probus raunte Gregor zu, selbst wenn er hundert Jahre alt würde, in diesen germanischen Gesichtern lesen zu können, hielte er für unmöglich.

Ariulf empfing die Römer vor seinem prächtigen Zelt in Sichtweite der Kirche Sankt Paul. Gegen den blonden Hünen wirkte der Papst, von mittlerer Größe und um einiges älter als der Herzog, wie ein zarter Knabe. Probus, der einige Schritte hinter Gregor stand, mochte sich das Bild von David und Goliath aufdrängen. Gregor schaute zu dem Langobarden auf. Der Blick in Ariulfs Augen sagte ihm, daß dieser Mann zu Ungeduld und Jähzorn neigte, aber nicht zu Falschheit. Ob er auch klug war, würde sich herausstellen.

Der Inhalt des Gespräches zwischen dem Papst und dem Langobardenherzog ist nicht überliefert. Gregor erwartete von Ariulf kein Mitleid für die bedrängten Römer. Drohen konnte er nicht, weder mit militärischer Stärke noch mit dem Kaiser in Konstantinopel, und sorgfältig vermied er, den Namen des Exarchen Romanus zu nennen. Er wollte Frieden, nichts als Frieden. Wahrscheinlich appellierte Gregor an Ariulfs Ehrgefühl und stellte ihm vor, daß Rom für ihn ein zu großer Bissen war, an dem er nur ersticken könne. Sicher ist, daß von viel Geld die Rede war, Geld für den Loskauf von Gefangenen und für das Versprechen, Rom nicht anzugreifen.

Was galt das Wort des Langobardenherzogs? Und woher sollte Gregor das Geld nehmen? In Rom lebten kaum noch vermögende Bürger. Der Kaiser ließ zwar Steuern eintreiben, aber er verwendete sie ausschließlich für Konstantinopel und für den Krieg an den Ostgrenzen des Reiches. So blieben nur die Erträge der Kirchengüter, die eigentlich für die Armen bestimmt waren, und der Verkauf von wertvollen Kirchengeräten. In einem seiner Briefe stöhnte Gregor einmal, er sei der Zahlmeister der Langobarden. Doch er hatte keine andere Wahl, wenn er Schlimmeres für die römische Bevölkerung verhindern wollte.

Erstaunt sahen die langobardischen Krieger, wie sich ihr Herzog zum Abschied vor Gregor tief verneigte. Der nannte ihn „mein Sohn" und segnete ihn.

„Gib nicht zuviel auf Ariulfs Wort", warnte Probus auf dem Heimweg. „Wenn das Geld verbraucht ist, wird er neues haben wollen und Rom wieder belagern, wie schon einmal."

„Wir müssen ihm vertrauen!" widersprach Gregor. Nach einer Weile setzte er beschwörend hinzu, als wolle er sich selbst überzeugen: „Ariulf wird Frieden halten, denn er ist ein kluger Mann. Er hat begriffen, daß wir nur gemeinsam leben können, wenn wir nicht gemeinsam sterben wollen. Und sollte er doch sein Wort brechen, haben wir wenigstens bis dahin Ruhe gewonnen."

Probus hatte bemerkt, wie sehr Gregor den Langobarden beeindruckt hatte. Dessen anfängliche Drohungen waren an der gelassenen Freundlichkeit des römischen Gastes abgeprallt. Ariulf sprach recht gut Lateinisch und bedurfte keines Übersetzers. Als strahle Gregors Ruhe auf ihn aus, mäßigte er allmählich seinen Ton. Als sie sich endlich über die Höhe der Geldzahlungen und ihre Bedingungen geeinigt hatten, erzählte Ariulf sogar Persönliches. Auch er schien dem Bischof von Rom zu vertrauen.

„Ungleich schwerer wird es sein, den Exarchen Romanus und Kaiser Maurikios von einem Friedensschluß mit den Langobarden zu überzeugen", fuhr Gregor fort. „Sie helfen uns nicht, sind aber schnell dabei, uns Feigheit vorzuwerfen." Er erzählte Probus von seinem Gespräch mit Leander in Konstantinopel. Schon damals war er der Ansicht gewesen, man müsse die Feinde zu Freunden zu machen, ganz gleich, ob sie Heiden waren oder einer Irrlehre anhingen. Wenn die Kirche als der Leib Christi nicht das Gebot der Feindesliebe befolgte, wer sollte es dann tun? Doch nach wie vor bezweifelte Gregor, daß der christliche Kaiser diesem Gebot folgen konnte oder wollte.

Die Schicksale von Cassiodor und seinem Verwandten Boethius standen ihm warnend vor Augen. All ihr Wissen und Können hatten sie eingesetzt, um die christlich-römischen Traditionen mit der Lebensweise der Goten zu verschmelzen oder wenigstens durch gegenseitige Achtung ein friedliches Zusammenleben zu ermöglichen. Von den Goten beargwöhnt, vom Kaiser in Konstantinopel und seinen Parteigängern in Rom verachtet, gerieten sie zwischen die Mahlsteine der Mächtigen. Ihre Hoffnungen auf kulturellen Austausch endeten in einem Blutbad. Boethius starb unter den Händen eines gotischen Henkers, Cassiodor zog sich ins Kloster zurück, ein jahrzehntelanger Krieg zerstörte Italien. Und die Goten waren, verglichen mit den Langobarden, ein zivilisiertes Volk gewesen. Doch Gregor sah keinen anderen Weg als zu verhandeln, auch wenn ein

Scheitern absehbar war. Er wollte es versuchen, immer wieder versuchen.

Ariulf ließ, wie versprochen, die Gefangenen frei und zog sich zurück. Nun glaubten auch die Skeptiker unter den Römern, daß ihr Bischof übernatürliche Fähigkeiten besaß. Vielleicht war er doch ein Heiliger, wie das allzu leichtgläubige Volk schon lange behauptete. Das schnelle Abklingen der Pest nach der Bußprozession hatte man noch für zufällig halten können. Daß die Versorgung mit Nahrungsmitteln trotz der feindlichen Belagerung einigermaßen klappte, lag gewiß an Gregors Erfahrungen als Stadtpräfekt. Aber wie brachte er es nur fertig, die wilden, unberechenbaren Langobarden allein durch sein Wort zu zügeln? Geschichten von Wundern begannen die Runde zu machen. Wie Gregor die Anschläge Böswilliger abwehrte, Heuchler durchschaute, Kranke heilte …

Kaum hatte Ariulf den Rückzug angetreten, stand der Langobardenkönig Agilulf vor Sankt Peter außerhalb der Stadtmauern. Die Byzantiner, vor allem aber der Exarch Romanus, der gegen jegliche Absprachen langobardisch besetzte Gebiete eingenommen hatte, sollten durch die Zerstörung Roms und hohe Tributzahlungen bestraft werden. Auf seinem Weg nach Süden hatte Agilulf Städte und Dörfer verwüstet, die Einwohner getötet und zu Gefangenen gemacht. Rom drohte nun das gleiche Schicksal.

Auf Gregors dringende Bitten fand sich König Agilulf zu einem Treffen nahe der Peterskirche bereit. Er mochte sich sagen, daß der Bischof von Rom am Wortbruch des Romanus keine Schuld trage. Vielleicht war er auch neugierig, einen Mann kennenzulernen, dem der Ruf vorauseilte, gerecht gegen jedermann zu sein.

Auf die Warnungen seiner Umgebung, Agilulf sei verschlagen und grausamer noch als Ariulf, gab Gregor nichts. Diesmal waren weder Gefangennahme noch Tod zu befürchten.

Priester aus Norditalien hatten ihm berichtet, die Gemahlin Agilulfs sei nicht nur eine außergewöhnlich schöne, sondern trotz ihrer Jugend auch kluge Frau. Der König liebe sie über alles und komme ihren Wünschen nach. Es sei nicht ausgeschlossen, daß sie ihn eines Tages bekehre oder einen Thronfolger, der sich hoffentlich bald einstelle, katholisch taufen und erziehen lassen würde. Agilulf gestatte ihr, obwohl selbst arianischen Glaubens, katholische Messen zu feiern, und dulde katholische Geistliche und Mönche am langobardischen Königshof. Die Glückwünsche und der Segen des Papstes zur Hochzeit hätten sie sehr erfreut, und sie frage jeden durchreisenden Priester nach Neuigkeiten über Gregor aus. Zwar neige sie im Streit um die Drei Kapitel auf die Seite der widersetzlichen Bischöfe Norditaliens und Istriens, aber das beeinträchtige ihre Sympathien für den Papst in Rom nicht.

Vor dem Atrium der Peterskirche trafen Papst und König aufeinander. In glänzender Rüstung Agilulf, umgeben von seinen Getreuen; im schlichten Mönchsgewand Gregor, wieder begleitet von Probus. Anders als Herzog Ariulf verzichtete der Langobardenkönig auf Drohungen, aber seine ganze Haltung drückte erbitterte Feindseligkeit aus. Unzugänglich für freundliche Worte blieb seine Miene, nur als Theodelindes Namen fiel, hellte sie sich für einen Moment auf. Auf Gregors flehentlichen Friedensappell antwortete er mit Vorwürfen gegen den wortbrüchigen Exarchen Romanus. Die Römer und ihr Kaiser in Konstantinopel pflegten von Frieden zu sprechen und Krieg zu meinen. Ihm hingegen sei ein gegebenes Wort heilig. Wenn er Krieg sage, meine er Krieg, und wenn Frieden dann Frieden. Ihm liege nichts daran, sich zum Herrscher über die Römer aufzuwerfen wie einst die Goten. Er wolle nur, daß sein Volk Auskommen und Ruhe finde in der neuen Heimat. So lange man ihm das verweigere, werde er kämpfen.

Es wäre sinnlos gewesen, mit Gegenvorwürfen über den Einfall der Langobarden in Italien und deren Kriegsgreuel zu antworten. Vergangenes konnte nicht ungeschehen gemacht werden, und gegen eine überlegene Heeresmacht vermochten Argumente wenig. In den einstigen Siedlungsgebieten der Langobarden lebten längst andere Völkerschaften, Agilulf und seinem Volk blieb nichts anderes übrig, als den neuen Lebensraum in Italien zu behaupten. Das wußte Gregor. Aber er hütete sich, auch nur mit einem Wort den Vorwürfen gegen den Exarchen Romanus zuzustimmen, für so berechtigt er sie auch hielt. Nicht der Schatten eines Verdachts durfte auf des Papstes Loyalität gegenüber dem Kaiser fallen, wenn er sowohl Kaiser wie Langobardenkönig zu der Einsicht bringen wollte, daß der Abschluß eines Friedensvertrages allen Beteiligten zum Vorteil gereichte. Maurikios und sein Exarch Romanus würden, wenn überhaupt, schwerer zu überzeugen sein als Agilulf, denn sie fürchteten um den Verlust von Ehre und Ansehen. Was bedeuteten ihnen dagegen die Leiden der Bevölkerung zwischen den Alpen und Sizilien!

Während der Unterredung gelang es Gregor, den mißtrauischen Langobardenkönig so weit für sich einzunehmen, daß er seine Friedenspläne wenigstens anhörte. Er schlug vor, persönliche Emmissäre beider Seiten sollten die Verhandlungen fortsetzen. Zwar sei er nichts als ein Priester und könne nur vermitteln, aber er werde alles tun, um den Kaiser für den Frieden zu gewinnen. Auf das Wort des Bischofs von Rom könne der König bauen, denn es sei vor Gott gesprochen.

Zum erstenmal lächelte Agilulf, wenn auch spöttisch, und nannte dann einen horrenden Betrag als Bedingung für den Abzug seines Heeres. In das erschrockene Gesicht Gregors und seine Bemerkung, diese Summe unmöglich auftreiben zu können, erwiderte der König: Er könne sich zwar vorstellen, dem Nachfolger des Petrus zu trauen, nicht aber dem Kaiser und seinem Exarchen, die sich der Befehlsgewalt über dieses armselige Rom rühmten. Mögen sie zahlen!

Gregor erhob sich und sagte mit fester Stimme: „So viel ist ihnen Rom nicht wert. Mir aber ist es mehr wert als mein Leben. Nehmt es, hier und jetzt, und verschont die Stadt und ihre Bewohner."

Agilulf stand ebenfalls auf und musterte Gregor zornig und verwundert zugleich. Der hielt seinem Blick stand, nicht trotzig, sondern in der Gelassenheit eines Mannes, der nicht anders handeln kann und bereit ist, alle Folgen auf sich zu nehmen.

Einige von Agilulfs Begleitern legten demonstrativ Hand an ihre Schwertgriffe. Der König runzelte die Stirn und meinte nach einem endlos scheinenden Schweigen, der Papst sei nicht nur ehrlich, sondern auch mutig. Über die Höhe des Tributs würden sich die Abgesandten beider Seiten schon einig werden. Die Stadt Rom habe jedenfalls nichts zu befürchten, so lange Gregor sie als Papst regiere.

Nach diesen Worten wandte er sich brüsk um und entfernte sich mit seinem Gefolge. Gregor und Probus verharrten wie betäubt und starrten zur Hadriansburg hinüber, als erwarteten sie dort eine Erscheinung. Aber der Himmel blieb stumm. Als ein Reitknecht die Pferde brachte, winkte Gregor ab. Noch immer wortlos durchquerten die beiden Römer das Atrium der Peterskirche. In gemessenem Abstand folgte ihnen ein Trupp langobardischer Krieger, von Agilulf beauftragt, für ihre Sicherheit bis zum Stadttor zu sorgen.

Vor dem Apostelgrab warf Gregor sich nieder. Dankbar, aber so erschöpft, daß er sich wünschte, nie mehr aufstehen zu müssen. Bis zum Zerreißen ausgespannt stand er zwischen den Wünschen des Kaisers und denen der Langobarden, zwischen irdischen Aufgaben und der Sehnsucht nach Gott. Die Welt lag in ihren letzten Zügen, aber er mußte aushalten bis zum bitteren Ende. „Warum, mein Gott, warum?"

Jesus Christus hatte prophezeit: „Dann wird man euch in große Not bringen und euch töten, und ihr werdet von allen

Völkern um meines Namens willen gehaßt", und versprochen: „Wer aber bis zum Ende standhaft bleibt, der wird gerettet." Aber wenn Gott seine Getreuen liebte, warum mutete er ihnen solches Leid zu?

Gregor blickte zum Kreuz über dem Altar. Durch Dunkelheit zum Licht, durch Leiden zur Erlösung, so hieß das Gesetz, das die menschliche Existenz bestimmte und sich allein durch die Liebe erfüllte. Jesus Christus hatte sich unter dieses Gesetz gestellt und den Menschen aller Zeiten den Weg durchs Dunkel ins Licht Gottes gewiesen. Auch er, Gregor, mußte diesen Weg durch alle Zweifel und Fragen hindurch beschreiten. Gott mutete niemandem mehr zu als er tragen konnte.

Das Gebet vor dem Apostelgrab stärkte Gregor. Fürs erste war die Gefahr gebannt. Er gestattete sich nicht, an Agilulfs Ehrenhaftigkeit zu zweifeln. Auch Ariulf hatte ja Wort gehalten. Und Königin Theodelinde, so hoffte er nach allem, was er über sie und von ihr gehört hatte, würde den ersehnten Frieden nach ihren Kräften und Möglichkeiten befördern.

Zurück im Lateran, diktierte er seinem vertrauten Sekretär Paterius Briefe an König Agilulf, dessen Gemahlin Theodelinde, an den Sekretär des Exarchen in Ravenna und an den Kaiser. König Agilulf dankte er für das Treffen und beschwor nochmals die gemeinsamen Anstrengungen für einen Friedensvertrag. Königin Theodelinde schickte er seinen Segen und bat sie um weiteren Beistand. Zugleich mahnte er sie, sie möge sich nicht irremachen lassen von törichten Menschen, die behaupteten, die römische Kirche stünde durch die Unterzeichnung der Drei Kapitel nicht mehr auf dem Boden der Synode von Chalcedon. Das seien die Vorurteile jener, die nicht lesen könnten oder wollten. Sie möge Kirchengemeinschaft mit dem kürzlich geweihten Bischof von Mailand suchen, dem vorzüglichen Constantius, den er seit den gemeinsamen Tagen in Konstantinopel hochschätze.

Seit dem Zerwürfnis zwischen Gregor und dem Exarchen weigerte sich Romanus, Botschaften des Papstes direkt entgegenzunehmen. Gregor mußte sich an dessen Sekretär wenden, wenn Entscheidungen in militärischen und politischen Angelegenheiten zu treffen waren. Der Exarch empfand Genugtuung bei dem Gedanken, auf diese Weise einen Bischof aus altem römischem Adel zu demütigen. Gregor übte sich in Demut, und es machte ihm auch keine Freude sich vorzustellen, daß der Inhalt seines Schreibens den Exarchen in Wut versetzen würde. Er berichtete dem Sekretär von der Unterredung mit dem Langobardenkönig und bat inständig, das Exarchat möge mit Agilulf über ein Schiedsgericht zwischen Byzantinern und Langobarden verhandeln, das es ermögliche, gegenseitige Vorwürfe der Kontrahenten auszuräumen. Sollte dies nicht gelingen, sehe er sich genötigt, im Interesse Roms einen Separatfrieden mit den Langobarden abzuschließen.

An Kaiser Maurikios schrieb Gregor ausführlicher. Er berichtete über Verlauf und Ergebnis der Zusammenkünfte mit Herzog Ariulf und König Agilulf. Mit bewegenden Worten warb er für den Frieden. Einst hatte das römische Gesetz ohne Ansehen der Person die Völker geeint. Das römische Imperium war zerfallen wie jegliches Menschenwerk. Die Botschaft Jesu Christi aber würde ein neues Fundament für den Frieden bilden. Hatten sich nicht die Westgoten erst vor wenigen Jahren zum katholischen Glauben bekehrt? Auch die noch heidnischen Völker im Norden und Osten waren Kinder Gottes, die nach dem erlösenden Wort verlangten. Krieg gebiert immer Krieg, Frieden kommt nur zu den Friedfertigen. Mit Geduld, Wahrhaftigkeit und Liebe ließen sich nach Gregors Überzeugung selbst die Langobarden befrieden. Gebot der christliche Glaube nicht, auch ihnen als Brüder zu begegnen?

Gregor hing nicht der Illusion an, es sei möglich, ein Reich des ewigen Friedens auf Erden zu errichten. Der Widersacher Gottes blieb nicht untätig, immer schürte er Streit, Zwietracht, Argwohn, der Kampf mit ihm hörte niemals auf. Doch die Zehn Gebote und die Seligpreisungen der Bergpredigt setzten Wegmarken, an denen sich die Menschen guten Willens in der Finsternis dieser apokalyptischen Welt orientieren konnten. Die Langobarden wollten Frieden, die Römer wollten Frieden. Den Regierenden oblag es, den Weg dahin zu bahnen.

Gregor sprach nicht nur als Bischof von Rom, ihm lag das Wohl des gesamten Reiches am Herzen. Doch seine Bitten und Beschwörungen trafen auf taube Ohren. Die Reaktion auf seine Briefe war niederschmetternd. Der Exarch, der sein Heil in militärischen Erfolgen suchte, würdigte ihn keiner Antwort. Kaiser Maurikios tadelte Gregors Vorgehen mit harten Worten und warf ihm Einfältigkeit vor. Darüber hinaus habe er den Stadtpräfekten und den Magister Militium zum Ungehorsam verleitet, denn diese hätten nicht die Anordnungen des Exarchen Romanus und damit des Kaisers, sondern die Gregors befolgt.

Die uns erhaltene Antwort Gregors läßt erkennen, wie tief ihn das Unverständnis des Kaisers traf. Er, der bisher geduldig alle Demütigungen aus Konstantinopel ertragen, über die Unfähigkeit und Untätigkeit der byzantinischen Beamten hinweggesehen und sie stillschweigend korrigiert hatte, wehrte sich auf eine Weise, wie sie dem Kaiser noch nie begegnet war. Hier sprach kein Untertan, der sich widerspruchslos unter die Peitschenhiebe kaiserlicher Worte duckte, sondern ein freier Mann, ein Römer und ein Diener Gottes, dem jegliche Menschenfurcht fremd war:

„Von mir wird in dem allerhöchsten kaiserlichen Erlasse gesagt, ich hätte mich von der Schlauheit des Ariulf täuschen lassen, und ohne Erwähnung der Klugheit wird mir Einfalt zugeschrieben, woraus ohne Zweifel ersichtlich ist, daß man mich einen Toren schilt. Daß ich dies bin, gebe ich selbst zu.

Würde es Eure Frömmigkeit nicht sagen, die Tatsachen würden es schreien. Wäre ich kein Tor gewesen, hätte ich mich nie dazu herbeigelassen, das zu ertragen, was ich hier unter den Schwertern der Langobarden zu erleiden habe. Da man mir nicht glaubt, was ich von Ariulf versicherte, daß er nämlich von ganzem Herzen bereit sei, sich mit dem Römerreiche zu vergleichen, so werde ich auch der Lüge bezichtigt. Wäre ich auch nicht Bischof, so wüßte ich doch, daß es für einen Bischof eine schwere Beleidigung ist, wenn man ihn, den Diener der Wahrheit, für einen Lügner hält ... Würde nicht das Joch der Eroberung jeden Augenblick noch schwerer auf meinem Lande lasten, so würde ich gerne zu der mir zugefügten Schmach und Verspottung schweigen. Aber dies macht mir großen Kummer, daß aus demselben Grunde, aus welchem ich den Vorwurf der Lüge zu ertragen habe, Italien alle Tage unter dem Joch der Langobarden befindlich bezeichnet wird. Und während man meinen Vorstellungen in nichts Glauben schenkt, wachsen die Streitkräfte ins Ungeheuere. Dies jedoch bemerke ich dem allerfrömmsten Kaiser: Möge er von mir alles Schlechte denken; wo es sich aber um den Vorteil des Reiches und um die Rettung Italiens handelt, möge er nicht leicht jedem Beliebigen das Ohr leihen, sondern mehr den Tatsachen als den Worten Glauben schenken ...

Zuerst wurde mir der Friede nicht gegönnt, den ich mit den in Tuscien liegenden Langobarden ohne Schaden für das Reich abgeschlossen hatte. Als dann der Friede gebrochen war, nahm man die Soldaten von der Stadt Rom hinweg. Die einen fielen im Felde, die anderen wurden nach Narni und Perugia gelegt, und um Perugia zu halten, gab man Rom auf. Ein schwerer Schlag war nach diesem das Eintreffen des Agilulf, wobei ich mit eigenen Augen sehen mußte, wie die Römer Hunden gleich mit Stricken am Halse zusammengekoppelt zum Verkauf nach Frankreich geführt wurden. Da wir uns innerhalb der Stadtmauern befanden, entkamen wir mit Gottes Schutz ihren Händen; aber man suchte nach einem Grund, uns beschuldigen zu können, indem man fragte, warum kein Getreide vorrätig sei. Man kann nämlich hier keinen größeren Vorrat auf längere Zeit aufspeichern, wie ich in einer anderen Vorstellung ausführlicher auseinandergesetzt habe. Wegen meiner selbst bin ich über nichts betrübt; denn ich kann auf mein Gewissen sagen, daß ich bereit bin, alle Widerwärtigkeiten zu erleiden, wenn nur alles zum Heil meiner Seele gereicht. Aber nicht geringes Mitleid habe ich mit den ruhmvollen Männern, dem Präfekten Gregorius und dem Kriegsobersten Castorius, die auf keine Weise etwas vernachlässigten, was nur immer geschehen konnte; welche den mühevollsten Wachdienst für die Stadt während der Belagerung durchzumachen hatten und die nun von schwerer kaiserlicher Ungnade getroffen sind. Da merke ich deutlich: Nicht ihr Verhalten, sondern meine Person wird ihnen verübelt. Weil sie gemeinsam mit mir in der Trübsal sich abgemüht haben, müssen sie nach der Mühe auch gemeinsame Kränkung mit mir erfahren.

Wenn aber die Frömmigkeit des Kaisers mir das furchtbare und schreckliche Gericht des allmächtigen Gottes androht, so bitte ich bei demselben allmächtigen Gott, dies in Zukunft zu unterlassen. Denn wir wissen noch nicht, wie es da einem jeden ergehen wird. Der große Völkerlehrer Paulus sagt: Richtet nicht vor der Zeit, bis der Herr kommt, der das im Finstern Verborgene ans Licht bringen und die Geheimnisse des Herzens offenbaren wird.

Doch will ich dies nur kurz sagen, daß ich Unwürdiger und Sündhafter mehr auf die Barmherzigkeit des kommenden Jesus vertraue als auf die Gerechtigkeit Eurer Frömmigkeit …“

Eine solche Sprache empfand Maurikios als unerhört. Dieser Brief zerschnitt das Band zwischen den beiden Männern endgültig. Schon zuvor war es zwischen ihnen zu heftigen Unstimmigkeiten über die geistliche Stellung der Patriarchen von Konstantinopel gekommen. Diese schmückten sich seit einigen Jahren mit dem Titel „ökumenischer Patriarch“. Wie sein Vorgänger Pelagius II. betrachtete auch Gregor diesen Titel als Anmaßung, geeignet, Zwietracht zwischen den fünf Patriarchen zu säen, die bisher als gleichrangig gegolten hatten. Maßte sich damit der Patriarch am Sitz des Kaisers nicht die geistliche Obergewalt über den Erdkreis an? Gregors wiederholte Forderungen, diesen größenwahnsinnigen Titel abzulegen, erregten den Ärger des Kaisers und des Patriarchen. Obwohl Kaiserin Constantia in diesem Streit Gregors Partei ergriff, blieben alle werbenden, bittenden und schließlich harschen Einsprüche in Konstantinopel vergeblich. Schließlich hatte Maurikios Gregor befohlen, diesen Titel anzuerkennen und fortan Ruhe zu geben. Gregor blieb bei seiner Meinung und bekräftigte sie, indem er sich ausdrücklich „Diener der Diener Gottes“ nannte. Er wollte nicht herrschen, auch nicht in Gottes Namen, er wollte dienen, deshalb war er ja ins Kloster gegangen. Gegen seinen Willen in die Welt zurückgerissen, zwangen ihn nun Gewissen und Pflicht, Wege aus der allgemeinen Not zu suchen und dort zu führen, wo es längst keine Führung durch den Staat mehr gab. Von Konstantinopel, das zeigte der Brief des Kaisers, war nichts mehr zu erwarten. Maurikios und seine Beamten entschieden aus der Ferne nach eigenem Gutdünken und verwarfen alle Informationen und Ratschläge, die nicht in ihr Konzept paßten, als Lüge. Sie überließen Italien dem Chaos. Gegen die Intrigen am Kaiserhof, gegen die Karrieristen, die dem Kaiser Lügen über ihn ins Ohr bliesen, kam Gregor nicht an. Aber wie hätte er sich zurückziehen und aufs Beten beschränken können, während die Menschen ringsum große Not litten? Sie vertrauten ihm. Es gab weit und breit keine andere Instanz als den Bischof von Rom, den Nachfolger des Apostels Petrus, der sich ihrer annahm.

Gregor mußte also regieren. Und er verstand sich dabei bis zuletzt nicht als Gegner des Kaisers, sondern als Bundesgenosse im Kampf um den Erhalt des Reiches. Da Maurikios ihn nicht mehr anhörte, wandte sich Gregor mit Bitten um Hilfe an seine Freunde in Konstantinopel, die durch ihre Beziehungen zum Kaiserhof einiges bewirken konnten. Auch auf Constantia und Theoktista, die Gemahlin und die Schwester des Kaisers, konnte er zählen. Sie bewahrten ihm unverändert ihre Treue und Zuneigung. Mit weiblicher List „übersetzten" sie Gregors Botschaften in die bei Hofe übliche Sprache und trugen sie Maurikios bei passender Gelegenheit vor, ohne den in Ungnade gefallenen Bischof von Rom beim Namen zu nennen.

So bat Gregor Constantia, sie möge sich beim Kaiser dafür verwenden, daß die schrecklichen Bedrückungen der Bewohner Sardiniens und Korsikas aufhörten. Für Geld erlaubten die dortigen kaiserlichen Beamten die Abhaltung heidnischer Rituale und forderten eine solche Abgabe auch von Getauften. Eltern verkauften ihre Kinder, um die hohen Steuern bezahlen zu können. Viele flohen aus Verzweiflung zu den Langobarden. Es werde zwar gesagt, daß diese Steuern zur Unterstützung Italiens notwendig seien, doch aus diesem Blutgeld könne nichts Gutes erwachsen. „Möge die Kaiserin dies alles in Betracht ziehen und die Seufzer der Unterdrückten stillen! … Man muß dem allergnädigsten Kaiser zu geeigneter Zeit hierüber Vorstellungen machen, damit er diese schreckliche Sündenlast von seiner Seele, von seinem Reiche und von seinen Kindern entferne …"

Gregor ging beschwerliche und oft erfolglose Wege, um das Los der kaiserlichen Untertanen in Italien zu erleichtern. Zwischen die Langobarden und die kaiserliche Administration in Konstantinopel gestellt, bat, drängte, warb, vermittelte er und lief dabei ständig Gefahr, zwischen den Fronten aufgerieben zu werden. Dem Bischof von Sirmium, im heutigen Serbien gelegen, klagte er: „Was wir in diesem Lande von der Person Eures Freundes, des Herrn Romanus, erleiden, das können wir gar nicht mit Worten ausdrücken. Ich sage nur kurz, daß seine Bosheit gegen uns über das Langobardenschwert geht, so daß die Feinde, die uns töten, wohlwollender erscheinen als die Reichsbeamten, die uns durch ihre Bosheit, ihre Erpressungen und ausgedachte Hinterlist zugrunde richten. Welche Mühe, welches Leiden es nun in sich schließt, zu gleicher Zeit die Sorge für Bischöfe und Geistliche, für Klöster und Volk auf sich zu haben, gegen die Hinterlist der Feinde sorgfältig zu wachen und dabei auch immer argwöhnisch gegen die Falschheit und Bosheit der Bevollmächtigten des Reiches zu sein – das wird Eure Brüderlichkeit um so richtiger sich vorstellen können, je aufrichtigere Liebe Ihr zu mir in Euch tragt."

Gregor ließ in seinen Anstrengungen nicht nach, einen tragfähigen Frieden in Italien herbeizuführen. Endlich schien sich der Exarch Romanus der gefährlichen Lage bewußt zu werden, in die ihn sein Starrsinn gegenüber den Langobarden manövriert hatte. Er stimmte einem Waffenstillstand mit König Agilulf zu, doch die weiteren Verhandlungen verliefen zäh, weil die Truppen des Exarchen jeden vermeintlichen Vorteil sofort nutzten, den Waffenstillstand zu verletzen. Über seinen Gesandten in Ravenna hielt Gregor Kontakt mit den Beratern des Exarchen und nutzte gleichzeitig seinen Einfluß auf König Agilulf und dessen Gemahlin. Seine verläßlichsten Bundesgenossen im Ringen um die Befriedung Italiens waren und blieben Frauen: Constantia, Theoktista, Rusticiana im Osten und die geschickt zu Werke gehende Theodelinde im Westen. Es ist nicht überliefert, ob Gregor und Theodelinde einander je begegnet sind. Aus den uns erhaltenen Briefen an die Langobardenkönigin wird deutlich, welch väterliche Liebe, absolutes Vertrauen und Hochachtung Gregor für die junge Frau hegte.

Mißtrauisch verfolgten die Kreise um Romanus die päpstlichen Friedensaktivitäten. Man gewährte dem römischen Gesandten in Ravenna zwar begrenzten Einblick in den Verlauf der Verhandlungen, weil man um Gregors gute Beziehungen zum Langobardenhof wußte und sie bei Bedarf auch nutzen wollte, zugleich aber hetzte man in Ravenna öffentlich gegen den Papst. Er verkaufe Italien an die Langobarden, habe dem Kaiser die Gefolgschaft aufgekündigt, treibe Mißwirtschaft und lasse die Römer hungern.

In einem offenen Brief an den Klerus, das Volk und die Herrschenden der Stadt verwahrte sich Gregor scharf gegen diese Angriffe. Es fruchtete nichts. Im sicheren Ravenna, gut versorgt durch Schiffsverbindungen mit Konstantinopel, fuhr man fort, ihn zu verleumden. Es blieb ihm nur, auf das Wort Jesu zu vertrauen: „Selig seid ihr, wenn euch die Menschen hassen und aus ihrer Gemeinschaft ausschließen, wenn sie euch beschimpfen und euch in Verruf bringen um des Menschensohnes willen."

Der Menschenfischer

Ein heiliger Mönch, Abt Johannes, war aus dem Osten des Reiches nach Rom gekommen, um die Stätten der Apostel zu besuchen. Als er den hl. Gregor durch die Stadt gehen sah, wollte er ihm entgegengehen und ihm, so wie es sich geziemte, die Ehrfurcht erweisen. Als der hl. Gregor sah, wie sich der Mönch vor ihm zu Boden werfen wollte, kam er ihm zuvor und warf sich zuerst nieder und erhob sich nicht, ehe sich der Abt erhoben hatte.

Ein reicher Römer hatte seine Frau verlassen und war deswegen von Papst Gregor aus der Gemeinschaft der Gläubigen ausgeschlossen worden. Darüber war er sehr erzürnt, doch es war ihm unmöglich, sich über die Autorität eines so großen Papstes hinwegzusetzen. Er suchte deswegen Hilfe bei Zauberern. Sie versprachen ihm, mit ihren Zaubersprüchen zu bewirken, daß ein Dämon in das Pferd des Papstes fahren und es so lange quälen sollte, bis es für seinen Reiter gefährlich würde. Als nun Gregor auf seinem Pferd vorüberritt, ließen die Zauberer einen Dämon in das Pferd fahren, der es so stark quälte, daß es unmöglich von jemandem gebändigt werden konnte. Da erkannte Gregor auf göttliche Eingebung hin, daß ein Dämon in das Pferd gefahren war, machte das Zeichen des Kreuzes, befreite das Pferd von seiner Raserei und bestrafte die Übeltäter mit dauernder Blindheit.

Jacobus de Voragine, „Legenda Aurea“

593 schien die größte Gefahr gebannt. Die Langobarden bedrohten Rom nicht mehr unmittelbar. Schiffe mit Öl und Getreide aus Sizilien landeten wieder im Hafen von Portus an, wurden dort auf kleinere Schiffe umgeladen und tiberaufwärts nach Rom getreidelt. Boten und Gesandte mit Briefen des Papstes ritten aus in alle Himmelsrichtungen – nach Pavia zu König Agilulf, nach Spoleto zu Herzog Ariulf, nach

Ravenna zum Exarchen Romanus, zu den Frankenkönigen, den Verwaltern der kirchlichen Besitzungen auf Sizilien und in Istrien, den Freunden nach Konstantinopel, den Bischöfen in Alexandria, Karthago, Kleinasien, Spanien und in ganz Italien. Wie früher trafen von überallher Pilger und Boten in Rom ein. Unbeirrt von dem Dissens mit dem Kaiser und trotz seiner schwachen Gesundheit schulterte Gregor ein gewaltiges Arbeitspensum. Die römische Stadtverwaltung konnte jederzeit auf seinen Rat zählen, auf Versammlungen des Adels und des Volkes erläuterte er die Lage, mit byzantinischen Militärs besprach er Maßnahmen zur Verteidigung der ihnen unterstellten Regionen. Er empfing Priester und Mönche, die Beschwerde gegen ungerechte Behandlung durch Vorgesetzte führten, Bauern, denen man ihr Eigentum geraubt, neapolitanische Juden, die man aus ihrer Synagoge vertrieben hatte. Jeden einzelnen Fall nahm er wichtig, ließ ihn prüfen und sorgte für Abhilfe, so weit es in seiner Macht stand. Seine Beamten wies er an, sich sorgfältiger um die Belange der Menschen zu kümmern, damit nicht jedes Problem vor den römischen Stuhl getragen würde. Aber viele Beschwerdeführer sahen in Papst Gregor ihre einzige Hoffnung und ließen sich von der umständlichen Reise nach Rom nicht abhalten. Mit jedem Jahr seines Pontifikats wuchsen die Anforderungen. Es erging Gregor wie Augustinus, der seinen Alltag als Bischof einmal so beschrieben hatte: „Unruhestifter zurechtweisen, Kleinmütige trösten, sich der Schwachen annehmen, Gegner widerlegen, sich vor Nachstellern hüten, Ungebildete lehren, Träge wachrütteln, Händelsucher zurückhalten, Eingebildeten den rechten Platz anweisen, Verzagte ermutigen, Streitende besänftigen, Armen helfen, Unterdrückte befreien, Guten Anerkennung zeigen, Böse ertragen und (ach!) alle lieben.“

Bei all dem verließ Gregor nicht das Gefühl, seiner Aufgabe als Bischof nur unvollkommen zu genügen. Es reichte nicht aus, die Menschen zu ernähren, zu kleiden, aus langobardischer Gefangenschaft zu befreien, wenn sie wie verlorene Kinder im Dunkel umherirrten und nicht wußten, welchen Sinn ihr Tun und Lassen hatte. Sie hungerten nach dem Wort Gottes aus dem Mund ihres Bischofs. Wie sollte er Gottes Weisungen vernehmen und weitergeben, wenn er kaum Zeit zur Stille und Besinnung fand! Wenn Erschöpfung und Schmerzen ihm die Sinne raubten! Wie sollte er sprechen, wenn ihm die Stimme versagte und er sich bei der Messe manchmal kaum aufrechthalten konnte!

Gregor suchte nach einem Weg, auch jenen, die er nicht unmittelbar erreichen konnte, zu verkünden: Gott hat uns gedacht und gewollt. Er liebt jeden von uns wie ein Vater sein Kind. Wenn wir seine Gebote verletzen, verletzen wir uns selbst. Nicht Gott bestraft uns, wir selber tun es durch unsere Verfehlungen. Jene aber, die seinen Geboten folgen, empfangen die Kraft, Leiden zu ertragen, und die Verheißung, die Herrlichkeit des Himmels zu schauen.

Schon immer hatte Gregor in seine Predigten Begebenheiten eingeflochten, die er selbst erlebt hatte oder die ihm zugetragen worden waren, um so den Zuhörern seine Botschaft zu verdeutlichen. Wie man dem schwachen menschlichen Auge nicht zumuten konnte, direkt in die Sonne zu schauen, so erfaßte der schwache menschliche Geist Gottes Wirken nur über Gleichnisse – Geschichten aus dem Leben, die jeder verstand.

Ein Gespräch mit dem Freund Peter brachte Gregor auf die Idee, die Erzählungen der Alten, denen er in seiner Kindheit begierig gelauscht hatte, aufzuschreiben – von dem Mönch Benedikt und seiner Schwester Scholastika, vom Gotenkönig Totila, vom Leben und Sterben, von Schuld und Strafe, von unbegreiflichen Wundern.

Die Römer, stets begierig auf Neuigkeiten, liebten es, Unwichtiges zu Ereignissen aufzubauschen und sich die Mäuler über die Schwächen ihrer Nachbarn zu zerreißen. Wie aber verdorbene Nahrung den Körper krank macht, so zerstört üble geistige Nahrung die Seele. Mit gesunder geistiger Kost wollte Gregor die Menschen nähren und ein Buch für das Volk schreiben, aus dem man sich gegenseitig vorlas und das Gehörte von Mund zu Mund weiter verbreitete.

Peter half Gregor beim Erinnern und Zusammentragen von Begebnissen, und er übernahm im Buch dann auch die Rolle des Stichwortgebers, Zweiflers und Fragers. In Dialogform, wie sie in der Antike beliebt und durch Sokrates und Plato berühmt geworden war, handelte Gregor an volkstümlichen Beispielen die Grundfragen christlichen Glaubens ab. Und so nannte er seine Schrift auch kurz und bündig „Dialoge“.

In der Einleitung beschreibt er die Ausgangssituation: „Eines Tages war ich niedergedrückt durch das zu große Ungestüm einiger Weltleute ... und suchte ein stilles, mit meinen Schmerzen vertrautes Gemach auf, um hier klar zu erkennen, was mir an meiner Beschäftigung zur Last fiel, und um ungestört die Ursachen meines Leides ins Auge zu fassen. Lange saß ich hier in stiller Betrübnis, da trat mein geliebtester Sohn, der Diakon Peter, herein, mein vertrauter Freund aus schöner Jugend frühesten Tagen, mein Genosse in der Erforschung des göttlichen Wortes. Er sah, daß ich von tiefem Herzeleid durchbohrt war, und sprach: Welch neuer Schmerz ist über dich gekommen, weil du so ungewöhnlich traurig bist?

Mein Schmerz, o Peter, erwiderte ich, ist der alltägliche, immer alt durch die Gewohnheit, ihn zu fühlen, immer neu durch sein beständiges Wachstum. Meine arme Seele, gestachelt von der Wunde irdischer Beschäftigung, gedenkt, in welchem Zustand sie sich einst im Kloster befand; wie alles Hinfällige unter ihr war; wie weit sie alles Vergängliche überschwebte ...“ Gregor klagt dem Freund seine Zerrissenheit zwischen der Pflicht zu irdischen Geschäften und der Sehnsucht nach dem Himmlischen. Er erwähnt jene, denen es gelungen ist, sich aus der Welt zurückzuziehen und im Verborgenen ein heiligmäßiges Leben zu führen, fern von weltlicher Eitelkeit.

Aber nicht von den Märtyrern in den Anfängen des Christentums, nicht von den heiligen Wüstenvätern Ägyptens und Kleinasiens erzählt Gregor in seinen aus vier Büchern bestehenden „Dialogen", sondern von Männern und Frauen seiner Zeit und seines Landes. Viele kannten die Menschen noch, von denen hier die Rede ist: Bischöfe, Priester, Mönche, Ärzte, Handwerker, Bettler, Soldaten, Kaufleute. Ihre Schicksale spielen sich ab zwischen Überschwemmungen, Pest, Belagerung durch die Goten und Langobarden. In Gregors Schilderungen erfahren wir von seinen Nachbarn und seinen Verwandten, vom alltäglichen Leben der Menschen zu jener Zeit.

Ein ganzes Buch seiner „Dialoge" widmete Gregor dem Mönch Benedikt von Nursia. Er war noch ein Kind gewesen, als Benedikt in seinem Kloster auf dem Monte Cassino starb. Seit er denken konnte, hatten ihn Berichte über den Mönch interessiert, sie schlugen eine verwandte Saite in ihm an: der eitlen Welt den Rücken kehren, eine Gemeinschaft Gleichgesinnter aufbauen und durch Gebet und Arbeit Himmel und Erde miteinander verbinden. Das hatte Gregor insgeheim immer angestrebt, aber seiner Meinung nach nur unvollkommen verwirklichen können. Benedikt hatte in der Wirrnis dieser Zeit bewiesen, daß es trotz aller Widerstände der Welt möglich ist, die Liebe zu Gott und den Menschen zu leben, wie es Jesus Christus gelehrt hat.

Alles, was von Benedikt, dem Begründer des abendländischen Mönchtums auf uns gekommen ist, wissen wir durch den Bericht seines Zeitgenossen Gregor. Und wie die benediktinische Ordensregel ein Selbstbildnis ihres Verfassers ist, so ist die Beschreibung Benedikts im zweiten Buch der „Dialoge" auch ein Selbstbildnis Gregors.

In den „Dialogen“ wird von Wundern, Offenbarungen und Erscheinungen berichtet. Wiederholt und glaubhaft versichert Gregor, er habe diese Geschichten selbst erlebt oder von vertrauenswürdigen Menschen erfahren.

Sterbende schauen das Jenseits und kehren ins Leben zurück, Sehende werden blind und Blinde sehend, Lahme gehend. Böse Geister treiben in unterschiedlichen Gestalten ihr Unwesen und werden von Heiligen in die Flucht geschlagen. Beter heilen Kranke und vertreiben Unwetter. Eine bunte Schar von Menschen unterschiedlichen Alters, Standes und Glaubens tummelt sich in diesen mit naiver Unbekümmertheit erzählten Geschichten. Unter gewitterschweren Himmeln, durchzuckt von Blitzen, manchmal aufgehellt durch eine Wolkenlücke, hasten die Menschen auf gefahrvollen Wegen dahin. Sie verirren sich, straucheln, fallen, stehen auf. Sie jagen materiellen Sicherheiten nach, gehen an Gier zugrunde oder gelangen zu der Einsicht, daß nur ein gottgefälliges Leben Erlösung von der Unruhe dieser Welt bringt.

Die „Dialoge“, Unterhaltung und christliche Unterweisung zugleich, wurden, wie wir heute sagen würden, nicht nur zu einem Bestseller, sondern auch zu einem Longseller. Eine der ersten Abschriften schickte Gregor an die Langobardenkönigin Theodelinde. Das Buch, so hoffte er, könnte helfen, die kriegerischen Langobarden zum wahren christlichen Glauben zu führen, einem Glauben, der jedem Gegner widerstand, ohne einen Feind in ihm zu sehen. Theodelinde zeigte sich begeistert von Gregors Geschenk. Bald kursierten die „Dialoge“ im ganzen lateinischen Sprachraum. Im achten Jahrhundert wurden sie ins Griechische übersetzt und von dort aus in weitere östliche Sprachen. Bis zum zehnten Jahrhundert folgten Übersetzungen ins Angelsächsische, in slawische Sprachen, ins Arabische; im Hochmittelalter ins Katalanische, Portugiesische, Französische und Mittelniederländische. Mit der Erfindung des Buchdrucks verbreitete sich das Buch weiter.

Man las es nicht nur, man kommentierte und zitierte es auch in der theologischen Literatur. Dreizehn Jahrhunderte hindurch lasen die Menschen im christlichen Abendland und im nahen Orient Gregors Erzählungen mit Vergnügen und Gewinn. Erst mit der europäischen Aufklärung sank die Zahl der Herausgaben rapide. Als man begann, nur für wahr zu halten, was Augenschein und Experiment bewiesen, schloß sich die Tür zur unsichtbaren Welt.

Der Historiker Ferdinand Gregorovius, der im neunzehnten Jahrhundert eine eindrucksvolle „Geschichte der Stadt Rom im Mittelalter" schrieb, nahm Gregor, den er ansonsten überaus schätzte, die „Dialoge" übel. Er schrieb: „Wer diese Erzählungen liest, muß dennoch wünschen, daß es der Kritik gelungen wäre, Gregor von ihrer Autorschaft zu befreien, denn er wird bekennen, daß sie dem Aberglauben gerade durch den Namen eines berühmten Papstes Autorität verleihen mußten. Ihr Nutzen in bezug auf Bekehrung war zweifelhaft oder vorübergehend, ihre Schädlichkeit bleibend." Mit dieser Meinung stand Gregorovius nicht allein. Wenn Gregor von gehenkten Mönchen erzählt, die des Abends zu gewohnter Zeit in der Baumkrone die Psalmen singen, oder wenn Wasser, von frommer Hand in die Ölpresse gegossen, zu Öl wird, so konnte der wissenschaftsbegeisterte Mensch des neunzehnten Jahrhunderts das nur als Unsinn abtun. Tot ist tot, und Wasser bleibt Wasser. Was menschliches Begreifen übersteigt, existiert nicht. Auch das Verständnis für ein Sprechen in Bildern war verlorengegangen.

Gregor hätte den Kindern der Aufklärung lapidar geantwortet: „Auch die Ungläubigen glauben vieles." Und er hätte sie belehrt, daß man seine Erzählungen, wie auch die Heilige Schrift, auf verschiedene Weise lesen könne: buchstäblich und allegorisch. Der einfache Mensch erfaßt den wörtlichen Inhalt und läßt sich von ihm unterhalten; wer über ihn länger nachsinnt, wächst mit dem Text und erkennt die tiefere Botschaft.

Gregors pädagogische Heiligenlegenden wollten nichts anderes, als die Wahrheit ins Bewußtsein zu rücken, daß der Glaube Berge versetzen kann. Vertraut mit den Naturgesetzen, ausgestattet mit einem scharfen Blick für die Realität, war er weit entfernt davon, wundersüchtig zu sein. „Was nämlich sichtbar wird", äußerte er wiederholt, „braucht keinen Glauben, sondern Erkenntnis." Ein Heiliger zeichne sich nicht dadurch aus, daß er spektakuläre Wunder wirke, sondern daß er jeden wie sich selbst liebe, von Gott wahr und vom Nächsten besser als von sich selbst denke. „Die rechte Tugend liegt in der Liebe, nicht in der Vollbringung eines Wunders", sagte Gregor, und an anderer Stelle: „Ich meinerseits halte die Tugend der Geduld für größer als alle Zeichen und Wunder." Jene Vorgänge, die man als Wunder bezeichne, seien um so erstaunlicher, je geistiger sie sind. „Denn leibliche Wunder offenbaren bisweilen Heiligkeit, bewirken sie aber nicht. Doch die geistigen Wunder, die sich in den Herzen vollziehen, offenbaren nicht die Vollkommenheit des Lebens, sondern bewirken sie."

Mit den „Dialogen" hat Gregor nicht nur ein Volksbuch geschaffen, sondern auch die faszinierende Seelenlandschaft einer Epoche skizziert. Er hat die Farben seiner Zeit zwischen Antike und Mittelalter aufgetragen, aber so, daß sie zeitlos gültige Wahrheiten und Werte durchscheinen lassen. Daher rührt die Frische und Lebenskraft der „Dialoge", die sie auch nach eintausendvierhundert Jahren noch lesenswert machen.

Die Stunden, die Gregor mit seinem Freund Peter verbrachte, um die „Dialoge" zu verfassen, mögen ihm Erholung von den anstrengenden Tagesgeschäften gewährt haben, auch wenn er dafür auf Schlaf verzichten mußte. In diese Zeit fällt ein Brief, den er an seine alte Freundin, die Kaiserin Constantia, schickte. Sie hatte ihm befohlen, ihr den Kopf des Apostels Paulus oder etwas anderes von dessen Körper als Reliquie für ihre Palastkirche in Konstantinopel zu schicken. Dieser

Befehl brachte ihn in eine schwierige Lage. Den Kaiser hatte er mit seinem Widerspruch gegen dessen Langobardenpolitik schon aufs äußerste gereizt, und er brauchte Constantias Fürsprache jetzt mehr als zuvor. Er wollte ihr gern gehorchen, aber er konnte es nicht. Es war in Rom damals nicht üblich, die Totenruhe zu verletzen, und schon gar nicht die der Heiligen und Märtyrer. Man verehrte sie an den Orten, wo sie bestattet worden waren. Gregor schilderte Constantia also schreckenerregende Ereignisse, die jenen widerfahren waren, die sich heiligen Leibern auch nur genähert hatten, und fuhr fort: „Möge Unsere allergnädigste Herrin erfahren, es sei in Rom nicht Sitte, daß man etwas vom Leibe der Heiligen zu berühren wagt, wenn man Reliquien von ihnen hergibt. Man legt nur ein Stückchen Tuch in eine Kapsel und stellt sie auf die hochheiligen Gräber. Sodann wird sie aufgehoben und in der zu weihenden Kirche mit gebührender Ehrfurcht eingeschlossen ... Deshalb wundern wir uns sehr über die Gewohnheit der Griechen, welche nach ihrer eigenen Behauptung die Leiber der Heiligen selbst von der Stelle heben, und wir konnten es kaum glauben. Aber vor zwei Jahren kamen griechische Mönche hierher und gruben in stiller Nacht neben der Kirche des heiligen Paulus auf dem Friedhof liegende Leichname aus und hielten sie bis zu ihrer Abreise verborgen. Als man sie festhielt und sorgfältig fragte, warum sie so täten, bekannten sie, daß sie die Gebeine als Heiligenreliquien nach Griechenland bringen wollten."

Inständig bat Gregor die Kaiserin um Verständnis und äußerte die Vermutung, gewisse Kreise in Konstantinopel hätten ihr diesen Wunsch eingegeben, damit seine vorhersehbare Weigerung Constantia gegen ihn aufbringe. Offenbar befürchtete Gregor, sie werde sich mit einer Berührungsreliquie nicht zufriedengeben, und so versprach er ihr einen Teil jener Ketten, die Paulus vor seiner Hinrichtung am Nacken und an den Händen getragen habe. Die Reaktion aus Konstantinopel ist nicht bekannt.

Nach Gregors Tod setzte sich der byzantinische Reliquienkult auch im Abendland durch. Vom Besitz sterblicher Überreste der Heiligen versprach man sich Heil und Heilung, obwohl Jesus verkündet hatte, es sei der Geist, der lebendig macht, nicht die Knochen eines heiligmäßigen Menschen. Gregor hielt das Ausgraben von Toten und ihre Zerstückelung noch für Totenschändung. Seine Kenntnis der menschlichen Natur sagte ihm aber auch, daß den meisten der Glaube erst durch sinnliche Anschauung zugänglich wurde. Die Heiden hatten Steine, Bäume, Statuen und Bilder von Menschenhand angebetet. Gott allein als Geist anzubeten, überstieg die Vorstellungskraft vieler. So suchte Gregor nach einem Kompromiß. Er schützte die Ruhe der verehrten Toten, indem er dem Treiben der Reliquienjäger Einhalt gebot. Zum anderen befriedigte er ihren Wunsch nach geheiligten Gegenständen mit Berührungsreliquien, wie er sie der Kaiserin beschrieben hatte. Doch es war nicht leicht, die Bittsteller von der Gleichwertigkeit seiner Gaben zu überzeugen. Folgende Legende erzählt davon: „Einigen Fürsten, die von Gregor kostbare Reliquien erbaten, gab er ein kleines Stück vom Gewand des hl. Johannes des Evangelisten. Als sie es erhielten, betrachteten sie es als eine wertlose Reliquie und gaben ihm das Stück voller Entrüstung zurück. Da betete Gregor, verlangte ein Messer und stach damit in das Tuch, und alsbald floß Blut daraus hervor; so machte Gott offenbar, daß es sich um kostbare Reliquien handelte."

Aber auch dem anderen Extrem, der Vernichtung von Kunstwerken, mußte Gregor entgegentreten. Aus Marseille war ihm berichtet worden, der dortige Bischof Serenus habe Heiligenbilder in den Kirchen als Heidenwerk zerstören lassen und dadurch einen Aufruhr unter den Priestern verursacht. „Es ist uns zu Ohren gekommen", schrieb Gregor an den Bilderstürmer, „daß Du aus unbesonnenem Eifer Heiligenbilder zertrümmert hast unter dem Vorwand, man könne sie sonst anbeten. Wir haben es nun sehr gelobt, daß Du jede Anbetung verhinderst, es aber getadelt, daß Du die Bilder zertrümmert hast. Sag, Bruder, von welchem Bischof ist je gehört worden, was Du getan hast? Wenn nichts anderes, dann hätte wenigstens dies Dich abhalten sollen, daß Du Dich durch diese Handlungsweise mit Verachtung der übrigen Mitbrüder für heilig und weise erklärst. Etwas anderes ist es ja, ein Gemälde anzubeten, und etwas anderes, aus dem Gemälde den Gegenstand der Anbetung kennenzulernen. Denn was die Schrift denen bietet, die lesen können, das bietet ein Gemälde den Gläubigen, die nicht lesen können. Darum sind die Bilder vorzüglich für die Heiden anstatt der Lesung geeignet. Dies hätte besonders von Dir, der Du unter den Heiden wohnst, beachtet werden sollen …“

In Predigten, Gesprächen, Briefen und in seinen Schriften tadelte Gregor immer wieder Verhaltensweisen von Geistlichen, die das Bild der Kirche nach außen prägten. Selten verlor er sich ins Allgemeine, meistens nannte er Roß und Reiter beim Namen: Priester, die sich am Gut der Gläubigen bereicherten, statt ihnen zu dienen; Bischöfe, die ihre Ämter erkauften und ihre Pflichten vernachlässigten; Eitelkeit, Arroganz, Unbildung, Herrschsucht … Gregor mahnte, wies den rechten Weg, doch er eiferte nicht. Denn er wußte um das Paradox, daß die Kirche zeitlos war im ewigen Wort Gottes, das sie verkündete, und zugleich zeitgebunden im Verhalten ihrer Diener. Das göttliche Wort blieb gültig, selbst wenn seine Verkünder durch menschliche Schwächen strauchelten. Auch Petrus, der Fels, auf den Jesus seine Kirche baute, hatte dreimal den Herrn verleugnet, aber unter Tränen bereut. Wer ohne Schuld ist, werfe den ersten Stein. Zur Umkehr war jeder fähig, der pflichtvergessene Bischof ebenso wie der kleine Betrüger.

Manchmal scheinen Gregors Worte geradezu in unsere Zeit hinein gesprochen zu sein, obwohl seither tausendvierhundert Jahre vergangen sind: „Da ist jene Arroganz innerhalb der Kirche, die sich allen vorzieht, und die einen wegen einfältigen Geistes, andere wegen nicht würdigen Wandels tadelt. Solche anmaßenden Leute stehen zwar innerhalb der heiligen Kirche, die sie auch verteidigen und doch eigentlich verachten. Denn zumeist verehren sie mehr den Geist derer, die auf schlechte Art weise sind, als das einfache Leben der Unschuld; sie halten mehr auf die Sprache derer, die außer der Kirche leben, als auf die Verdienste derer, die in derselben sind. Und so stehen sie zu beiden im Gegensatze; von jenen weichen sie ab durch ihre rechtgläubige Gesinnung, von der heiligen Kirche aber wegen ihres verkehrten Betragens."

Die wohl schärfste Sprache über die Amtsträger der Kirche findet sich in einem Brief an Kaiser Maurikios, worin Gregor zum wiederholten Male darum bat, der Patriarch von Konstantinopel möge auf den angemaßten Titel „ökumenischer Patriarch" verzichten. Mit diesem Titel erhebe sich der Patriarch über seine Brüder und säe Zwietracht unter der Christenheit:

„Die Bedrängnis der Völker ist durch die Priester verschuldet, welche durch ihr Beispiel zerstören, was sie durch Worte lehren. Unser Gebein ist durch Fasten entkräftet und unser Geist voll Aufgeblasenheit; unser Leib ist mit elenden Kleidern bedeckt, und durch den Hochmut der Herzen ragen wir über den Purpur empor; wir liegen in Asche, und nichts dünkt uns zu hoch; Lehrer der Demut und Vorbilder des Stolzes bergen wir unter der Larve des Lammes den scharfen Zahn des Wolfes. Allerorten ist Europa der Macht der Barbaren übergeben; verwüstet liegen die Städte, zerstört die Burgen, entvölkert die Provinzen. Die Erde findet keinen Bebauer mehr, täglich sinken die Gläubigen unter der siegreich waltenden Wut der Götzendiener, und die Priester, welche in Asche auf dem Boden liegen und weinen sollten, haschen nach eitlen Namen und prahlen mit neuen, unheiligen Worten."

Es war nicht Gregors Sache, nach der Art der Welt mit den Fingern auf andere zu zeigen und sich selbst von Schuld freizusprechen. Jesus hatte gesagt: „Warum siehst du den Splitter im Auge deines Bruders, aber den Balken in deinem Auge bemerkst du nicht? ... Zieh zuerst den Balken aus deinem Auge, dann kannst du versuchen, den Splitter aus dem Auge deines Bruders herauszuziehen."

Schonungslose Kritik an eigenem Versagen, wie Papst Gregor sie übte, zieht sich durch die ganze Geschichte der Kirche. Wie tief die römische Kirche in den folgenden Jahrhunderten noch fallen, welchen Verfolgungen und Versuchungen sie auch erliegen sollte, immer wieder fand sie die Kraft, sich aus dem Geist des Evangeliums zu erneuern – durch Menschen, die sich unbeirrbar am Leben des Jesus von Nazareth und den Lehren der Kirche orientierten: Männer wie Franziskus von Assisi, Frauen wie Theresa von Ávila und unzählige bekannte und unbekannte Heilige. In den Augen der Welt oft Narren, Gottesnarren, wurden sie lebendige Steine eines die Zeiten überdauernden Bauwerks.

Womit Gregor sich auch herumschlug – Naturkatastrophen, Seuchen, Langobardeneinfälle, der Ungnade des Kaisers, dem Ärger mit dem Exarchen Romanus, mit pflicht- und ehrvergessenen Hirten der Kirche –, er verlor den Mut nicht. Aus Spanien traf die Nachricht von der Bekehrung des Westgotenkönigs Reccared zum katholischen Glauben ein. Die Briefe des Herzensfreundes Leander erfreuten Gregor. In der Langobardenkönigin Theodelinde wußte er eine verläßliche Bundesgenossin. Die Freunde in Konstantinopel hielten ihm die Treue. In Rom und überall gab es Menschen, die nicht ihr eigenes Wohlergehen in den Vordergrund stellten, sondern selbstlos dem Gemeinwohl dienten. Ihnen allen fühlte er sich durch ein unsichtbares Netz verbunden und von ihm gehalten. Noch weiter wollte er es spannen. Nun, da die Langobarden ihm eine Atempause verschafften, ging er daran, einen

Plan zu verwirklichen, der ihn offenbar schon längere Zeit beschäftigte: die Bekehrung der Angelsachsen.

Eine Legende erzählt, einst sei der Diakon Gregor auf dem Forum Romanum angelsächsischen Sklaven begegnet. Wegen ihrer Schönheit hatte er gemeint, man nenne sie zu Recht Angeln, Engel, und es sei schade, daß sie heidnischen Bräuchen anhingen. Er kaufte sie frei und habe sich wenig später auf den Weg nach England gemacht, um dort die Heiden zu bekehren. Doch er kam nicht weit. Die Römer wollten nicht auf die segensreiche Tätigkeit ihres Diakons verzichten und drohten Papst Pelagius alle Strafen der Hölle an, wenn er Gregor nicht sofort zurückhole.

Wie immer bei Legenden verbinden sich hier Wahrheit und Phantasie. Schon als Mönch interessierte sich Gregor für die Zustände im nordwestlichen Zipfel des einstigen römischen Imperiums. Wahrscheinlich kannte er auch angelsächsische Sklaven und ließ sich von ihnen aus ihrer Heimat berichten. Mit den Römern war das Christentum einst auf die britische Insel gekommen. Nach dem Abzug der kaiserlichen Truppen Anfang des fünften Jahrhunderts fielen wilde Stämme aus Schottland in das bis dahin römische Gebiet ein, und der Herrscher im Südosten der Insel rief gegen sie sächsische Stämme vom Festland zu Hilfe. Diese eroberten, mit Ausnahme von Wales, ganz Britannien und ersetzten die kelto-römische Kultur durch das germanische Heidentum. Die lateinische Sprache verlor sich, und das Christentum erlosch. Die christlichen Iren und Gallier machten um Britannien einen großen Bogen. Zu wild und barbarisch seien dort die Sitten, keiner käme mit dem Leben davon, der die Angelsachsen zum Christentum bekehren wolle.

Auf solche Warnungen gab Gregor nicht viel. Auch die Angelsachsen waren nur Menschen. Wenn man ihnen mit Vorurteilen begegnete, blieben sie Fremde. Warum sollte man nicht den Versuch unternehmen, sie besser kennenzulernen und sie mit der christlichen Botschaft bekannt zu machen? Im September 595 befahl Gregor dem Priester Candidus, der die römischen Kirchengüter in Gallien verwaltete, angelsächsische Sklaven freizukaufen und sie für den geistlichen Stand ausbilden zu lassen. Doch seine Ungeduld wollte nicht warten, bis deren Ausbildung beendet war. Schon wenige Monate später ließ er Augustinus, den Prior seines Klosters am Caelius, zu sich rufen. Er habe entschieden, eröffnete ihm Gregor, ihn mit vierzig Mönchen nach Britannien zu entsenden, um den Menschen dort die Botschaft Jesu Christi zu verkünden. Gern wäre er selbst einst gen Norden gezogen, doch immer habe Gott anders über ihn bestimmt. Jetzt halte er die Zeit für gekommen, die Angelsachsen zum Christentum zu bekehren, und keiner scheine ihm dafür geeigneter als der mutige und kluge Bruder Augustinus.

Das Lob hielt Augustinus nicht davon ab, seine Zweifel vorzubringen. Man kenne die Sprache dieser Barbaren nicht. Selbst die mit den rauhen Sitten und den Unbilden des Nordens vertrauten irischen Mönche wagten nicht, die Angelsachsen zu missionieren. Sei es wirklich sinnvoll, die Brüder auf einem langen gefahrvollen Wege durch langobardische Gebiete, durch das von Kriegen zerrissene Gallien in den weit offenen Rachen des Todes zu treiben?

Gregor hörte sich die Einwände an und sagte dann: „Ihr werdet nicht sterben, sondern leben. Es wird gelingen. Ich weiß es."

Was sollte der Mönch darauf erwidern? Die Botschaft höre ich wohl, allein mir fehlt der Glaube? Der Papst war aus einem ihm verborgenen Grund vom Gelingen des Unternehmens überzeugt. Ihm, Augustinus, fehlte diese Sicherheit. Doch er würde gehorchen.

Gregor hielt die Bedenken und das Unbehagen des Augustinus nicht für Zeichen von Feigheit und mangelndem Gottvertrauens. Der Auftrag traf ihn einfach nur unvorbereitet.

Anders als Gregor hatte er sich nie mit dem Gedanken beschäftigt, die Angelsachsen zu missionieren, und so kannte er auch nicht die alle Hindernisse überwindende Sehnsucht, das Dunkel des Nordens durch das Licht Christi zu erhellen. Ihm mußte Gregors geheimes Verlangen, noch heute in Rom alles stehen und liegen zu lassen und nach England aufzubrechen, als blanker Wahnsinn erscheinen. Zwar hatte Jesus seinen Jüngern aufgetragen, in alle Welt zu gehen und das Evangelium zu verkünden, aber er hatte ihnen nicht geboten, mit offenen Augen in ihr Verderben zu laufen. Das aber schien von Augustinus gefordert zu werden: die Reise in einen sinnlosen Tod. Eben weil Gregor so leidenschaftlich von dem Wunsch besessen war, die Angelsachsen für das Christentum zu gewinnen, hatte er den bedächtigen und abwägenden Prior von Sankt Andreas für diese Mission ausgewählt. Leidenschaft birgt leicht die Gefahr unüberlegten Handelns, zu viel Vorsicht wiederum lähmt. Seine Menschenkenntnis sagte Gregor, daß Augustinus das rechte Maß finden und das Werk vollbringen würde, das ihm selbst versagt blieb.

Während der Vorbereitungen bedachte Gregor alle Einzelheiten. Von Pilgern und Boten, die in Rom eintrafen, zog er Erkundigungen über die Reiserouten ein. Den Mönchen im Andreaskloster trug er auf, eingehend die Werke von Tacitus über Germanien und Cäsars Kommentare über den Gallischen Krieg zu studieren. Jeden für die Mission vorgeschlagenen Mönch nahm er in Augenschein und prüfte seine Eignung. Empfehlungsbriefe gingen in alle größeren Orte ab, die die Mönche auf ihrer Reise passieren mußten. Er schrieb an die Frankenkönigin Brunhilde, die Frankenkönige Theoderich und Theodebert, an die Bischöfe von Tours, Marseille, Lyon, Arles, Vienne, Autun, an zahlreiche hochstehende weltliche Personen. In Gottes Namen bat Gregor um Schutz und Hilfe für die Missionare auf ihrem Weg durch Gallien.

Gallien war ein katholisches Land. Hundert Jahre zuvor hatte sich Chlodwig in Reims taufen lassen. Seither nannten sich die Frankenkönige christlich. Unter Chlodwigs Nachkommen spaltete sich das Frankenreich in Austrasien, Neustrien und Burgund auf, deren Herrscher sich blutig bekriegten. Die unablässigen Bürgerkriege hatten zu einem Verfall der Sitten geführt, auch innerhalb der Kirche. Klöster verwilderten, geistliche Ämter wurden gegen gutes Geld verschachert und Weltleuten priesterliche Würden übertragen. Seit seinem Amtsantritt hatte Gregor die Bischöfe in Gallien wiederholt gemahnt, Synoden abzuhalten und gegen die Zuchtlosigkeit in ihren Reihen vorzugehen. „Es ist mir berichtet worden, daß in Gallien oder Deutschland niemand zur Weihe kommt, ohne dafür etwas bezahlt zu haben. Wenn das so ist, spreche ich es mit Tränen in den Augen aus: Nachdem der Priesterstand von seiner inneren Hoheit so sehr verloren hat, wird er von außen her nimmer lange bestehen. Wir wissen ja, was der Herr im Evangelium getan hat: Er ging in den Tempel und warf die Stände der Taubenhändler um." Seine Vorhaltungen, auch von Abgesandten des Papstes persönlich überbracht, fruchteten nicht viel. Aber Gregor ließ nicht nach, zu mahnen und liebevoll zurechtzuweisen. Seine guten Verbindungen in Gallien sollten nun Augustinus und seinen Mönchen die Reise zu den Angelsachsen erleichtern.

Mitte 596 machten sich vierzig Mönche aus Sankt Andreas, mit dem Segen des Papstes versehen, auf den Weg. Sie folgten der Via Aurelia nach Norden. Einst hatten die Römer ein Netz von Straßen und Brücken über Westeuropa bis nach England gelegt, aber sie waren längst nicht mehr so sicher und gut erhalten wie einst. Kriegsvolk und Straßenräuber bedrohten die Reisenden, die Unbilden des Wetters setzten ihnen zu. Den verwahrlosten Raststationen wich man lieber aus und suchte statt dessen eine Schlafstatt in Höhlen, wenn kein Kloster oder gastfreundliche Menschen in erreichbarer Nähe waren. Trotz aller Beschwernisse herrschte lebhafter Verkehr auf den Straßen. Nicht nur Soldaten waren unterwegs, sondern auch viele Boten, Pilger, Händler mit ihren Ochsenkarren, Handwerker, die meisten zu Fuß. Man tauschte Informationen aus, warnte einander vor Gefahren. Gepäck beschwerte die Missionare nicht. Wie Jesus seinen Jüngern geboten hatte, als er sie aussandte, trugen die Mönche nichts von materiellem Wert bei sich. Ein breitrandiger Hut schützte vor Sonne und Regen, der weite Mantel diente auch als Schlafunterlage oder Zudecke. Festes Schuhwerk war ebenso nötig wie ein Stab, mit dem man wilde Hunde in Schach halten und sich im Falle eines Angriffs verteidigen konnte. Eine lederne Umhängetasche barg Briefe und wichtige Utensilien, auch Tagesproviant. Mehr als tausendfünfhundert Kilometer lagen vor ihnen. Wenn sie nicht der Verlängerung der Via Aurelia, der Via Iulia Augusta, entlang dem Mittelmeer und über die Seealpen nach Gallien folgten, fanden sie vielleicht in Ligurien ein Handelsschiff, das sie nach Marseille mitnahm. Jedenfalls gelangten sie unbeschadet bis nach Aix en Provence. Aber ausgerechnet in Gallien, wo sie auf sichere Herberge und Verpflegung zählen konnten und auch erhielten, verließ sie der Mut. Ihre Gastgeber übertrafen einander an furchteinflößenden Berichten über die Angelsachsen und stellten den Mönchen die Torheit ihres Vorhabens vor Augen. Ohne Sprachkenntnisse, ohne die Möglichkeit, sich gegen Angriffe zu wehren, ohne Kenntnis der dortigen Sitten und Gebräuche sei das geplanter Selbstmord. Die eingeschüchterten Mönche weigerten sich, die Reise fortzusetzen, und beauftragten Augustinus, zum Papst nach Rom zurückzukehren und ihn zu bitten, das Unternehmen abzublasen.

Augustinus, den seine Zweifel ohnehin nie ganz verlassen hatten, machte sich also mit der Absicht, Gregor umzustimmen, auf den beschwerlichen Rückweg. Er berichtete dem erstaunten Papst von dem Wunsch der Mönche. Gerne wollten sie das Licht Christi nach England bringen, nicht aber sich wie wehrlose Lämmer zur Schlachtbank schicken lassen.

Gregor hielt Augustinus nicht vor, auch Jesus Christus sei ein solches Lamm gewesen und sein Opfergang habe das Licht in die Welt gebracht; er pries nicht die christlichen Märtyrer, deren Blut die Kirche nährte, er erhob keine Vorwürfe, sondern er sagte einfach: Was man Gutes begonnen habe, müsse man auch fortsetzen.

Doch er nahm die praktischen Einwände Augustins ernst. Was die Unkenntnis der Sprache betreffe, so fänden sich in England gewiß Menschen, die des Lateinischen noch mächtig seien und als Dolmetscher dienen könnten.

„Wer aber vom Geist beseelt ist, geliebter Bruder, das weißt du so gut wie ich, den versteht man auch ohne Kenntnis des Wortsinns. Denk an das Pfingstwunder: Als der Heilige Geist über die Apostel kam, hörten die Menschen, die aus allen Himmelsrichtungen und Völkern nach Jerusalem geströmt waren, sie in ihren eigenen Sprachen reden. Diese Stelle in der Heiligen Schrift ist nicht nur allegorisch zu deuten. Sie enthält eine tiefe, von jedem erfahrbare Wahrheit: Gott spricht durch den geisterfüllten Menschen. Er teilt sich mit über die Mimik, die Gestik, den ganzen Körper des Sprechenden. Der von Gottes Geist Ergriffene strahlt Liebe aus und entzündet sie in den Herzen der Zuhörer. Die Engländer warten auf diese Liebe, und ihr werdet sie ihnen bringen. Hab keine Angst, Bruder, ihr steht unter dem Schutz des Höchsten. Wie gern würde ich euch nicht nur im Gebet, sondern im Leibe begleiten! Was gäbe ich dafür, erleben zu dürfen, wie das Licht aus der Höhe einem Volk aufstrahlt, das in der Finsternis sitzt und im Schatten des Todes!“

Augustinus hörte Gregor selbstvergessen zu. Ihm gegenüber saß ein alter Mann, gepeinigt von Krankheiten, erschöpft von der Last seines Amtes. Und doch war ihm keine Enttäuschung über den Kleinmut der Mönche anzumerken. In seinen Worten schwangen die Begeisterung des Jünglings, die Kraft des Mannes und die Weisheit des Greises. Die Augen sagten: Noch einmal so jung sein wie der zögerliche Augustinus, hinausziehen in unbekannte Fernen, sein Leben für die Wahrheit in die Wagschale werfen. Mit den Armen beschrieb er einen weiten Kreis, als wolle er die ganze Welt umfassen.

Gregors Feuer sprang auf Augustinus über. Wie hatte er an dieser Mission zweifeln können, warum nur hatten sie sich vom Teufel Angst einjagen lassen? Mit Gottes Hilfe würden sie Berge und Meere überwinden, feindliche Angriffe überstehen, Abwehr in Zuneigung verwandeln, das Werk der Bekehrung vollbringen. Voller Begeisterung gelobte Augustinus, nicht zu ruhen, bis er seine Mission erfüllt habe.

Gregor war nach wie vor überzeugt, mit ihm den richtigen Mann gewählt zu haben. Augustinus war kein Draufgänger, der im blinden Gehorsam das Leben der ihm Anvertrauten aufs Spiel setzte. Wer Großes vollbringen will, muß eigene Zweifel und die anderer zulassen und sich so seiner Sache vergewissern. Doch wenn Augustinus auf dem Weg zurück nach Gallien auch glücklich alle Gefahren überwand, würden die Strapazen seine Begeisterung nicht wieder dämpfen? Konnte ein ermatteter, vielleicht kranker Prior seine verzagten Mönche dann noch aufrichten? Das Unternehmen mit seinen vielen Unwägbarkeiten lag ganz und gar in Gottes Hand, menschliche Voraussicht konnte nicht alles bedenken. Wichtig war nur, daß die Brüder den Mut nicht verloren. Und so schrieb Gregor den Mönchen: „Gregor, Diener der Diener Gottes, den Dienern unseres Herrn Jesu Christi: Da es besser wäre, ein gutes Werk nicht zu beginnen, als nach seinem Beginn die Gedanken wieder rückwärts zu wenden, so müßt Ihr, geliebteste Söhne, mit allem Eifer das gute Werk ausführen, das Ihr begonnen habt. Weder die Beschwerlichkeit der Reise noch das Gerede tadelsüchtiger Leute soll Euch also abschrecken, sondern vollendet mit aller Anstrengung und

Begeisterung, was Ihr aus Gottes Antrieb begonnen habt! Ihr wißt ja, daß auf große Mühe die Herrlichkeit des ewigen Lebens folgt. Eurem zurückkehrenden Vorsteher Augustinus, den wir als Abt über Euch gesetzt haben, gehorchet mit Demut in allem! Wisset, daß alles Euren Seelen zum Nutzen gereicht, was Ihr auf seine Mahnung hin vollzieht. Der allmächtige Gott schütze Euch durch seine Gnade und lasse mich im ewigen Vaterland die Frucht Eurer Mühen schauen. Wenn ich auch nicht mit Euch zu arbeiten vermag, so möge ich doch teilhaben an der Freude Eurer Belohnung, weil ich nämlich wünsche, mit Euch zu arbeiten. Gott bewahre Euch gesund, geliebteste Söhne!"

Noch einmal diktierte Gregor Empfehlungsbriefe für Gallien. Königin Brunhilde beschwor er, „den Überbringer dieses Schreibens, dessen Eifer und Begeisterung uns wohlbekannt ist, mit anderen Dienern Gottes nach England zu senden, um durch sie die Gesinnung dieses Volkes kennenzulernen und so viel wie nur möglich auch mit Eurer Beihilfe dessen Bekehrung ins Auge zu fassen ... So sorget auch dafür, daß er unter Eurem Schutze nach England reisen kann."

Gregor brachte die Briefe selbst zu Augustinus ins Andreaskloster, und er las dort vor, was er an die in Gallien wartenden Mönche geschrieben hatte. Die Brüder umringten Gregor und Augustinus. Ihre flehentlichen Bitten, ebenfalls nach Norden aufbrechen zu dürfen, fanden kein Gehör.

„Ihr werdet in Rom gebraucht", beschied Gregor sie.

Augustinus schlug das Angebot aus, sich vor der Abreise noch einige Tage im Kloster auszuruhen; er wollte sofort aufbrechen. Gregor segnete ihn. Er würde den Bruder in diesem Leben nicht wiedersehen, aber indem Augustinus vollbrachte, was ihm versagt bleiben mußte, gewann sein eigenes Leben an Weite und Kraft.

Auf schnellstem Wege und wohlbehalten erreichte Augustinus seine Mönche in Aix en Provence. Er zitierte ihnen, die auf die Erlaubnis zur Rückkehr gehofft hatten, das Wort Jesu aus dem Lukasevangelium: „Keiner, der die Hand an den Pflug gelegt hat und nochmals zurückblickt, taugt für das Reich Gottes.“ Dann las er den Brief Gregors vor.

Augustinus muß mit Engelszungen geredet haben. Im Frühjahr 597 erreichte die Gruppe den Ärmelkanal. Da waren sieben Monate vergangen, seit Augustinus Gregor gebeten hatte, die Mission abzubrechen. Die Mönche setzten auf die Insel Thanet über, an der hundertfünfzig Jahre zuvor die angelsächsischen Eroberer gelandet waren. Überglücklich, bis hierher alle Gefahren bestanden zu haben, schickten sie dem regierenden König Ethelbert eine Botschaft mit der Bitte um Gastfreundschaft. Tage bangen Wartens vergingen. Offensichtlich wußten weder Gregor noch die Mönche, daß die Gemahlin König Ethelberts, die fränkische Prinzessin Bertha, dem christlichen Glauben anhing und ihn mit Einwilligung Ethelberts auch praktizierte. Ihr Hauspriester Liudhard, ebenfalls ein Franke, scheint eine gewisse Vorarbeit für das geleistet zu haben, was die Mönche dann als Wunder empfanden.

Der englische Gelehrte Beda Venerabilis berichtet von der Begegnung des Königs mit den Mönchen: „Einige Tage danach kam der König auf die Insel und befahl, im Freien sitzend, Augustinus und dessen Gefährten, auch ins Freie zu kommen und mit ihm zu sprechen. Er achtete darauf, sich nicht mit ihnen in einem Gebäude zu treffen, denn er hatte den herkömmlichen Aberglauben, falls sie irgendwelche magische Kunst ausüben sollten, könnten sie ihn betrügen und die Oberhand gewinnen, sobald er einen bedeckten Raum betrete. Doch sie kamen mit göttlicher, nicht mit teuflischer Macht ausgestattet. Sie trugen als ihre Standarte ein silbernes Kreuz und das auf einem Pergament gemalte Bild unseres Herrn und Erlösers. Sie sangen Litaneien und sprachen Gebete zum Herrn für das eigene ewige Seelenheil und das Heil derer, zu denen und für die sie gekommen waren.“

König Ethelbert äußerte Wohlwollen, erteilte den Mönchen die Erlaubnis zu predigen und wies ihnen eine Behausung in seiner Hauptstadt Canterbury zu. Er selbst könne vorerst die Religion seines Volkes nicht aufgeben, werde niemanden zur Annahme der neuen Religion zwingen, sie aber auch niemandem verwehren.

Mit Feuereifer gingen die Mönche an die Arbeit. Aus ihrer mönchischen Gemeinschaft heraus predigten und unterwiesen sie, kümmerten sich um Hilfsbedürftige, renovierten verlassene römische Kirchen, darunter jene, die später zur Kathedrale von Canterbury wurde. Der christliche Glaube, der mit dem Abzug der Römer aus England verschwunden war, schien im Boden überdauert zu haben und nun zu neuem Wachstum zu drängen. Wie Gregor prophezeit hatte: Es lag ein Segen auf dem Unternehmen. Die richtigen Leute waren zum richtigen Zeitpunkt am richtigen Ort.

Die Worte der Mönche trafen auf offene Ohren und offene Herzen. Immer mehr Menschen bekannten sich zum christlichen Glauben. König Ethelbert ließ sich zu Pfingsten 597 taufen. Seinem Beispiel folgten am Weihnachtstag desselben Jahres mehr als zehntausend Angelsachsen. Augustinus entsandte die Mönche Laurentius und Petrus mit der Freudenbotschaft nach Rom.

Gregor müssen ihre Berichte außerordentlich wohlgetan haben, denn er vermeldete sogleich dem Bischof Eulogius von Alexandria: „Da das Volk der Engländer, das sich in einem Winkel der Welt befindet, bis jetzt noch Holz und Steine anbetete, so erwarb mir Euer Gebet den Gedanken, mit Gottes Beistand einen Mönch meines Klosters als Glaubensprediger zu ihnen zu senden. Mit meiner Genehmigung wurde er inzwischen von den Bischöfen Galliens zum Bischof geweiht, und mit ihrer Unterstützung gelangte er auch zu jenem Volk am Ende der Welt. Schon jetzt ist uns über sein Befinden und seine Tätigkeit geschrieben worden, daß er und seine Begleiter durch so große Wunder berühmt geworden sind, daß sie durch ihre Wundertaten es den Aposteln an Macht gleich zu tun scheinen. Am vergangenen heiligen Weihnachtsfest, so wurde mir mitgeteilt, seien mehr als zehntausend Engländer von diesem unseren Bruder und Mitbischof getauft worden. Ich schreibe dies deshalb, damit Ihr seht, daß Ihr nicht bloß in Alexandria durch Euer Wort, sondern auch an den Grenzen der Welt durch Euer Gebet wirksam seid …"

So sehr sich Gregor über die Bekehrung der Angelsachsen freute wie zuvor über das Bekenntnis der Westgoten in Spanien zum katholischen Glauben und wie sehnlich er das für das Volk der Langobarden wünschte, so war ihm doch jegliches Triumphgefühl fremd. Gott allein gebührte die Ehre. In einem Brief an Augustinus mahnte er vorsorglich zur Demut: „Bei aller Freude über dieses Himmelsgeschenk, geliebtester Bruder, ist doch auch ein Grund zur größten Furcht vorhanden. Ich weiß nämlich, daß der allmächtige Gott bei jenem Volke, das er auserwählen wollte, durch Deine Liebe große Wunder geschehen läßt. Darum mußt Du über diese Himmelsgaben Dich mit Furcht erfreuen und mit Freude dich fürchten. Freuen sollst Du Dich, weil die Seelen der Engländer durch äußere Wunder zur inneren Gnade geführt werden; fürchten aber sollst Du, es möchte bei den vorkommenden Wunderzeichen der schwache Geist sich in eitler Selbstgefälligkeit erheben und so wegen nichtiger Ehre in inneren Zerfall geraten, während das äußere Ansehen zunimmt …"

Die Englandmission, unter so widrigen Umständen begonnen, wurde ein beispielloser Erfolg. Doch Gregor dachte nicht in Kategorien von Erfolg und Mißerfolg. Und ganz gewiß war ihm nicht bewußt, daß er inmitten der Ruinen des römischen Weltreichs das Fundament für ein einheitliches christliches Europa legte. Fern lagen ihm Gedanken an Macht, Einflußsphären und politische Gebilde, wenn er den westgotischen König Reccared zu christlicher Barmherzigkeit mahnte, die

Frankenkönige an ihre Pflichten erinnerte, den angelsächsischen König Ethelbert in Canterbury beglückwünschte, die Langobardenkönigin im Glauben bestärkte. Er wollte Seelen retten, den Auftrag Jesu erfüllen, der da lautet: „Geht hinaus in die ganze Welt, und verkündet das Evangelium allen Geschöpfen!" Denn vor dem Ende, so stand es in der Heiligen Schrift, sollte das Evangelium vom Reich Gottes zu allen Völkern getragen werden. Gregor erlebte, wie seine Welt sich dem Ende zuneigte. Daß zur gleichen Zeit unter ihren Trümmern neues Leben keimte, das er selbst tatkräftig beförderte, konnte er nicht einmal ahnen, denn es sollten noch Jahrhunderte vergehen, bis dieses Leben Gestalt annahm. Je mehr er mit aller ihm zur Verfügung stehenden Kraft das Los der in den Strudel des Untergangs gerissenen Menschen zu erleichtern und ihre Seelen Gott zuzuführen suchte, desto weiter griff sein Werk in die Zukunft aus. Zwang bei der Bekehrung der Heiden lehnte er ebenso ab wie sein großes Vorbild, der Völkerapostel Paulus. Denn nirgendwo in der Heiligen Schrift stand geschrieben, daß man die Menschen zu ihrem Glück zwingen dürfe.

Was die Kirche heute Inkulturation nennt, also die Verbindung des christlichen Glaubens mit den vorgefundenen Sitten und Gebräuchen, praktizierte Gregor mit Feinfühligkeit und Unterscheidungsvermögen. Nachdem er eine zweite Gruppe von Brüdern unter der Leitung des Mönches Mellitus mit Kirchengeräten, Schmuck, Reliquien und heiligen Büchern nach England geschickt hatte, schrieb er diesem: „Nachdem Du samt der Begleitung, die wir Dir mitgegeben, abgereist warst, gerieten wir in nicht geringe Sorge, weil wir nichts über den glücklichen Verlauf Eurer Reise zu hören bekamen. Wenn Ihr aber mit der Gnade des allmächtigen Gottes zu unserem hochwürdigsten Bruder, dem Bischof Augustinus, gekommen sein werdet, so sagt ihm, daß ich über eine Angelegenheit der Engländer lange mit mir zu Rate gegangen bin. Man soll nämlich bei jenem Volk die Götzentempel keineswegs zerstören, sondern nur die in ihnen befindlichen Götzenbilder vernichten. Man nehme geweihtes Wasser, besprenge die Götzenbilder damit, erbaue Altäre und hinterlege die Reliquien in denselben. Da diese Tempel gut gebaut sind, so muß man sie aus Opferstätten böser Geister in Orte des wahren Gottesdienstes umwandeln. Wenn das Volk sieht, daß man seine Tempel nicht zerstört, so wird es um so eher den Irrtum ablegen und mit um so größerer Freude sich zur Erkenntnis und Anbetung des wahren Gottes an die gewohnten Orte begeben."

Auf eine briefliche Anfrage riet er Augustinus: „Aber magst Du in der römischen, gallischen oder einer anderen Kirche etwas gefunden haben, was dem allmächtigen Gott besonders gefallen kann, so ist es mir recht; wähle sorgfältig aus und führe in der englischen Kirche, welche erst neubegründet im Glauben ist, das Beste ein, was Du von diesen Kirchen zusammenbringen konntest. Denn wir sollen eine Sache nicht wegen des Ortes, sondern die Orte wegen der Sache lieben." Und er bekräftigte noch einmal: „In unserer Zeit muß eben die Kirche manches mit Eifer rügen, manches sanftmütig ertragen, manches aber übersehen und dulden, um so das Übel, das ihr entgegen ist, gerade durch Nachgiebigkeit und Langmut zu töten." So sollten auch die Angelsachsen ihre an den Götzendienst geknüpften Volksfeste gereinigt und veredelt im Christentum wiederfinden, „damit, wenn ihnen äußerliche Freude gelassen wird, ihre Seele sich der inneren Freude um so leichter aufschließe."

Allein mit der Großzügigkeit des gesunden Menschenverstandes, der Klarheit des römischen Juristen und der Erfahrung eines begnadeten Seelsorgers lenkte Gregor das nach seinen eigenen Worten von allen Seiten durchlöcherte Schiff der Kirche durch den Sturm der Zeit. Ihm standen dabei keinerlei Machtmittel zur Verfügung, nur das Wort und sein wachsamer, alles durchdringender Geist.

Obwohl im sechsten Jahrhundert die Kommunikation allein auf Boten angewiesen war, die lange, gefahrvolle Wege bewältigen mußten, verbreitete sich Gregors Ruf innerhalb nur weniger Jahre von den Küsten Nordafrikas bis zu den irischen Inseln, vom Atlantik bis zum Schwarzen Meer: Auf dem Stuhl des Apostels Petrus sitzt ein Mann, der vorurteilslos allen Gerechtigkeit widerfahren läßt, die sich an ihn wenden. Und so kamen Mönche aus Kleinasien, Kaufleute aus Karthago, Pilger aus Irland, Bauern aus Istrien in wachsender Zahl nach Rom. Nicht nur katholische Christen, auch Arianer und Heiden baten Gregor um Rat und Hilfe gegen eine sie bedrückende Obrigkeit. Juden suchten bei ihm Schutz vor eifernden Bischöfen und allzu eifrigen Konvertiten aus den eigenen Reihen. Den Bischof von Neapel und andere Bischöfe wies Gregor an, die Juden in der Feier ihrer Feste nicht zu stören. „Mit welchem Recht schreiben wir den Juden vor, wie sie ihre religiösen Gebräuche einzurichten haben, wenn wir sie dadurch nicht gewinnen können!“ Aus ihren eigenen Büchern solle man ihnen die christliche Lehre nachweisen, mit Sanftmut und Liebe, nicht aber versuchen, sie durch Zwang zu bekehren. Jüdischen Kaufleuten, die kaiserliche Beamte um ihr Hab und Gut gebracht hatten, verhalf er zu ihrem Recht. So wies er den Defensor Fantinus an, die Klage eines Juden zu untersuchen und, wenn sich der Fall wie geschildert zugetragen habe, dem Juden Jamnus seine Schuldverschreibung zurückzuerstatten. Ein Fall von unzähligen.

Gregors Blick als Bischof von Rom und Nachfolger des Apostels Petrus erfaßte die ganze damals bekannte Welt, die er im Argen liegen und dem Untergang entgegeneilen sah. Er brauchte nicht zu reisen, um zu wissen, was in der Ferne vorging. Rom war ein Gleichnis auf Glanz und Elend dieser Welt, ihre Verderbnis und ihre Hoffnung, auf Umkehr und Erneuerung. Hier, wo sich einst Kaiser als Götter huldigen ließen, hatten ein Fischer und ein Zeltmacher, Petrus und Paulus, den einen wahren Gott verkündet, der die Menschen nicht Sklaven nannte, sondern Freunde. Soldaten und Sklaven, Kaufleute und Patrizier hatten die Botschaft aufgenommen und weitergetragen. Nicht kriegerischen Aktionen verdankte das Christentum sein Überleben nach dreihundertjähriger Verfolgung, sondern der ihm innewohnenden Wahrheit. Doch diese Wahrheit war kein ausgeklügeltes Gedankenkonstrukt, sondern Begegnung mit dem lebendigen Gott. Sie mußte in jeder Generation neu entdeckt und gelebt werden.

Ob Gregor mit Königen korrespondierte, sich um geborstene Wasserleitungen kümmerte oder Pilgerhospize im fernen Jerusalem einrichten ließ, alles diente nur dem Ziel, seinen Zeitgenossen den Weg zu einem Gott zu öffnen, der nicht unerreichbar in den Weiten des Weltalls lebte, sondern in ihnen. Mitten unter ihnen. Die Schönheiten der Welt leuchteten heller für jenen, der Christus folgte, und der Tod verlor seinen Schrecken. Selbst ein Hundertjähriger lebt nur eine kurze Spanne, gemessen an der Ewigkeit, die ihn erwartet, pflegte Gregor zu sagen. Da sei es doch vernünftig, sich zu Lebzeiten so zu verhalten, daß man die Ewigkeit in Freuden genießen könne und nicht wie der Prasser im Lukasevangelium Höllenqualen erdulden müsse.

Wer freilich den Tod als endgültig ansah und das Leben als ein Geschäft, aus dem man sich so reichlich wie irgend möglich bedienen mußte, ehe der Laden schloß, konnte sich mit dem Gedanken an Auferstehung und eine göttliche Gerechtigkeit im Jüngsten Gericht nicht anfreunden. Aber auch dann stellte sich ihm unausweichlich die Frage, wohin eine Haltung führte, die nur um die Befriedigung eigener Bedürfnisse kreiste, die keine Rücksicht auf die Natur kannte und keine Solidarität mit den Schwachen. Wo jeder sich selbst der Nächste war, wurde auch die kurze Spanne Leben zur Hölle. Wenn Katastrophen, Schicksalsschläge, Alter und Krankheit Scheinsicherheiten zerstörten, öffnete sich der eisige Abgrund der Sinnlosigkeit. So lange die Menschen noch im Vollbesitz der Kräfte waren, konnten sie sich die möglichen Folgen ihres verkehrten Handelns nur schwer vorstellen. Das Evangelium lehrte, rechtzeitig klug zu sein, das Gute zu tun und das Böse zu meiden.

„Verschließt die Ohren nicht vor der ewigen Wahrheit!" bat, drängte, mahnte Gregor. Doch immer wieder, er erlebte es an sich selber, verhinderte ein schwacher Wille, das als richtig Erkannte auch zu leben. Zweifel und Verzweiflung an der eigenen Schwäche machten leicht gute Vorsätze zunichte. „Seid nüchtern und wachsam!" hatte der Apostel Petrus gewarnt. „Euer Widersacher, der Teufel, geht wie ein brüllender Löwe umher und sucht, wen er verschlingen kann."

Um einen Zugang zum Mysterium des allgegenwärtigen Gottes zu öffnen, bedarf es mehr als Ermahnungen und eingängiger Argumente. Gott will in der Begegnung erfahren werden – im Gebet und in der Feier der heiligen Messe. Nirgendwo hatte Gregor das eindrucksvoller erlebt als während der Messen in der Hagia Sophia. Die Gesänge schienen die Bögen und Säulenhallen aus farbigem Marmor zum Schwingen zu bringen, stiegen hinauf zur Kuppel, von wo aus sie sich bis in den letzten Winkel der Kathedrale ausbreiteten. Das durch die vielen Fenster hereinbrechende Licht nahm das gesprochene Wort auf, verschmolz es mit dem Goldgrund der Kuppel und riß mit den Weihrauchwolken alle Sinne und Gedanken gen Himmel. Schwebend und unbegrenzt wirkte nun der aus schwerem Material gefügte Bau, seine Leichtigkeit teilte sich den Betern mit. Ob Arme oder Reiche, Gesunde oder Kranke, alle erfuhren sie in diesen Augenblicken überirdischer Schönheit, daß sie mehr waren als ihrer Bedürftigkeit und Gebrechlichkeit ausgelieferte Kreaturen. Bettler wie Kaiser waren nach dem Bilde Gottes geschaffen, ausgestattet mit dem freien Willen, dem ihnen verliehenen Geist der Kraft, der Liebe und der Besonnenheit zu folgen. In der

Göttlichen Liturgie traten sie nicht nur mit den Kräften des Verstandes, sondern mit aller Leiblichkeit in ein Reich ein, das keine Herren und keine Knechte kannte. Die von Alltagssorgen bedrückten Seelen warfen ihre Last ab, weiteten sich und gewannen neue Kraft.

Für den Seelenhirten Gregor gab es nichts Wichtigeres als die heilige Messe, gewachsen durch die Jahrhunderte Ring um Ring wie ein Baum und doch nicht von dieser Welt. Er folgte darin dem Mönch Benedikt, der gesagt hatte, dem Gottesdienst solle nichts vorgezogen werden. Während seines Pontifikats beschäftigte ihn immer wieder die Frage, wie man die Schönheit als Gleichnis für etwas die Welt und die Menschen weit Übersteigendes erfahrbar machen könne. Die Verkündigung von Gottes Wort sollte sich in der Liturgie der Kirche mit Klängen, Farben, Düften und Kunstwerken verbinden und so die engen Grenzen aufheben, in die der Alltag die Gläubigen einschloß. Schönheit weitet die Seelen und macht sie für die Realität Gottes empfänglich. Gregor baute keine neuen Kirchen wie seine Vorgänger, die Erfordernisse der Zeit erlaubten es nicht. Wozu auch? Schimmerten die Mosaike der vorhandenen Kirchen nicht im Licht unzähliger Öllampen in zeitlosem Glanz? Es brauchte kein Geld, sondern vor allem Hingabe, Demut und Phantasie der Diener Gottes, den Menschen das Evangelium zu bringen. Nur der vom Geist Beseelte konnte andere beseelen.

Jedes Detail im Ablauf der heiligen Messe war von Belang. Wort, Musik, Gewänder, Bewegung, Gesten wiesen über sich selbst hinaus. Wenn Gregor nach Meinung der Musikwissenschaftler auch nicht als Schöpfer der Gregorianischen Gesänge gelten kann, so ist doch überliefert, daß er der Musik eine große Bedeutung zuwies. Er kümmerte sich intensiv um die Ausbildung der jungen Sänger und schrieb selbst einige Hymnen.

Die überkommenen Gebete der Kirche hat er behutsam von Wildwuchs befreit, da und dort ihre Stellung im Ablauf der

Messe verändert, einige Passagen hinzugesetzt und so den liturgischen Formen ihre bis in die Mitte des zwanzigsten Jahrhunderts gültige Gestalt gegeben. In das aus den Evangelien und der Apostellehre stammende Gebet des Vaterunser fügte er einen Passus ein, aus dem die Not seiner Zeit und aller Zeiten ruft: „Erlöse uns, Herr, allmächtiger Vater, von allem Bösen und gib Frieden in unseren Tagen. Komm uns zu Hilfe mit deinem Erbarmen und bewahre uns vor Verwirrung und Sünde, damit wir voll Zuversicht das Kommen unseres Erlösers Jesus Christus erwarten."

Wenn Gregor auch kostbares Kirchengerät zur Auslösung von Gefangenen zu verkaufen gezwungen war, hielt er doch an seiner Meinung fest, die Kirchen könnten zur Ehre Gottes nicht edel genug ausgestattet sein – mit Kunstwerken, Geräten, Gewändern, lichterfüllt und nach Weihrauch duftend. Den die Kargheit predigenden Kritikern antwortete er: „Ein Jegliches zu seiner Zeit." Liebe zu Gott will sich ausdrücken, in prächtigen Basiliken ebenso wie in einer mit Feldblumensträußen geschmückten einfachen Kapelle.

Roms christliche Sakralbauten, zuerst über den Gräbern der Märtyrer außerhalb der Stadt erbaut, wie Sankt Peter, Sankt Paul, San Sebastiano, Sant' Agnese, waren mittlerweile bis ins Zentrum vorgedrungen. Im Stil antiker Basiliken errichtet, erhoben sie sich auf den Grundstücken christlicher Patrizier oder auf von Kaisern geschenktem Besitz: San Giovanni in Laterano, Santa Maria Maggiore, Santa Sabina, Sant' Anastasia, Santi Cosma e Damiano ... Die Verbindung von Basilika und überkuppelten Zentralbau als Abbild von Erde und Himmelsgewölbe wie in der Hagia Sophia gab es in Rom damals noch nicht. Durch die Oberfenster fiel nur wenig Licht. Die Gläubigen, die mit Papst Gregor Gottesdienst feierten, standen eng gedrängt und stützten sich meist auf mitgebrachte Stöcke: vornehme Römer, noch in die Toga gekleidet, Goten in ihrer kurzen, eng anliegenden Tracht, gallische, langobardische und iberische Pilger, süditalienische Bauern, nordafrikanische Händler, griechische Mönche, römische Handwerker. Sie sahen kaum etwas von der Handlung im Altarraum. Die Gebete und Predigten verstand man nur in den ersten Reihen. So unterschiedlich wie ihre Herkunft waren auch ihre Sprachen und Dialekte.

Doch alle konnten die farbenfunkelnden Mosaike in der Apsis und an den Wänden, erhellt von Tausenden von Öllampen, bewundern. Allein für die Beleuchtung am Grab des Apostels Petrus unterhielt Gregor viele Güter mit Olivenpflanzungen. Die Gläubigen hörten die von den hellen Knabenstimmen der päpstlichen Schola gesungenen Gebete, und sie müssen ihnen wie Engelsgesang vorgekommen sein. Beim Ein- und Auszug der Geistlichen glitten ihre Blicke über die prächtigen Gewänder der Priester und Diakone. Jedermann wurde umhüllt vom Duft des kostbaren Weihrauchs, der als Symbol für die Gebete der Gläubige gen Himmel stieg. All diese Eindrücke und Empfindungen einten die so unterschiedlichen Menschen. Im Sichtbaren spiegelte sich der Unsichtbare, den anzubeten sie gekommen waren.

Aus praktischen Erwägungen erfand Gregor die Ringkrypta, den Umgang um die Apostelgräber, wie wir sie heute noch in Sankt Peter und Sankt Paul finden, um die Pilgerströme in geordnete Bahnen zu lenken. Viel Zeit, Intuition und Überlegung verwandte er darauf, dem Bedürfnis nach Erhebung der Herzen, nach Anbetung und Gotteslob einen würdigen Rahmen zu schaffen, ob vor dem Kreuz am Wege oder in einer festlich geschmückten Basilika. Mitten im Chaos der durch die Völkerwanderungen angerichteten materiellen und geistigen Zerstörungen und vor dem weiteren Verfall der abendländischen Kirche in den folgenden zwei Jahrhunderten rettete er überkommene liturgische Schätze, indem er sie sammelte, sichtete und in ein Regelwerk zusammenfaßte, damit sie nicht verlorengingen.

Der Schmerzensmann

Einst feierte Papst Gregor eine Messe in der Kirche Santa Croce in Gerusalemme in Rom. Während der Wandlung von Brot und Wein in Christi Leib und Blut kamen ihm Zweifel, ob Christus wahrhaftig in Blut und Wein gegenwärtig sei. Daraufhin erschien ihm über dem Altar Christus leibhaftig als Schmerzensmann mit all den Marterwerkzeugen, die zu seinem Tod geführt hatten. Aus seiner Seite floß Blut in den Meßkelch.

Abgewandelte Legende nach Jacobus de Voragine, „Legenda Aurea"

Seit fast zehn Jahren bekleidete Gregor nun das Amt des Papstes, er näherte sich der Vollendung seines sechsten Lebensjahrzehnts. Seine Meinung über den Zustand der Kirche, sie sei ein löchriges Boot auf hoher See, aus dem er das eindringende Wasser schöpfen müsse, hatte sich nicht geändert. Im Gegenteil. Jedes gelöstes Problem zog unzählige neue nach sich. Das Verhältnis zu Kaiser Maurikios war und blieb gestört. Jahrelang hatte Gregor mit den Langobarden über einen Friedensvertrag verhandelt. Der plötzliche Tod des unfähigen Exarchen Romanus in Ravenna erleichterte zwar manches, und mit dem Nachfolger Callinicus kam Gregor besser aus. Aber auch Callinicus suchte eher seine Position zu stärken als den Langobarden zu beiderseitigem Nutzen entgegenzukommen. Als Freunde aus Ravenna Gregor vor den ihm feindlich gesonnenen Ratgebern des Callinicus warnten, schrieb er ergeben zurück: „Weil aber die Zeiten schlimm sind, ertragen wir alles mit Seufzen." Doch gelang es Gregor schließlich, Kaiser Maurikios und den Exarchen zu ernsthaften Verhandlungen mit den Langobarden zu drängen. Als Vermittler schickte er seinen alten Freund und Kenner der Langobarden,

Abt Probus. Mit der Vollmacht des Exarchen ausgestattet, handelten Probus und ein Geistlicher aus Ravenna in zähen und langwierigen Gesprächen einen Friedensvertrag aus.

Ende 598 unterschrieb König Agilulf den Vertrag für zwei Jahre und schickte ihn zu Callinicus in Ravenna, der ebenfalls unterzeichnete. Von dort ging der Vertrag zu den Langobardenherzögen Ariulf in Spoleto und Arichis in Benevent. Nach vielen Einwänden und Verzögerungen stimmten sie ihm endlich zu. Gregor unterschrieb den Vertrag nicht, so gern die Langobarden das auch gesehen hätten, denn ihm allein vertrauten sie. Er ließ sie wissen, die weltliche Gewalt liege allein beim Kaiser. Der Bischof von Rom sei geistlicher Hirte, nicht Vertragspartner. Aber mit seinem Wort stehe er vor Gott für den ausgehandelten Frieden ein. Das überzeugte sie.

Zwei Jahre Waffenruhe waren gewonnen. Würde sie überhaupt so lange halten? Gregor blieb auf der Hut. Die geringste Uneinigkeit in den kaiserlichen Reihen konnte die Langobarden zur Verletzung des Friedensvertrages ermutigen. Gregor sorgte dafür, daß die byzantinischen Soldaten in Neapel ihren Sold erhielten, damit sie nicht meuterten. Er warnte vor Streitigkeiten zwischen Patriziern in den kaiserlichen Gebieten und schlichtete, wenn sie ausgebrochen waren, damit die Langobarden sie nicht zum Anlaß nähmen anzugreifen. Die Atempause, so riet er, solle genutzt werden, die Städte zu befestigen und Vorräte anzulegen, denn nach Lage der Dinge würden spätestens nach Ablauf der Friedenspflicht wieder die Waffen sprechen.

Obwohl die Langobarden sich wild und unzugänglich gebärdeten, ließ Gregor nichts unversucht, friedlich mit ihnen auszukommen. In einem Dankschreiben anläßlich der Unterzeichnung des Friedensvertrages bat er König Agilulf, „bei jeder Gelegenheit Euren Feldherren, die sich in den verschiedenen Landesteilen und besonders in unserer Gegend befinden, zu befehlen, daß sie diesen Frieden gemäß des gegebenen Versprechens ohne Rückhalt aufrechterhalten und keine Veranlassung suchen, aus welcher Streit oder Unzufriedenheit entstehen könnte."

In den von Langobarden beherrschten Gebieten wie im Herzogtum Benevent war das Christentum gänzlich erloschen. Unter den Trümmern der Kirchen lagen die Priester und Mönche begraben, denen es nicht gelungen war, rechtzeitig zu fliehen. Heidenkulte, die Schlangen oder Bäume anbeteten, hatten sich ausgebreitet. Ein lohnendes Feld für Missionare, könnte man meinen. Dennoch unterließ es Gregor, der sich nicht gescheute hatte, seine Mönche in das ferne, so übel beleumdete Gebiet der Angelsachsen zu entsenden, Missionare zu den benachbarten Langobarden zu schicken. Er hielt es für sinnlos. König Authari hatte den Langobarden bei Strafe des Todes verboten, ihre Söhne nach katholischem Ritus taufen zu lassen. Sein Nachfolger Agilulf zeigte sich in dieser Frage nicht so streng. Wohl unter dem Einfluß seiner Gemahlin Theodelinde ließ er in seinen Herrschaftsgebieten die Kirche gewähren. Aber auch er, der Arianer, verdächtigte die Katholiken als Handlanger des Kaisers in Konstantinopel. Jeder Missionar galt von vornherein als Spion der Byzantiner.

Gregor setzte deshalb im Umgang mit den Langobarden auf persönliche Beziehungen. Er scheute sich nicht, den Herzog von Benevent um Hilfe in kirchlichen Angelegenheiten zu bitten und sich dafür durch Geschenke erkenntlich zu erweisen. Auch mit Herzog Ariulf korrespondierte er. Seine besondere Aufmerksamkeit aber galt Königin Theodelinde. Zwar standen zwischen ihnen die von Rom anerkannten Drei Kapitel, die von den meisten norditalienischen und istrischen Bischöfen und auch von Theodelinde abgelehnt wurden, aber dieser Dissens erschien Gregor nicht so schwerwiegend, daß er ihre enge Verbindung stören konnte. Voller Zuneigung schrieb er der Königin: „Unser Sohn, der Abt Probus, hat uns mitgeteilt, daß sich Eure Exzellenz mit besonderem Eifer und mit gewohnter Güte für den Abschluß des Friedens verwendet habe. Bei Eurer christlichen Gesinnung ließ sich ja auch nichts anderes erwarten, als daß Ihr, wo es sich um den Frieden handelt, auf jede Weise tätig sein und Eure Güte zeigen würdet. Darum danken wir dem allmächtigen Gott, der Euer Herz so durch seine Liebe beherrscht, daß er Euch sowohl den rechten Glauben als auch die Gnade verleiht, immer nach seinem Willen zu handeln. Denn glaube nicht, erlauchteste Tochter, daß es ein kleines Verdienst sei, welches Du Dir durch die Verhinderung beiderseitigen Blutvergießens erworben hast ..." Und er bittet sie: „Indem wir Euch nun mit väterlicher Liebe grüßen, ermahnen wir Euch, bei Eurem erlauchtesten Gemahl dahin zu wirken, daß er ein Bündnis mit dem byzantinischen Reich nicht verschmähe. Denn wir glauben, es sei Euch wohlbekannt, in wievieler Beziehung es nützlich wäre, wenn er sich mit demselben auf freundschaftlichen Fuß stellen wolle ..."

Gregor baute auf Theodelindes Klugheit, und er täuschte sich nicht. Ihre Beziehung ertrug die schwersten Belastungen. Als nach Ablauf des Friedensvertrages der Exarch Callinicus Parma angriff und eine Tochter Agilulfs aus früherer Ehe und deren Mann gefangennahm und daraufhin der wütende Agilulf gemeinsam mit den Awaren Istrien verwüstete, Padua zerstörte und zwei Jahre später Mantua und Cremona eroberte, schienen alle Mühen Gregors um ein gutes beiderseitiges Verhältnis vergeblich gewesen zu sein. Doch kurz vor seinem Tod erreichte ihn die Nachricht von der Geburt des langobardischen Thronfolgers Adaloald. Theodelinde schrieb Gregor aus Genua, mit Einverständnis des Königs, ihres Gemahls, sei der Knabe nach katholischem Ritus getauft worden. Zur gleichen Zeit schloß König Agilulf mit dem neuen Exarchen in Ravenna einen Waffenstillstand.

Es sollte noch viele Jahrzehnte dauern, bis sich die Langobarden zum christlichen Glauben bekehrten und das Schisma zwischen Rom und den norditalienischen Bischöfen wegen der Drei Kapitel beendet wurde. Nach dem Tod Agilulfs im Jahre 616 regierte Theodelinde für ihren minderjährigen Sohn und hatte auch noch nach dessen Krönung ein Auge auf die Regierungsgeschäfte, bis sie 626 starb. In der Folgezeit sollten die Langobarden immer wieder Rom bedrohen, ohne es je einnehmen zu können. In den Franken fanden sie schließlich ihren Meister. 774 eroberte Karl der Große ihre Hauptstadt Pavia. Mit der Zeit ging das Volk der Langobarden in der italienischen Bevölkerung auf, nur der Name der Region Lombardei erinnert heute noch an sie.

Einer von Gregors letzten Briefen galt Theodelinde. Er entschuldigte sich, daß er wegen einer schweren Krankheit nicht früher auf die Freudenbotschaft von Geburt und Taufe des Thronfolgers geantwortet hatte und beglückwünschte die Königin. Dem künftigen König der Langobarden schickte er als Geschenk Reliquien und ein Evangelienbuch in „persischer Umhüllung“ und dessen kleiner Schwester drei Ringe, „zwei mit Hyazinthen und einen mit Onyx“.

König Agilulf ließ er durch Theodelinde ausrichten: „Indem wir Euch noch mit väterlicher Liebe den schuldigen Gruß erstatten, bitten wir, unserem erlauchtesten Sohn, Eurem königlichen Gemahl, in unserem Namen wegen des abgeschlossenen Friedens zu danken und auch für die Zukunft sein Herz dem Frieden zugeneigt machen, wie Ihr ja ohnehin zu tun pflegt. Ihr erwerbt Euch dadurch unter den vielen guten Werken, die Ihr übt, vor dem Angesicht Gottes auch den Dank eines schuldlosen Volkes, welches im Falle des Krieges zugrunde gegangen wäre.“

Gregor neigte nicht zu Höflichkeitsfloskeln, schon gar nicht im Angesicht des Todes. Seit mehr als dreißig Jahren verwüsteten langobardische Heere die italienische Halbinsel. Den geringen Kräften der Byzantiner militärisch überlegen, hätten sie durchaus Rom und Neapel zumindest zerstören können. In einer realen Einschätzung der Kräfteverhältnisse hatte Gregor im Umgang mit ihnen auf Kompromisse und gegenseitiges Verständnis gesetzt. Dabei half ihm, daß er in Theodelinde eine gleichgesinnte Partnerin fand. Und so stießen seine Appelle, sinnloses Blutvergießen zu vermeiden, anders als bei Kaiser Maurikios und dessen überheblichen Beamten, bei den wilden Langobarden auf offene Ohren. Gregor übertrieb also nicht, wenn er Theodelinde den „Dank eines schuldlosen Volkes, welches im Falle eines Krieges zugrunde gegangen wäre" übermittelte. In diesem Jahr 603 konnte er nicht wissen, welche Früchte ihrer beider Anstrengungen einmal tragen würden. Seine Kenntnis der Geschichte und der Menschen ließen ihn eher pessimistisch in die Zukunft schauen. Aber ihm ging es nicht um die ferne Zukunft, sondern immer um das Jetzt. Gewinn war das Leben eines jeden einzelnen, der heute vor Krieg und Hunger bewahrt wurde, jede einzelne Seele, die heute zu jenem Gott fand, der die Liebe war.

Die Amtsgeschäfte bereiteten Gregor zunehmend Mühe. Seine körperlichen Leiden verstärkten sich durch die Beschwerden des Alters. Von November 599 bis Februar 600 war er so schwach, daß er nicht einmal Briefe diktieren konnte. Nur unter Aufbietung aller ihm verbliebenen Kräfte gelang es ihm, die Messe zu zelebrieren. Die von der Gicht zerstörten Gelenke gehorchten nicht mehr. Er litt beständig unter Schmerzen. Seine Eingeweide brannten wie Feuer, der Magen behielt kaum noch Nahrung. Die Stimme wurde immer brüchiger und versagte oft ganz.

Die Römer fragten sich, warum ihm, der so vielen geholfen hatte, Gott nicht beistand. Da man um die Verehrung des Papstes für den gerechten Kaiser Trajan wußte, erzählte man sich, Gregor habe einst Gott gebeten, Trajan seine Sünden zu erlassen und ihn aus der Verdammnis zu befreien. Dafür habe er bereitwillig lebenslange Krankheit und Schmerzen auf sich genommen. Nun lag Gregor gewiß nichts ferner, als mit Gott zu handeln, aber diese Geschichte weist darauf hin, daß die Frage, warum Gott die Guten leiden läßt, auch damals die Menschen beschäftigte. Im zwölften Kapitel der „Pastoralregel" „Wie Gesunde und wie Kranke zu ermahnen sind" spricht Gregor von der leiblichen Gesundheit als hohem Gut, das der achtlos mit ihr Umgehende erst so recht vermißt, „wenn man sie verloren und als Zeit der Gnade, Gutes zu tun, vergeudet hat". Den Kranken versichert er, daß sie sich als „Söhne Gottes angenommen wissen dürfen, weil sie durch eine harte Schule der Läuterung gehen."

Gregor brachte Fragen von Gesundheit und Krankheit zeitlebens großes Interesse entgegen, zu seinen Freunden gehörten immer auch Heilkundige. Seit dem Wirken des berühmten griechischen Arztes Galenos als Leibarzt von Kaiser Marc Aurel und später von Commodus und Septimus Severus hatte die Medizin in Rom einen hohen Stand erreicht. Nach den ständigen Einfällen der Barbarenstämme aus dem Norden, die viele Ärzte in die Flucht nach Griechenland trieben, war das Niveau der ärztlichen Versorgung wieder gesunken. Bücher des Galenos und seiner Schüler fanden sich noch in den Resten der einst größten Bibliothek Roms am Trajansforum, und Gregor hatte einige davon gelesen. Es stand für ihn fest, daß es einen engen Zusammenhang zwischen seelischer Verfassung und körperlichem Zustand gab. Ratschläge, die er kranken Freunden brieflich erteilte, lassen auf eine intensive Beschäftigung mit Heilmethoden schließen. Es ging ihm weniger darum, sich selbst zu kurieren, als seine Kenntnisse in der Seelsorge anzuwenden. Er wußte nur zu gut, daß selbst die höchste ärztliche Kunst an natürliche Grenzen stößt, weil jedem Menschen nur eine bestimmte Spanne Zeit gegeben ist, um seine irdischen Aufgaben zu erfüllen. Krankheiten und Schmerz bleiben niemandem erspart.

Obwohl sein Körper zusehends verfiel, zwang Gregor sich mit eisernem Willen, seine Geschäfte weiterzuführen. Doch

Freunden gestand er ein, wie müde er war und daß er sich nach Ruhe sehnte. Dem Patriarchen Eulogius von Alexandria schrieb er 599: „Schon vor einem Jahr habe ich das freundliche Schreiben Eurer Heiligkeit erhalten, konnte aber wegen Heftigkeit meiner Krankheit bis jetzt nicht darauf antworten. Denn ach, schon fast zwei Jahre sind es her, daß ich ans Bett gefesselt bin und so arge Gichtschmerzen leide, daß ich kaum an Festtagen mich für drei Stunden erheben kann, um die Messe zu feiern. Sogleich aber zwingt mich dann der heftige Schmerz, mich wieder niederzulegen, um meine Pein mit Seufzen ertragen zu können. Bisweilen ist der Schmerz mäßig, bisweilen unerträglich, niemals aber so mäßig, daß er verschwindet, nie so unerträglich, daß er den Tod bringt. So bin ich alle Tage am Sterben, so flieht alle Tage der Tod vor mir. Kein Wunder, daß ich schwerer Sünder lange im Gefängnis dieses verweslichen Leibes eingeschlossen bleiben muß. So sehe ich mich gezwungen mit den Worten des Psalms auszurufen: Führe heraus aus dem Gefängnis meine Seele, damit sie deinen Namen preise!“

Um ihn herum lichteten sich die Reihen der Vertrauten. Im März 600 starb in Sevilla sein Herzensfreund Leander. Immer hatte Gregor gehofft, daß es doch noch einmal ein Wiedersehen gäbe, in Rom oder Sevilla. Aber die verworrenen Zeiten gestatteten es ihnen nicht, ihren Posten für längere Zeit zu verlassen und sich den Gefahren einer Reise auszusetzen. „Wie sehr ich danach dürste, Dich zu sehen, kannst Du, weil Du mich ja auch liebst, in Deiner eigenen Herzenskammer lesen ...“, beginnt ein Brief Gregors an Leander im Jahre 595, und endet mit den Worten: „Welch großer Sturm von Geschäften aber über meine Kirche hereingebrochen ist, zeigt die Kürze meines Briefes, da ich mich mit dem so kurz bespreche, den ich mehr als alle liebe.“ Wie unendlich fern schienen die gemeinsamen Tage von Konstantinopel, einer anderen Welt und Zeit zugehörig. Ihre Briefe wurden seltener, weil sie beide schwer an der Last des Alters und ihres Amtes trugen. Im August 599 tröstete Gregor den ebenfalls kranken Freund und schrieb: „Auch ich bin von beständigem und heftigem Schmerz gefoltert.“ Als ihn die Nachricht vom Tod Leanders erreichte, mag er trotz seiner Trauer gelächelt haben: Der Freund war dem Netz des Jägers entronnen und frei. Nun trennte sie nur noch eine kurze Spanne Zeit vom Wiedersehen.

Aus Ravenna kam die Nachricht, Marinianus, der Freund aus Jugendtagen und seit geraumer Zeit Bischof von Ravenna, leide an Bluterbrechen. Sofort konsultierte Gregor die besten Ärzte Roms. Deren Ratschläge übermittelte er Marinianus und bat ihn inständig, er solle noch vor der Sommerzeit nach Rom kommen, „damit ich, soviel ich es vermag, mich selbst der Pflege Deiner Krankheit annehmen und für Deine Ruhe sorgen kann.“

In den vergangenen Jahren hatte er Marinianus wegen dessen nachlässiger Amtsführung oft hart getadelt. Nun schrieb er ihm: „Auch ich bin sehr schwach, und es ist sehr zu wünschen, daß Du mit Gottes Gnade gesund zu Deiner Kirche zurückkehrst oder wenigstens, wenn Du sterben sollst, unter den Händen der Deinigen sterbest. Ich aber, der ich mich dem Tode sehr nahe sehe, möchte unter Deinen Händen hinüberscheiden, wenn der allmächtige Gott mich vor Dir rufen sollte. Sollten aber die Zeitumstände der Reise im Wege stehen, so kann man es bei Agilulf durch eine kleine Erkenntlichkeit dahin bringen, daß er Euch einen seiner Leute nach Rom mitgibt ...“ Marinianus fühlte sich den Strapazen einer Reise nicht gewachsen. Aber er erholte sich von seiner Krankheit und überlebte Gregor um zwei Jahre.

Die Freundin Rusticiana in Konstantinopel schickte nach wie vor Spenden und Geschenke für die Kirche von Rom und berichtete von Krankheit und Sterben gemeinsamer Freunde. Auch sie litt unter der Gicht. Gregor machte sich Sorgen um sie. „Ich fürchte, daß Ihr bei Eurer allzu schwächlichen Konstitution sehr heftige Schmerzen leidet. Denn wo kein Fleisch ist, mit welcher Kraft kann man da den Schmerzen Widerstand leisten? Ihr wißt doch, von welcher Körperbeschaffenheit ich früher gewesen bin, und jetzt setzt mir die Bitterkeit der Seele, der beständige Kummer und außerdem noch die Gicht dergestalt zu, daß mein Körper schon ganz vertrocknet ist, als wäre er im Grabe ... Wenn also durch den ständigen Schmerz das Gewicht meines Körpers so zusammengeschrumpft ist, was wird aus Eurem Leibe, der schon vor diesen Schmerzen allzu dünn gewesen ist?"

Gregor spricht hier von der Bitterkeit seiner Seele und beständigem Kummer, ohne näher darauf einzugehen. Seine Krankheit als Ursache dafür kann er nicht gemeint haben. Die Kranken, so hatte er in seiner „Pastoralregel" geschrieben, sollten Geduld üben und sich um so mehr als Kinder Gottes fühlen, je mehr er sie mit seiner Zuchtrute schlage. Das Bild des leidenden Gottesknechtes Hiob stand ihm immer vor Augen. Ihn quälte anderes. Hatte er genug und hatte er das Rechte getan? Wenn er auf sein Leben zurückblickte, schien ihm alles Vollbrachte vergeblich. Von seinen Schriften, um die man so viel Aufhebens machte, hielt er nicht viel. Unter ständigen Schmerzen, bedrängt von Sorgen, entnervt vom Kriegsgeschrei der Langobarden hatte er grobes, mit Kleie versetztes römisches Brot backen müssen, um den Hunger der leidgeprüften Einwohner zu stillen. Nicht allein aus Bescheidenheit dachte er gering von seinen Schriften. Er kannte die Werke der großen Theologen und Seelsorger der vergangenen Jahrhunderte: die Predigten des Johannes Chrysostomus, das Werk des tiefsinnigen Aurelius Augustinus, die Weite und Tiefe eines Gregor von Nazianz, die Gelehrsamkeit eines Hieronymus ... Wenn er sich mit ihnen verglich, zweifelte er, ob seine armseligen Worte den Menschen einen Blick auf die Herrlichkeit des Gottesreiches hatten öffnen können. Einem kaiserlichen Beamten in Nordafrika, der um eine Erklärung zu den „Moralia in Job“ bat, schrieb er: „Allein, wenn Ihr Euch mit vorzüglicher Speise sättigen wollt, so leset die Werke des Augustinus, Eures Landsmannes. Gewiß werdet Ihr dann nach so reinem Weizen nach meinen Kleien nicht mehr verlangen.“ Seinem Freund, dem Bischof Marinianus, verbot er rundweg, seine Predigten und Schriften in Ravenna öffentlich zu verlesen.

Ein Leben lang hatte sich Gregor nach der Schau Gottes verzehrt. Er hatte ihn gesucht in seiner Zelle am Caelius und im Dienst an den Menschen. Doch nun, da sich sein Leben dem Ende zuneigte, zerrann ihm alles zwischen den Händen. Der so mühsam errungene Frieden mit den Langobarden stand auf tönernen Füßen, die Lüge regierte allerorten, der Starke triumphierte über den Schwachen, Gewalt über Gerechtigkeit. Er hatte nichts bewirkt, und Gott verbarg sich vor ihm.

In einer Predigt hatte er einst gesagt, der ungläubige Thomas, der an der Auferstehung des Herrn gezweifelt hatte, habe mehr zur Bestärkung des Glaubens beigetragen als der Glaube der Jünger. Der Zweifel prüft den Glauben und läutert ihn, wie Silber geläutert wird durch Feuer und Wasser. In schwerster Bedrängnis hatte er, Gregor, den Mächtigen die Stirn geboten, den Armen beigestanden und das Kreuz auf sich genommen. Wenn er schwach zu werden drohte, hatte er sich mit dem Wort des Apostels Paulus ermutigt: „In meiner Schwachheit bin ich stark.“ Aber wer konnte sich in seinen Mannesjahren schon vorstellen, welche Prüfungen das Alter in seiner Hinfälligkeit bereithielt? Selbst das Gebet wurde kraftlos, die Gedanken schweiften ab, verloren sich. Nun verstand Gregor, warum sein großes Vorbild Augustinus von Hippo sich während seiner letzten Krankheit die Bußpsalmen mit großen Buchstaben hatte aufschreiben und an der Wand befestigen lassen, so daß er sie von seinem Bett aus sehen und lesen konnte. „Und er vergoß ununterbrochen heiße Tränen", berichtete sein Freund und Biograph Possidius.

Am Tage gelang es Gregor meist, sich auf die anstehenden Aufgaben zu konzentrieren. Wenn er nicht aufstehen konnte, empfing er Besucher, Sekretäre und Boten an seinem Lager. Selbst die Sängerknaben von der nahen Schule ließ er zu sich kommen, um ihre Fähigkeiten zu prüfen. Dann glättete oft ein Lächeln sein durchfurchtes Gesicht. „Er ist ein Heiliger", sagten die Römer, „Gott möge ihn uns noch lange erhalten."

Doch wo das Heilige sich zeigt, ist auch der Teufel zur Stelle. In den langen schmerzdurchtosten Nächten, wenn der Wille nichts mehr über den Körper vermochte, überfielen Dämonen den wehrlosen Kranken und versuchten ihn: War sein Tun nicht fruchtlos geblieben, sein Glaube nicht eine Chimäre? Was er gesagt und getan hatte, kehrte sich nun gegen ihn und vermehrte seine Schmerzen. Konnte nicht alles – ganz anders sein? Die Heilige Schrift von Menschen ersonnen, um sich vor dem Absturz in die kalte Öde des Weltalls hinwegzutäuschen? Wenn es Gott gab – warum quälte er die Welt mit Kriegen, Seuchen, Naturkatastrophen, mit dummen und böswilligen Menschen, deren Herzen keiner Liebe zugänglich waren? Warum erlaubte er dem Satan, die Welt zu regieren? Auf diese Fragen hatte er in seinen Predigten und Schriften Antworten gesucht und gegeben, doch während der nächtlichen Anfechtungen überzeugten sie ihn nicht mehr.

Warum diese Todesangst, wenn er den Tod doch als Befreier erwartete?

Er sah Jesus von Furcht geschüttelt am Ölberg knien, hörte ihn flehen, der Kelch des Leidens möge ihm erspart bleiben, hörte ihn am Kreuz stöhnen, warum Gott ihn verlassen habe.

War das Tun des Nazareners vergeblich gewesen und seine Lehre ins Nichts gefallen? Die ihm einst zugejubelt hatten, verhöhnten und verrieten ihn. Seine Auferstehung von den Toten eine Lüge? Alle Verkündigung leer?

Dann wieder zog die unendliche Schar von Märtyrern der vergangenen Jahrhunderte bis heute an ihm vorbei – Männer, Frauen und Kinder, Sklaven, Gelehrte, Patrizier –, die lieber in den Tod gegangen waren, als den Glauben an den Auferstandenen zu verleugnen. Waren all diese gotterfüllten, tapferen Menschen Opfer einer Täuschung gewesen? Niemals! Auch er, Gregor, hätte um den Preis seines Lebens die Wahrheit des lebendigen Gottes bezeugt, wenn es erforderlich gewesen wäre. Er hatte es doch gesehen, das aufstrahlende Licht aus der Höhe. Aber jetzt war es nur noch dunkel um ihn, und er verfaulte bei lebendigem Leibe.

Wieder und wieder las er den Brief des Apostels Jakobus: „Seid voll Freude meine Brüder, wenn ihr in mancherlei Versuchungen geratet! Ihr wißt, daß die Prüfung eures Glaubens Ausdauer bewirkt. Die Ausdauer aber soll zu einem vollendeten Werk führen; denn so werdet ihr vollendet und untadelig sein; es wird euch nichts mehr fehlen." Dann stöhnte er wohl so manches Mal: „Herr, ich glaube. Hilf meinem Unglauben."

Nur der Freund Peter ahnte etwas von den nächtlichen Kämpfen Gregors. Die ihn lange nicht gesehen hatten, erschraken über das erdfahle Gesicht und die zerbrechliche Gestalt, die nur noch ein Schatten ihrer selbst war. Seine engsten Freunde bat er, sie sollten dafür beten, daß Gott ihn bald erlöse.

Mit Theoktista, der Schwester des Kaisers, wechselte er nach wie vor Briefe. In seiner Vorstellung war sie jung und schön wie bei ihrer letzten Begegnung. Die Lage am Hof in Konstantinopel schien undurchsichtiger denn je. Jeder intrigierte gegen jeden. Rusticiana berichtete ebenso davon wie päpstliche Abgesandte und griechische Pilger. Als man Gregor zutrug, Theoktista leide schwer unter Verleumdungen, die sie bezichtigten, irrigen Glaubenslehren anzuhängen, ließ er alle anderen Verpflichtungen ruhen und schrieb ihr sofort einen Brief, den er durch offizielle Boten überbringen ließ. Diesmal sollte auch von anderen gelesen werden, was er Theoktista mitzuteilen hatte. Er begann mit einem Kompliment für die Freundin: „Wir müssen dem allmächtigen Gott großen Dank sagen, daß die allerfrömmsten und allergnädigsten Kaiser Blutsverwandte in ihrer Nähe haben, mit denen zu verkehren uns allen große Freude macht. Darum müssen wir auch beständig für diese unsere Gebieter beten, daß ihr Leben samt dem ihrer Angehörigen durch den Schutz der himmlischen Gnade lange und friedliche Zeiten erhalten werde." Theoktista solle sich nicht durch Menschenworte beunruhigen lassen, sondern den Verleumdern fest entgegentreten. Er erinnerte sie daran, wie viele ihn während seiner Zeit als Apokrisiar in Konstantinopel um Hilfe gebeten hatten, weil man sie ketzerischer Äußerungen verdächtigte. „Aber ich bezeuge auf mein Gewissen, nie fand ich an ihnen einen Irrtum, irgendeine falsche Lehre, irgend etwas von dem, dessen sie beschuldigt wurden." Es gäbe eben in Konstantinopel sehr verketzerungssüchtige Leute. Mit Beispielen aus der Bibel widerlegte er ausführlich die Theoktista unterstellten Ketzereien und schloß mit den Worten: „Große Liebe trieb mich dazu, Euch dies zu sagen. Denn wenn Ihr Freude habt, so scheint mir dies mein Gewinn, wenn Ihr Trauer habt, mein Verlust zu sein. Der allmächtige Gott beschütze Euch durch seine himmlische Gnade; er erhalte die Frömmigkeit unseres Kaisers und die Milde unserer allerfrömmsten Kaiserin und verlängere Euer Leben zum Wohle der kleinen kaiserlichen Prinzen."

Ahnte Gregor, welch grausames Schicksal Theoktista und ihre Familie erwartete? Ein probates Mittel, sich unliebsamer Personen zu entledigen, bestand zu allen Zeiten darin, ihnen den rechten Glauben oder die rechte Gesinnung abzusprechen. Zuerst weckt man Zweifel an ihnen, dann drängt man sie in die Verteidigung, unterstellt ihnen, das Volk verderben zu wollen, um sie schließlich unter dem Beifall der Menge moralisch und schließlich sogar physisch zu vernichten.

Noch trafen die Angriffe nicht den Kaiser selbst, doch sie meinten ihn. Theoktista war seine Schwester und die Erzieherin der vier jungen Prinzen, die einmal das Reich gemeinsam regieren sollten. Maurikios, der einst so erfolgreiche Feldherr, hatte in den neunzehn Jahren seiner Herrschaft an Popularität verloren. Die Kriege gegen die Perser und Awaren kosteten viel Geld. Das zwang den Kaiser zu äußerster Sparsamkeit in der Haushaltsführung. Schon einmal hatte seine Bekanntmachung, die Löhne der Soldaten an der persischen Front um ein Viertel zu kürzen, zu Aufständen geführt. 599 weigerte er sich mit dem Hinweis auf leere Kassen, zwölftausend Gefangene von den Awaren freizukaufen. Daraufhin töteten die Awaren alle Gefangenen. Die Unruhe im Volk und der Haß gegen Maurikios nahmen zu. Doch der Kaiser mißachtete alle Zeichen. Er verkannte die Lage gründlich, als er im Herbst 602 die Truppen auf dem Balkan zu einer neuen Offensive drängte, statt sie in die Winterquartiere zurückkehren zu lassen. Warnungen und Mahnungen blieb er unzugänglich. An ihm bewahrheitete sich das alte Sprichwort: Wen Jupiter verderben will, den macht er zuvor blind.

Ein Centurio namens Phokas, ein grober, ungehobelter Mann, führte die meuternden Truppen nach Konstantinopel. Als sie sich der Stadt näherten, brach dort ein Aufstand aus, angeführt von der Zirkuspartei der „Grünen“ und unterstützt von Teilen des Senats. Die „Grünen“ öffneten die Stadttore, und Phokas zog triumphierend in die Hauptstadt ein. Die kaiserliche Familie suchte ihr Heil in der Flucht, doch sie kam nicht weit. Kaiser Maurikios wurde gezwungen, der Ermordung seiner Söhne zuzuschauen, ehe er selbst getötet wurde. Die Kaiserin, ihre drei Töchter und wahrscheinlich auch Theoktista hielt man in einem Kloster gefangen, bis man sie drei Jahre später hinrichtete. Ein grausames Szenario, nicht zum ersten und zum letzten Mal in der Geschichte aufgeführt. Der Hauptmann Phokas ließ sich am 23. November 602 vom Patriarchen zum Kaiser krönen.

Zu dieser Zeit residierte kein Gesandter des Papstes in Konstantinopel. Die Nachricht von der Thronbesteigung des Phokas traf Ende April 603 in Rom ein. Von Gregor, der als Papst den neuen Kaiser zu beglückwünschen und ihn seiner Loyalität zu versichern hatte, existieren zwei Briefe an Phokas, deren Inhalt und Stil befremden, weil sie so gar nicht zu Gregor passen. In dem Glückwunschschreiben vom Sommer 603 heißt es: „Ehre sei Gott in der Höhe, welcher, wie geschrieben steht, die Zeiten ändert und auf andere überträgt. Die ganze Welt hat erfahren, wie wahr es ist, was der Herr durch seinen Propheten spricht: ‚Der Allerhöchste herrscht im Reich der Menschen und gibt dasselbe, wem er will.' Denn nach der unbegreiflichen Anordnung des allmächtigen Gottes wechseln die Geschicke im sterblichen Leben und bisweilen, wenn die Sünden vieler Bestrafung fordern, wird einer erhöht, durch dessen Härte die Nacken der Untertanen unter das Joch der Trübsal gebeugt wird, was wir längere Zeit zu unserem Schmerze erfahren haben. Bisweilen aber beschließt der barmherzige Gott, die Herzen vieler mit seinem Trost zu erquicken, und befördert einen zur obersten Leitung, durch dessen erbarmungsreiches Herz er in alle Seelen gnadenvolle Wonne ergießt."

Das ist, bei aller gebotenen Diplomatie, nicht Gregors Stil. Wir wissen nicht, in welchem Zustand Gregor sich befand, als die Nachricht aus Konstantinopel eintraf, und ob er wirklich wußte, was sich dort abgespielt hatte. Gewiß, Maurikios hatte ihm das Leben schwergemacht, die Verbindung zwischen ihnen war in den letzten Jahren abgebrochen, aber niemals hätte Gregor den gemeinen und grausamen Mord an dem Kaiser und seinen vier jungen Söhnen gutgeheißen.

Der neunzehnjährige Theodosius, der Mitregent des Kaisers, war sein Patenkind, die Kaiserin Constantia und vor allem Theoktista standen ihm sehr nah. Wie hätte Gregor von einem „erbarmungsreichen Herzen" des Phokas sprechen können, wenn ihm die Umstände der Machtübernahme bewußt gewesen wären! Sein Charakter, sein ganzes Leben sprechen gegen diesen Brief. Vielleicht lag er, neun Monate vor seinem Tod, so schwerkrank darnieder, daß sein Name unter einem Brief stand, den ein anderer geschrieben hatte? Ein zweites, von Gregor unterzeichnetes Schreiben an Phokas kündigt die Entsendung des Diakons Bonifatius als Apokrisiar nach Konstantinopel an.

Auch in Rom bereitete man sich seit einiger Zeit und zunehmend ungeduldiger auf einen Wechsel vor. Den Kandidaten für das Papstamt lag viel daran, sich in gutes Einvernehmen mit dem neuen Kaiser zu setzen. Nicht jeder in der römischen Kirche hatte die klare Sprache Gregors gegenüber Kaiser Maurikios gutgeheißen. Vor allem aber waren die weltlichen Priester, die klerikale Partei, Gregors Regierung müde. Zu deren innerem Kreis gehörten ausschließlich Mönche oder Männer mit asketischer Lebenseinstellung. Die päpstliche Hausgemeinschaft im Lateran lebte das klösterliche Ideal von Keuschheit, Gehorsam und Armut. Alles zur Ehre Gottes und nichts zu eigenem Vorteil! Ein Leben in der Nachfolge Christi, absolute Ehrlichkeit, Gerechtigkeitssinn verbunden mit Barmherzigkeit, Hingabe und Menschenkenntnis verlangte Gregor von den Männern im Dienst der Kirche. Außerdem sollten sie gediegene Kenntnisse in Verwaltung und Wirtschaft besitzen, denn nur so ließen sich Korruption und Mißwirtschaft eindämmen. Immer wieder hatte Gregor in Briefen an die Bischöfe, aber auch an weltliche Beamte, das Streben nach Ämtern um des Ruhmes und Besitzes willen angeprangert. An diesen strengen Maßstäben, die er selber befolgte und in seinem Geltungsbereich auch weitgehend durchsetzen konnte, stießen sich viele Kleriker. Als die Not der neunziger Jahre, verursacht durch Überschwemmungen, die Pest und die Angriffe der Langobarden, dank Gregors geschickter Regierung ein wenig nachgelassen hatte, machte sich wieder Sorglosigkeit breit. Immer vernehmlicher wurden Stimmen, die Gregors Haltung gegenüber Konstantinopel für starrsinnig, die Strenge in der Verwaltung und seine großzügige Armenfürsorge für übertrieben hielten. Ämter sollten nicht nur Pflichten bringen, sondern auch Ehren in der Welt und finanzielle Vorteile. Eine neue Generation sehnte sich nach mehr Leichtigkeit. Sie wartete auf ihre Zeit nach Gregors Tod.

Der Tod war Gregor seit langem vertraut. So viele Menschen hatte er sterben sehen, unter Qualen oder friedlich. Wie oft hatte er selbst an der Schwelle des Todes gestanden! Mit der Welt verband ihn schon lange nichts mehr. Sie lärmte, sie tat sich wichtig, sie suchte in Gewalt und Ehrsucht ihr Heil. Wie das Gras waren die Menschen, das am Morgen blühte und am Nachmittag unter der Sense des Schnitters welkte. Immer flehentlicher wurden seine Bitten, endlich ausruhen zu dürfen. Im Februar 603 schrieb er an Rusticiana: „Seufzend und so sehr mit Aufgaben überladen, daß ich bedauere, bis zum heutigen Tag zu leben, ist mein ganzer Trost die Erwartung des Todes." Einen Priester bat er: „Bete noch inständiger, daß die Hand des Allmächtigen mich dem Meer des gegenwärtigen Lebens entreiße und am Ufer des ewigen Lebens ruhen lasse." Seit Jahren ans Bett gefesselt, zwischen Bewußtlosigkeit und schmerzgepeinigter Wachheit, ließ ihn die Sorge um das Schicksal der ihm Anvertrauten nicht los. In den „Dialogen" hatte er geschrieben: „Bisweilen sehen die Seelen durch ihre natürliche Feinheit etwas voraus. Bisweilen aber erkennen die vom Leibe scheidenden Seelen durch Offenbarung das Zukünftige. Bisweilen richten sie auch, wenn sie daran sind, den Leib zu verlassen, durch göttliche Einwirkung das unkörperliche Geistesauge auf die Geheimnisse des Himmels."

Gregor konnte nicht wissen, daß sich in Mekka ein dreißigjähriger Händler namens Mohammed auf seine Mission vorbereitete. Aber er wußte, wie sehr das Christentum in Nordafrika und Kleinasien durch widerstreitende Lehrmeinungen und Machtkämpfe innerlich geschwächt war. Er mußte nicht mehr erleben, wie sich zu den Angriffen der Langobarden aus dem Norden die der muslimischen Araber aus dem Süden gesellten und schon innerhalb der nächsten Jahrzehnte ganz Nordafrika, Palästina und große Teile Kleinasiens aus dem Römischen Reich herausbrachen, die altehrwürdigen Patriarchate von Alexandria, Jerusalem und Antiochia zerstört und die Christen vertrieben wurden. Gregor mag geahnt haben, daß der Christenheit und dem Römischen Reich neue, noch schwerere Prüfungen bevorstanden.

Der Winter von 603 auf 604 war überaus hart. Die Kälte kroch durch die Ritzen des Mauerwerks und ließ sich auch durch eine Vielzahl von Feuerpfannen nicht aus den Räumen vertreiben. Gregor, von Decken und Fellen umhüllt, fror unsäglich. Dem Freund Peter bekannte er: „Ich sehne mich nach dem Jenseits, das nicht den Winter dieser Erde, die fremdes Land ist, kennt. Hier unten ist nicht das wahre Leben, es ist nur ein Schatten."

In den letzten Tagen hoben sich die Schatten. Die Stimme der Mutter rief ihn wie einst den Knaben. Durch den Duft von Zitronenblüten ritt er über die fruchtbaren Felder Siziliens. Das Marmarameer schimmerte golden, und er spürte Theoktistas und Leanders Nähe. Aus seiner Klosterzelle am Caelius trat er unter den weiten Sternenhimmel. Ein Licht strahlte auf in der Höhe und darin ein Antlitz: tiefvertraut, heil, unverweslich, ewig.

Am 11. März 604 starb Gregor. Einen Tag später wurde er im Atrium der Peterskirche beigesetzt. Wehklagend folgten die Römer dem Sarg. Vor allem die Armen betrauerten ihn. Noch wußten sie, was sie ihm verdankten. Mit ihm sank ein Römer alten Schlages ins Grab. Ein Konsul in des Wortes tiefster Bedeutung: ein Berater des Volkes, erleuchtet vom Licht der Wahrheit. Und so schrieben ihm die Römer auf den Grabstein:

Empfange, o Erde, den Körper, gebildet aus deinem Schoß,
um ihn wiederherzustellen, wenn Gott ihn beseelt;
sein Geist steige auf in den Himmel,
die Gesetze des Todes können ihm nichts anhaben,
weil der Tod für ihn der Übergang in ein anderes Leben ist.
Dieses Grab enthält die Gebeine eines großartigen Papstes,
der wo auch immer überlebt durch seine großen Werke.
Er besiegte den Hunger mit Nahrung, die Kälte mit Kleidung,
und mit göttlicher Lehre beschützte er die Seelen vor dem Feind.
Er bekräftigte mit Taten, was er mit Worten lehrte,
ein lebendiges Beispiel seiner mystischen Lehre.
Mit weiser Liebe bekehrte er die Angeln zu Christus
und erwarb dem Glauben Scharen eines neuen Volkes.
Darauf war deine Mühe gerichtet, deine Liebe,
deine Hingabe als Hirt,
um dem Herrn der Herde reiche Gaben dazubieten.
Nun, Konsul Gottes geworden,
erfreue dich dieser Triumphe,
denn ohne Ende wirst du die Frucht deiner Mühen genießen.

Zum Nachfolger auf dem Stuhl Petri wurde der Diakon und Apokrisiar Sabinian gewählt. Einst Gregors Vertrauter, hatte er sich erst insgeheim und dann offen auf die Seite von dessen Gegnern geschlagen. Es sollte endlich Schluß sein mit der strengen Herrschaft jener, die aus der Kirche ein Kloster machten. Sabinian berief anstelle der Mönche Weltpriester zu sich in den Lateran. Geschmeidiger im Umgang mit der

Welt, würden sie dem Stuhl Petri mehr Glanz und Ansehen verleihen. Der lange mühsame Weg auf der klerikalen Karriereleiter mußte sich wieder lohnen. Nun meldeten sich all jene zu Wort, die dem Aristokraten Gregor die Beliebtheit im Volk geneidet, den Dissens mit dem Kaiser verübelt und seine Bescheidenheit als unzumutbar abgelehnt hatten. Die hohen Ansprüche des verstorbenen Papstes an sich selbst und die Kirche empfanden sie als nicht mehr zeitgemäß.

Als wenige Monate nach Gregors Tod eine Hungersnot in Rom ausbrach, verbreiteten sie das Gerücht, Gregor habe den Kirchenschatz verschleudert, deshalb müßten die Armen jetzt hungern. Ein aufgebrachter Pöbel sei daraufhin, so berichtet es eine Biographie Gregors aus dem neunten Jahrhundert, vor den Lateran gezogen. Irgend jemand hatte den Anführern eingeredet, man könne sich am besten an Gregor rächen, indem man seine Schriften verbrenne. Der Weg zur Bibliothek war schnell gefunden, ein Feuer rasch entzündet, und schon trug man johlend die ersten Bücher auf den Platz. In diesem Augenblick trat Peter, der Diakon und Freund Gregors, unter die aufgehetzte Menge. Überrascht wich sie vor dem ehrwürdigen Greis zurück, und die eintretende Stille bot ihm Gelegenheit, zu ihnen zu sprechen. Peter verlor keine Zeit damit zu beteuern, der verstorbene Papst sei unschuldig an der derzeitigen Lage und habe doch zeitlebens für die Armen gesorgt. Sie sollten von dem unnützen Tun ablassen, beschwor er sie, denn Abschriften dieser Bücher seien bereits in der ganzen Welt verbreitet. Mehr noch, sie machten sich eines Sakrilegs mit möglicherweise schrecklichen Folgen schuldig. Er, Peter, habe mit eigenen Augen über dem Haupt Gregors den Heiligen Geist in Gestalt einer Taube gesehen, der dem Papst diktiert habe, was in diesen Büchern aufgeschrieben sei. Bei seinem Leben hatte er dem Heiligen Vater Gregor versprechen müssen, nichts davon zu erzählen. Nun aber breche er sein Versprechen, um sie vor dem unerhörten Frevel der Bücherverbrennung zu bewahren.

„Fromme Sprüche, Lügen!" tönte es aus der Menge. Auch Peter als enger Freund Gregors sei schuld an ihrer Misere. Drohend rückten sie gegen den Diakon vor. Peter wich nicht von der Stelle, bereit zum äußersten Freundesdienst. Ob sie von ihrem gotteslästerlichen Tun abließen, wenn er auf das Evangelium schwöre, die Wahrheit gesagt zu haben, und danach tot umfalle, fragte er. Bliebe er aber am Leben, so könne man die Bücher verbrennen.

Betroffenes Schweigen folgte seinen Worten, die ersten machten sich davon. Doch dann verlangten einige, man solle verfahren, wie es der Diakon vorgeschlagen habe. Eine Bibel wurde herbeigeschafft. Noch einmal pries Peter eindringlich Gregors Gerechtigkeit und Heiligkeit. Endlich bekräftigte er mit einem Schwur auf die Bibel, daß er den Heiligen Geist über Gregor habe schweben sehen, während er seine Schriften verfaßte. Aufgewühlt und erschöpft von der Aufregung fiel der Greis leblos zu Boden. Entsetzt flohen die Menschen, die Bücher hinter sich lassend.

Papst Sabinian war kein Glück beschieden. Der Krieg mit den Langobarden brach erneut aus, die Hungersnot verschärfte sich. Bald beschuldigte man Sabinian, sich an der Not des Volkes zu bereichern, weil er das Korn aus den päpstlichen Speichern verkaufte, statt es wie bisher unentgeltlich an die Armen zu verteilen. Das Volk erinnerte sich nun wieder dankbar an Gregors Regierung. Als Sabinian nach nur zweijährigem Pontifikat starb, erzählte man sich, Gregors Geist sei seinem Nachfolger erschienen und habe ihm vorgeworfen, daß er schlecht regiere und kein Herz für die Armen habe. Diese Erscheinung habe ihn zu Tode erschreckt. Der Leichenzug mußte einen weiten Umweg nach Sankt Peter nehmen, um den Mißfallenskundgebungen des Volkes zu entgehen.

Epilog

Der Theologe Isidor von Sevilla (560–636) schrieb über den Freund seines Bruders Leander: „Papst Gregor war voll Gottesfurcht, der allererste an Demut und durch die Gnade des Heiligen Geistes mit einem so großen Licht der Wissenschaft ausgestattet, daß ihm nicht nur in der Gegenwart, sondern auch in den vergangenen Zeiten keiner der Gelehrten gleichkam.“ Liebe neigt gelegentlich zu Übertreibungen, aber nicht zur Unwahrheit. Seit Leo dem Großen (400–461) hatte kein Papst mehr sein Amt so beherzt ausgeübt wie Gregor. Menschliche Größe, theologischer Tiefgang, politisches Geschick erhoben ihn weit über sein Jahrhundert. Papst Leo lebte zu einer Zeit, da sich die Wende vom heidnischen zum christlichen Rom vollzog, während Gregor den Untergang des römischen Imperiums, ob heidnisch oder christlich, unmittelbar vor Augen hatte. Gleich dem altrömischen Gott Janus, der mit seinem Doppelgesicht den Anfang und das Ende, den Eingang und den Ausgang symbolisiert, schaute Gregor zurück in die Antike, aus der er kam, und zugleich nach vorn in das Mittelalter, dessen künftiger Glanz sich noch im Dunkel verbarg. Er ging durch ein Niemandsland des Nicht mehr und Noch nicht, über schwankenden Boden voller unbekannter Gefahren. Gregor, und mit ihm seine Zeitgenossen, lebte in der Erwartung des unmittelbar bevorstehenden Weltendes und des Jüngsten Gerichts. Weit davon entfernt, in Panik zu verfallen und Ängste zu beschwören, machte er sich und anderen Mut zu verantwortlichem Leben und Handeln. Er hielt sich nicht bei Klagen und Zustandsbeschreibungen auf. Unermüdlich verkündete er einen gerechten und barmherzigen Gott, der den reuigen Sünder liebevoll in die Arme nimmt und den hartgesottenen Frevler an sich selbst zugrunde gehen läßt. Gemäß der Aufforderung des Apostels Paulus „Prüft alles, und das Gute behaltet" bewahrte Gregor die geistigen Schätze der Vergangenheit durch das, was er tat und wie er es tat und sorgte so für eine unbekannte Zukunft. Er hinterließ keine Bauwerke, er gewann keine Schlachten, bestach nicht durch glänzende Rhetorik. Und doch erkannte ihm das Volk in dem sicheren Gefühl für wirkliche Größe den Beinamen „der Große" zu.

Die Nachwelt, mit sich selbst beschäftigt, vergaß ihn. Die Agonie des einst mächtigen römischen Imperiums währte lange und qualvoll und schien die christliche Kirche in den Untergang mitzureißen. Auch Spanien überrannten die muslimischen Heere. Zu den immer dreister werdenden Langobarden gesellten sich an den Küsten die kriegerischen Sarazenen, die staatliche Ordnungsmacht zerfiel weiter, und die Päpste waren zu schwach, dem Verfall Einhalt zu gebieten. Jeder kämpfte gegen jeden und sah, wo er blieb, auch innerhalb der Kirche.

Noch zweihundert Jahre schlimmster Heimsuchungen vergingen, bis auch die letzten Reste antiker Staatsordnung aus der Erinnerung der Menschen geschwunden waren. Als Rom den tiefsten Punkt des Niedergangs erreicht hatte, begann mit den Franken und Karl dem Großen der Aufstieg Europas – von den Fundamenten aus, die Gregor gelegt hatte.

Nichts geht verloren, was einmal an Gutem gedacht, gesagt und getan wurde. Es scheint nur in Vergessenheit zu geraten, in Wirklichkeit aber fließt es wie ein unterirdischer Strom durch die Zeiten und tritt wieder an die Oberfläche, wenn es gebraucht wird. Hundert Jahre nach Gregors Tod erinnerte ein unbekannter Mönch in seiner Vita des englischen Klosters Withby an den römischen Papst; der angelsächsische Gelehrte Beda Venerabilis nahm den Faden auf und verfaßte innerhalb seiner „Kirchengeschichte der Engländer" einen kurzen Lebensabriß Gregors. Noch einmal ein halbes Jahrhundert später stellte der langobardische Mönch Paulus Diaconus im Kloster Montecassino eine Biographie des Papstes aus Überlieferungen und literarischen Quellen zusammen.

In Gregors Vaterstadt, der Stätte seines Wirkens, wußte man von ihm offiziell so gut wie nichts mehr. Die mönchische Einfachheit und die entschiedene Amtsführung mag seinen unmittelbaren Nachfolgern eher abschreckend als vorbildlich erschienen sein, und sie sahen keinen Grund, die Erinnerung an ihn über den Ritus des Totengedenkens hinaus wachzuhalten. Erst Papst Johannes VIII. (872–882) fiel auf, daß man in den Gottesdiensten der Kirche am Gedenktag von Papst Gregor, dem 12. März, einen Text aus dem dritten Kapitel seiner „Dialoge" über den Bischof Paulinus von Nola als das Beispiel eines echten Hirten der Nächstenliebe vortrug, statt Gregors Leben selbst zu würdigen. Ob es denn keine römische Vita des Heiligen gebe? Der Papst beauftragte den römischen Diakon Johannes, sich mit Gregor zu beschäftigen und eine Vita zu erstellen. Johannes griff dabei auf die englischen und langobardischen Quellen zurück und reicherte sie mit Dokumenten aus dem päpstlichen Archiv und Auszügen aus Gregors Schriften an. So kehrte Gregor aus England, wo sein Andenken nie erloschen war, über die Langobarden, denen er die Hand gereicht hatte, nach Rom zurück. 1295 ernannte ihn Papst Bonifaz VIII. neben Augustinus, Ambrosius und Hieronymus zum Kirchenlehrer.

Im heutigen Stadtbild Roms erinnert kaum noch etwas an den Mann, der am Ausgang der Antike nachhaltig das Schicksal dieser Stadt und des abendländischen Christentums beeinflußte. Die Kirchen, in denen er gepredigt hat, sind von den Jahrhunderten baulich überformt worden, verschwunden oder, wie die Peterskirche, neu erbaut. Das von ihm gegründete Kloster auf dem Anwesen seiner Eltern am Abhang des Monte Celio existiert nicht mehr. Die Gebäude auf dem Forum Romanum, den Kaiserforen und dem Palatin, die er durchschritt, sind längst zerfallen. Einzig die Phokas-Säule läßt an das seltsame Schreiben Gregors zur Inthronisation des Usurpators denken. Die sterblichen Überreste des großen Papstes wurden nach dem Bau der neuen Peterskirche in das linke Seitenschiff neben der Sakristei überführt. Vor seinem Grab mit der schlichten Inschrift „S. Gregorius Magnus PM" bleibt selten jemand stehen.

Und dennoch ist er gegenwärtig. Kann man es einen Zufall nennen, daß Mutter Teresas Missionarinnen der Nächstenliebe ihren römischen Sitz auf dem Anwesen von Gregors Kloster haben, ebenso wie der nach der benediktinischen Regel lebende Eremiten-Orden der Kamaldulenser? In den großen Buchhandlungen Roms liegt eine Neuauflage der „Dialoge" in italienischer Übersetzung aus und – wird gekauft. In vielen Kirchen Europas finden sich Darstellungen Gregors als einem der vier lateinischen Kirchenväter, feiern Menschen des einundzwanzigsten Jahrhunderts eine Liturgie, deren Grundlagen Gregor gelegt hat, sprechen Gebete, die er verfaßt hat. Doch bedeutsamer als diese erkennbaren Zeugnisse eines fernen Lebens ist seine geistige Ausstrahlung bis in unsere Tage: eine Geisteshaltung, aus der Europa geworden ist und die trotz aller Unkenrufe über den alten sterbensmüden Kontinent weiterwirkt. In jeder Generation beziehen Menschen aus dem Evangelium Kraft und Hoffnung. Inmitten von Hedonismus, Bedrohungen durch den Terrorismus, einem Wirrwarr von Völkerschaften, Ideologien und Religionen, arroganter Modernität und künstlich geschürten Angstszenarien behalten sie einen kühlen Kopf und konzentrieren sich in ihrem Tun auf das Wesentliche. Sie treiben nicht haltlos im Wind des Zeitgeistes dahin, sondern wachsen, im Erdreich der Geschichte verwurzelt, über sich selbst hinaus und tragen reiche Früchte. Sie drängen sich nicht an die Futterkrippe und an die Rampe medialer Öffentlichkeit, sondern tun unbekümmert um Lob und Tadel das Notwendige.

Gregors jetziger Nachfolger auf dem Stuhl Petri, Papst Benedikt XVI., nimmt dessen oft verwendetes Bild vom Leben als einer Fahrt in einem löchrigen Boot auf wild bewegter See auf, wenn er in der Enzyklika „Spe salvi“ (Durch Hoffnung gerettet) schreibt: „Menschliches Leben bedeutet Unterwegssein. Zu welchem Ziel? Wie finden wir die Straße des Lebens? Es scheint wie eine Fahrt auf dem oft dunklen und stürmischen Meer der Geschichte, in der wir Ausschau halten nach den Gestirnen, die uns den Weg zeigen. Die wahren Sternbilder unseres Lebens sind die Menschen, die recht zu leben wußten. Sie sind Lichter der Hoffnung.“ Gregor gehört zu ihnen.

Namensverzeichnis

Zeittafel

330	Kaiser Konstantin verlegt seinen Regierungssitz von Rom nach Konstantinopel
476	Absetzung des letzten weströmischen Kaisers Romulus Augustulus
476–493	Herrschaft des Ostgoten Odoaker über Italien
493–526	Herrschaft des Ostgoten Theoderich über Italien
496	Franken nehmen den katholischen Glauben an
507–711	Reich der Westgoten in Spanien
524	23.10.: Hinrichtung des Aniciers Boethius
527–565	Kaiser Justinian herrscht in Konstantinopel
529	Benedikt gründet das Kloster Monte Cassino
535–553	Gotenkriege in Italien
537	Vollendung der Hagia Sophia in Konstantinopel
um 540	**Gregor Anicius geboren**
um 547	Tod des Mönchsvaters Benedikt
551	Narses kommt nach Italien
560–616	Ethelbert, König von Kent
565–578	Kaiser Justinus II.
568	Langobarden fallen in Italien ein
570–632	Mohammed
um 573	**Gregor Stadtpräfekt von Rom**
574–578	**Gregor gründet das Kloster St. Andreas auf dem Celio und wird dort Mönch**
578–582	Kaiser Tiberios I.
579	**Weihe Gregors zum Diakon**
580–586	**Gregor als päpstlicher Gesandter in Konstantinopel**
	Predigten zum Buch Hiob
580	Cassiodor stirbt im Kloster Vivarium
582–602	Kaiser Maurikios
586	**Rückkehr Gregors nach Rom ins Kloster, Berater des Papstes Pelagius II.**
586–601	Reccared, König der Westgoten
589	Westgoten übernehmen katholischen Glauben
589/590	**Tiberüberschwemmung und Pest in Rom**
590	**7.2.: Papst Pelagius II. stirbt an der Pest**

590	**3.9.: Gregor wird in der Peterskirche zum Papst geweiht**
590/91	**Predigten zu den Evangelien**
591	**„Pastoralregel“**
593	**Predigten zum Buch Ezechiel** **Langobarden belagern Rom** **Gregor schließt separaten Waffenstillstand mit den Langobarden**
593/94	**„Dialoge“**
596	**Entsendung von Missionaren zu den Angelsachsen**
602–610	Kaiser Phokas
603	katholische Taufe des langobardischen Thronfolgers Adaloald; Waffenstillstand Ostroms mit den Langobarden
604	**11.3.: Tod Gregors**

Literaturangaben (Auswahl)

Werke Gregors:

„Dialoge", 1873, übersetzt von Theodor Kranzfelder

„Ausgewählte Briefe", 1874, übersetzt von Theodor Kranzfelder

„Regula Pastoralis", 1986, übertragen von Georg Kubis

„Homilien zu Ezechiel", 1983, übertragen von Georg Bürke SJ

„Evangelienhomilien", 1997, übertragen von Michael Fiedrowicz

„Von der Sehnsucht der Kirche", 1995, ausgewählt und übertragen von Michael Fiedrowicz

„Lettere", 1992, ausgewählt und ins Italienische übertragen von Vera Paronetto

„Kraft in der Schwachheit", hgg. von Albert Ohlmeyer, 1982

„Texte der Kirchenväter", hgg. von Alfons Heilmann, 5 Bände, 1964

Über Gregor:

P. Bonifacius Bentzer, „St. Gregor der Große", Prag 1904

Giuseppe Cremascoli, „L'esegesi biblica di Gregorio Magno", 2001

Gerhart Ellert, „Gregor der Große" (Roman), 1961

Emilio Gandolfo, „Gregorio Magno", Città del Vaticano 1998

Katharina Greschat, „Die Moralia in Job Gregors des Großen", 2005

Gregor von Tours, „Geschichte der Franken" , 2 Bd., 1955

Jacobus de Voragine, „Legenda Aurea"

Franz Lieblang, „Grundfragen der mystischen Theologie nach Gregors des Großen Moralia und Ezechielhomilien", Freiburg 1934

Alessandro Maria Minutella, „Il monaco pastore – San Gregorio Magno", 2003

Johannes Modesto, „Gregor der Große – Nachfolge Petri und Universalprimat", 1989

Paulus Diaconus, „Geschichte der Langobarden", 1986

Jeffrey Richards, „Gregor der Große", 1983

Pierre Riché, „Gregor der Große“, 1996

Reinhold Schneider, „Papst Gregor der Große“, 1945

Walter Stuhlfath, „Gregor I. der Große – Sein Leben bis zu seiner Wahl zum Papste nebst einer Untersuchung der ältesten Viten“, Heidelberg 1913

Cölestin Wolfsgruber, „Gregor der Große“, Ravensburg 1897

Sekundärliteratur:

Ammianus Marcellinus, „Römische Geschichte“, 1983

Peter Brown, „Die Entstehung des christlichen Europa“, 1990

Peter Brown, „Macht und Rhetorik in der Spätantike“, 1995

Peter Brown, „Die letzten Heiden“, 1995

Karl Christ, „Das römische Weltreich“, 1973

Manfred Fuhrmann, „Rom in der Spätantike“, 1996

Horst Fuhrmann, „Die Päpste“, 1998

Patrick J. Geary, „Europäische Völker im frühen Mittelalter“, 2002

Ferdinand Gregorovius, „Geschichte der Stadt Rom im Mittelalter“, Band I,1, 1978

Richard Krautheimer, „Rom – Schicksal einer Stadt“, 1987

Marion Giebel, „Reisen in der Antike“, 2006

Frank Kolb, „Das antike Rom“, 2007

Hartmut Leppin, „Die Kirchenväter und ihre Zeit“, 2000

Christoph Markschies, „Das antike Christentum“, 2006

Montanelli/Gervaso „L' Italia dei secoli bui“, 2005

Luigi Salvatorelli, „Benedikt. Der Abt des Abendlandes“, 1937

Peter Schreiner, „Konstantinopel“, 2007

Herwig Wolfram, „Die Goten und ihre Geschichte“, 2005